"十三五"普通高等教育本科部委级规划教材

电子商务物流

DIANZI SHANGWU WULIU

黎继子◎主编

新颖 实用 前沿
吸收最新理论研究成果，反映前沿动态

中国纺织出版社

内 容 提 要

本书广泛参考了国内外相关电子商务物流管理著作和论文，在吸收它们的理论、思路、方法与实践经验的基础上，围绕电子商务物流管理理论与实践的主线，重点介绍了电子商务物流模式、电子商务物流技术、电子商务物流订单、电子商务物流仓储、电子商务物流配送、电子商务物流供应链、电子商务物流安全等几个方面的内容，并选择具有代表性的标杆案例供读者借鉴。

本书紧密结合行业发展态势，理论前沿、内容新颖，既可作为电子商务、物流管理等相关专业的教学用书，也可作为电子商务与物流领域研究人员、工作人员相关参考用书。

图书在版编目（CIP）数据

电子商务物流 / 黎继子主编. —北京：中国纺织
出版社，2016.1 （2018.7重印）
"十三五"普通高等教育本科部委级规划教材
ISBN 978-7-5180-2202-1

Ⅰ．①电… Ⅱ．①黎… Ⅲ．①电子商务—物流—高等
学校—教材 Ⅳ．① F713.36 ② F252

中国版本图书馆 CIP 数据核字（2015）第 283825 号

策划编辑：刘 丹 责任印制：储志伟

中国纺织出版社出版发行
地址：北京市朝阳区百子湾东里 A407 号楼 邮政编码：100124
销售电话：010—67004422 传真：010—87155801
http://www.c-textilep.com
E-mail: faxing@c-textilep.com
中国纺织出版社天猫旗舰店
官方微博 http://weibo.com/2119887771
三河市延风印装有限公司印刷 各地新华书店经销
2016 年 1 月第 1 版 2018 年 7 月第 6 次印刷
开本：787×1092 1/16 印张：18
字数：278 千字 定价：48.00 元

高等院校"十三五"部委级规划教材

经济管理类编委会

主 任：

倪阳生：中国纺织服装教育学会会长

赵　宏：天津工业大学副校长、教授、博导

郑伟良：中国纺织出版社社长

赵晓康：东华大学旭日工商管理学院院长、教授、博导

编　委：（按姓氏音序排列）

蔡为民：天津工业大学管理学院院长、教授、硕导

郭　伟：西安工程大学党委常委、教授、博导

胡剑峰：浙江理工大学经济管理学院院长、教授、博导

黎继子：武汉纺织大学国际教育学院院长、教授、博导

琚春华：浙江工商大学计算机与信息工程学院院长、教授、博导

李晓慧：北京服装学院教务处处长兼商学院院长、教授、硕导

李志军：中央财经大学文化与传媒学院党总支书记、副教授、硕导

林一鸣：北京吉利学院执行校长、教授

刘晓喆：西安工程大学高教研究室主任、教务处副处长、副研究员

刘箴言：中国纺织出版社工商管理分社社长、编审

苏文平：北京航空航天大学经济管理学院副教授、硕导

单红忠：北京服装学院商学院副院长、副教授、硕导

石　涛：山西大学经济与工商管理学院副院长、教授、博导

王核成：杭州电子科技大学管理学院院长、教授、博导

王进富：西安工程大学管理学院院长、教授、硕导

王若军：北京经济管理职业学院院长、教授

乌丹星：北京吉利学院健康产业学院院长、教授

吴中元：天津工业大学科研处处长、教授

夏火松：武汉纺织大学管理学院院长、教授、博导

张健东：大连工业大学管理学院院长、教授、硕导

张科静：东华大学旭日工商管理学院副院长、教授、硕导

张芝萍：浙江纺织服装职业技术学院商学院院长、教授

赵开华：北京吉利学院副校长、教授

赵志泉：中原工学院经济管理学院院长、教授、硕导

朱春红：天津工业大学经济学院院长、教授、硕导

前 言
Preface

　　物流业作为新兴的生产性服务业，已成为推动中国经济发展的加速器之一。特别是近几年来，随着电子商务、"互联网＋"与物流业的相互深度融合，物流业发展也呈现出一些新的发展趋势，建立更加快速、精准和便捷，更加强调用户体验的电子商务物流系统已成为中国经济的一大热点。但目前电子商务物流人才奇缺，不能满足中国物流业发展的需要。随着我国物流市场需求的旺盛以及物流领域的进一步开放，世界著名跨国公司纷纷进驻中国并设立采购中心，这些都对我国物流人才的质量提出了新的要求，特别是对电子商务物流运营管理人才的需求更为迫切。根据教育部高等院校物流类专业教学指导委员会发布的《中国物流发展与人才需求报告》，电子商务物流人才是全国 12 种紧缺人才之一，物流作为一门方兴未艾的学科，正备受社会关注。不少学校均根据物流发展的需要，开设了电子商务物流运营管理相关课程，以适应社会发展的人才需求。

　　本书广泛参考了国内外相关电子商务物流管理著作和论文，在吸收它们的理论、思路、方法与实践经验精华的基础上，围绕电子商务物流管理理论与实践的主线，重点介绍了电子商务物流模式、电子商务物流技术、电子商务物流订单、电子商务物流仓储、电子商务物流配送、电子商务物流供应链、电子商务物流安全等几个方面，并选择具有代表性的标杆案例供读者借鉴。

　　本书为了便于学生进行自主学习，每一章开头设置"导入案例"，引导学生进入学习内容和背景，激发学生学习兴趣；在每个章节末尾设置"本章小结""课后思考""案例讨论"等栏目，其中"本章小结"是对本章内容进行梳理和总结，方便学生总揽内容；"课后思考"用以启发同学们积极开展思考；"案例讨论"可丰富同学们的视野，增进学生对于所学章节内容的理解，并进一步激发学生学习的兴趣。

另外本书还具有三个方面的特点：一是新颖性。在全面系统地介绍电子商务物流基本理论知识基础上，增加了一般教材中没有的"电子商务物流订单"和"电子商务物流安全管理"内容。二是应用性。选用大量案例，注重微观实用，突出管理方法，培养学生学以致用、解决企业实际物流问题的能力。三是前沿性。即设置知识点时，吸收了最近国内外电子商务物流理论研究成果，反映前沿动态，启发学生对电子商务物流管理问题的思考。

本书在编写过程中参考了大量的相关书籍和论文，并引用了其中的有关概念和论点，由于篇幅较多，这里不一一介绍，在此对所引用书籍和论文的作者表示衷心的感谢。

全书构思和写作提纲由黎继子负责，各章节具体分工如下：黎继子负责第7、8章以及统稿和最终书稿审定工作，周兴建负责第4、5、6章，曹晓刚负责第1、2、3章。由于编者学识水平所限，书中不当之处在所难免，敬请读者批评指正。

武汉纺织大学　黎继子
2015 年 10 月于武汉

目 录
Contents

第2章 电子商务物流模式

第3章 电子商务物流技术

第4章 电子商务物流订单

第 5 章　电子商务物流仓储

第 6 章　电子商务物流配送

第7章 电子商务物流供应链

第8章　电子商务物流安全

Chapter 1

第 1 章

电子商务物流概述

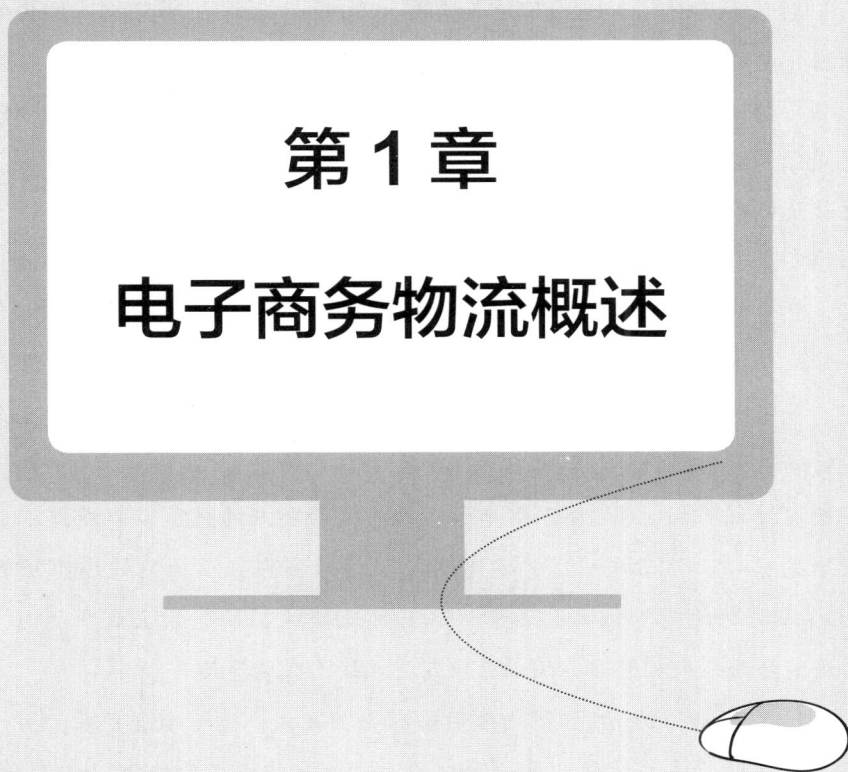

【导入案例】

电子商务物流竞争时代

近年来，随着电子商务爆发式的增长，作为发展瓶颈的物流成了诸多电商亟待解决的问题。包括京东、苏宁易购、1号店、凡客诚品、易迅网等电商均自建物流，这给传统的物流企业带来了不小的冲击。"中国物流产业将进入一轮洗牌期，而事实上，洗牌已经开始了，行业目前是有些问题的。"天津交通与物流协会的负责人胡培新在接受新金融记者采访时表示。

德利得物流总公司运营总监恽绵在论坛上公开表示，"哪个电商能赚钱，它的模式就是做得好的。现在电商是甲方，人家做物流到最后再把你整合进去。物流企业不变就是死路一条，跟不上就会被社会淘汰。"

而事实上，物流企业的竞争不仅有来自外部的冲击。在中国传统物流企业诞生之日起，竞争就已十分激烈，其间出现的企业也是几许沉浮。1995—2004年，以佳木斯、广州一批由供销运输队发家的零担运输企业代表着国内物流企业的1.0时代，如华宇、佳宇等，而这些企业的命运无一是卖给外资快递作为终结。时至今日，在零担运输领域，后起的德邦物流当之无愧成为行业的老大。

在快递配送市场，从1993年开始，作为民营企业的代表，以浙江桐庐、广州东莞发家的顺丰、"四通一达"、宅急送、DDS等则占据着国内快递市场的重要地位。DDS因对新的消费格局判断失误，盲目地快速扩张导致企业在2010年倒闭。剩下的这些企业未来相继准备谋求上市或引入战略投资等运作。

发网CEO李平义表示，"国内做运输的企业大大小小有100万家，同行过度竞争，行业分散混乱，导致的结果是客户的注意力就集中在价格上。订单价格很低，服务也很低。这种竞争是没有未来的，传统的物流形态在电商物流领域不要出现重演。"

"第一代物流企业为整个物流市场提供了很充足的资源，单车场地、运输价格反应灵敏的市场机制以及基础操作人才，2.0时代的物流企业出路在于如何整合充足甚至过剩的资源，进行优化，形成统一的服务标准和价格。"

1. 自营与外包

对比前两年很热的自建物流，电商物流也在自建和外包上做着新的平衡。在论坛上，京东运营总监朱政经谈及京东未来的发展时就指出，要在自营、开放上不断地完善服务目标。凡客诚品全资自建的配送公司如风达，也于 2014 年将原有经营快递业务的 26 个城市缩减到 6 个城市。

电商物流选择自建还是外包已经没有太大争议。尽管如京东、易迅这些电商企业自建物流，2014 年内还屡屡出现快递爆仓现象，但这背后都反映出快递运能跟不上电商发展需求的问题。李平义认为，随着像圆通、申通、EMS 等企业陆续提出很多改善性服务，会有越来越多的电商选择把物流这块外包给专业的第三方物流公司来做。

易迅配送中心运营总监胡大雷表示，易迅的承诺是一日三配的快服务。虽然客户不一定需要这种快速履行订单的服务，但客户绝对不会排斥这样的服务。自建物流的特点在于快速反应，而快恰恰是易迅最大的竞争优势。

电商宣称自营无外乎几个原因：一是，目前第三方物流企业的服务不到位，出现货物损坏或是服务时间上不能满足客户要求的现象；二是，产品的特殊性决定需要电商自营，比如凡客的衣服顾客要求试穿试用，退货率很高；三是，苏宁的大家电其他物流企业根本配送不了。

但自营成本很高、返不回利润是电商平台做物流遇到的普遍问题。南开大学经济与社会发展研究院、现代物流研究中心专家焦志伦对《新金融》记者说："一旦社会上第三方物流企业的服务水平达到一定程度，由自营到外包就变成自然而然的事了，效率会更高也更为专业。"

2. 电商物流 2.0 时代

平台的集中化是一个趋势，这就意味着更多的品牌会集中在大的平台上去卖，这些平台竞争的核心是吸引更多的商家、品牌，在消费者中建立影响力。

然而，大的品牌对于物流的要求往往是很高的，物流企业的服务如何与整个平台物流体系相融合，顺应趋势，建立物流供应商、品牌商、消费者新型的关系是2.0 时代的物流企业所需要思考的问题。"战略合作、协作协同"是业界人士纷纷达成的共识。

胡培新告诉新金融记者，行业发展的趋势是，越来越多的商家会选择逐渐开放物流这一端。即电商企业做前台，物流企业做后方，共同为消费者服务。现在的电商物流主要基于仓储加配送模式，而未来电商物流发展的总体模式要以发展第三方物流为主，真正形成高效的供应链管理，而不是现在单纯的快递模式。

在焦志伦看来，在物流企业 2.0 时代，现代物流除了完成仓储、运输功能之外，物流企业应该是能完整地提供一站式服务的物流方案供应商。需要帮助电商和制造业企业完成商品从生产到送达消费者手中全过程的管理，考虑如何进行流程优化、库存管理、运输管理等全部议题。

目前能提供这种综合服务的只有像 DHL 和 UPS 这样的外资企业。国内的招商局、中远、中外运等物流供应商，目前也都在跃跃欲试地准备进入电商物流领域。

而对于目前的国内快递企业来说，要完成这样的转型升级，可以有两条路径：其一，往"小而精、小而美"的方向做，通过提供一些增值服务，比如提供代收货款、退换货、帮助顾客试穿试用、帮助安装，利用做好增值服务的精细化分工，弥补缝隙市场；其二，扩展规模和全供应链服务，将自身的服务链条扩展到电商的上游以及下游的全部流程，包括配送中心、干线运输、仓储、城市终端快递等，统统包括进来。

"行业发展的趋势就是，社会所有的物流企业在参与过程中完成转型提升，服务水平会越来越高，最终看谁占有的市场份额高而胜出。"焦志伦说。

（资料来源：新浪财经网 http：//finance.sina.com.cn/）

1.1 电子商务的基础理念

1.1.1 电子商务的定义

电子商务，顾名思义，就是利用计算机技术和网络通信进行的商务活动。很多人眼中看到的电子商务只是电子商务的某一种应用形式，有时又称为电子商务应用模式，这种应用往往是通过网站表现出来的，因而许多人认为电子商务不过就是一个拥有 Web 的站点，但实际上电子商务的内涵远不止这些。

1.1.1.1 关于电子商务的一些片面认识

（1）电子商务＝计算机＋商务

这种观点认为：电子商务就是把普通的商务活动变成无纸化的电子商务活动，

投资建设电子商务的基础网络平台是重点内容。比如，全球信息基础设施委员会的定义是："电子商务是运用电子通信作为手段的经济活动，通过这种方式人们可以对带有经济价值的产品和服务进行宣传、购买和结算。这种交易的方式不受地理位置、资金多少或零售渠道的所有权影响，共有、私有、公司、政府组织、各种社会团体、一般公民、企业家都能自由参加的广泛的经济活动。电子商务能使产品在世界范围内交易并向消费者提供多种多样的选择。"

电子商务是一个不断发展的概念，电子商务的先驱 IBM 公司于 1996 年提出了 Electronic Commerce（E-Commerce）的概念；到了 1997 年，该公司又提出了 Electronic Business（E-Business）的概念。但我国在引进这些概念的时候都翻译成电子商务，很多人对这两者的概念产生了混淆。事实上这两个概念及内容是有区别的，E-Commerce 应翻译成电子商业，有人将 E-Commerce 称为狭义的电子商务。将 E-Business 称为广义的电子商务。E-Commerce 是指实现整个贸易过程中各阶段贸易活动的电子化。E-Business 是利用网络实现所有商务活动业务流程的电子化。E-Commerce 集中于电子交易，强调企业与外部的交易与合作，而 E-Business 则把涵盖范围扩大了很多。广义上指使用各种电子工具从事商务或活动。狭义上指利用 Internet 从事商务或活动。

HP 公司提出电子商务是以现代扩展企业为信息技术基础结构，电子商务是跨时域、跨地域的电子化世界（e-world）e-world ＝ electronic commerce ＋ electronic business ＋ electronic consumer。

（2）电子商务就是建网页建网站

这种观点认为，电子商务是通过网络进行的商务活动，因而企业建立起自己的网页或网站就成为必然的一种趋势。于是自然认为电子商务就是建立网页或网站，然后通过网站就能完成商务活动。当然设计一个优秀的网站是能够把企业的大部分商务活动通过网络来完成。但电子商务绝不是这么简单。由于电子手段的采用，传统的商务流程有很多地方发生了变化，如果仅仅将原来的商务活动模式集成到网站上来，还按传统的商务活动模式进行活动，则不能充分发挥电子手段的优势，甚至还会给企业增加额外的成本。

事实上，一些企业也正是由于增加了电子商务业务，又没有放弃原来的商务活动而增加了费用和支出的。如果说电子商务就是建立网页或网站，那么所有的企业都可以在一夜之间实现电子商务化，也没有必要进行基础平台的建设。因此这种认识是片面的。

（3）电子商务就是网上交易，就是 B2B 和 B2C

这种认识是基于电子商务是电子条件下的商务活动，但对于商务活动的认识比较片面而形成的，实际上是把商务活动等同于买卖本身而形成的。

国内许多学者已经意识到，电子商务是商务活动主体在法律允许的范围内利用电子手段和其他客体要素所进行的商务活动。这一概念明确指出了商务是基础，电子是条件。电子商务的本质是对商务活动的重新设计，同时能够将更多的领域联系起来。电子商务活动不仅包括买卖本身，还包括买卖之前的信息沟通、信息传递、商务条件的谈判、合同签订与管理、广告宣传活动、企业形象的设计、企业之间的合作关系建立与维护、客户关系的发展与维护、合作伙伴之间的协作，企业与社区的关系等。而这些活动占了电子商务的大部分，还有一项非常重要的工作就是基于网络的企业流程的重组。因此认识电子商务，首先应当对商务活动有一个全面的重新认识，电子商务就是要通过电子手段将这些商务活动整合起来。基于这一特点，电子商务还将创造出许多新的商务活动形式。此外我们应当把电子商务看成一种新的浪潮，它将改变整个人类的生存状态，所有企业都要或迟或早地参加进来，唯一不同的是企业参与程度的深浅。总之，我们对电子商务的定义是：电子商务是应用网络的手段对商务活动的重新构建，它不但将原有的商务活动重新整合，还要创造出新的商务活动形式，同时要将更多的领域联系起来。从而改变人类的生存状态的一种新的信息时代的商务浪潮。可以说它不但创造了新的商务活动形式，还催生了新的法律。

1.1.1.2 电子商务的概念

1997 年 11 月 6 日至 7 日，国际商会在巴黎举行了世界电子商务会议（The World Business Agenda For Electronic Commerce）。全世界商业、信息技术、法律等领域的专家和政府部门的代表，共同探讨了电子商务的概念问题。这是迄今为止对电子商务概念进行的最权威的解释。电子商务（EC，Electronic Commerce），是指实现整个贸易活动的电子化。从涵盖范围可以定义为交易各方以电子交易方式，而不是以当面交换或直接面谈方式进行的任何形式的商业交易。从技术方面可以将电子商务定义为一种多技术的集合体，包括交换数据（如电子数据交换、电子邮件）获得数据（如共享数据库、电子公告牌）以及自动捕获数据（如条形码）等。

电子商务涵盖的业务包括：信息交换、售前售后服务（如提供产品和服务的细节、产品使用技术指南、回答顾客意见）、销售、电子支付（如使用电子资金转账、信用卡、电子支票、电子现金）、运输（包括商品的发送管理和运输跟踪以及可以电子化传送的产品的实际发送）、组建虚拟企业（组建一个物理上不存在的企业，集中一批独立中小公司的权限，提供比任何单独公司多得多的产品和服务）、公司和贸易伙伴可以共同拥有和运营共享的商业方法等。

欧洲议会关于电子商务给出的定义是："电子商务是通过数字方式进行的商务活动的过程。它通过数字方式处理和传递数据，包括文本、声音和图像。它涉及许多方面的活动，包括货物数字贸易和服务、在线数据传递、数字资金划拨、数字证券交易、数字货运单证、商业拍卖、合作设计和工程、在线资料、公共产品获得。它包括了产品（如消费品、专门设备）和服务（如信息服务、金融和法律服务）、传统活动（如健身、体育）和新型活动（如虚拟购物、虚拟训练）。"

美国学者瑞维·卡拉科塔和安德鲁.B.惠斯顿在他们的专著《电子商务的前沿》中提出："广义地讲，电子商务是一种现代商业方法。这种方法通过改善产品和服务质量、提高服务传递速度，满足政府组织、厂商和消费者降低成本的需求。这一概念也用于通过计算机网络寻找信息以支持决策。一般地讲，今天的电子商务通过计算机网络将买方和卖方的信息、产品和服务器联系起来，而未来的电子商务则通过构成信息高速路的无数条计算机网络中的一条将买方和卖方联系起来。"

专业网站的电子商务活动，狭义上称作电子交易（E-commerce），主要是指利用 Internet 开展的在电子商务网站上的交易活动，它仅仅将 Internet 上进行的交易活动归属于电子商务活动。而广义的电子商务是指利用电子技术对整个商业活动实现电子交易活动的电子化，如市场分析、客户管理、资源调配、企业决策等。归纳起来，电子商务是指在全球各地广泛的商业贸易活动中，通过信息化网络所进行并完成的各种商务活动、交易活动、金融活动和相关的综合服务活动。

1.1.2　电子商务产生的背景

目前人们所提及的电子商务多指网络上开展的商务活动，即通过企业内部网、外部网和 Internet 进行的商务活动就是电子商务。然而，电子商务还有其广义的定义，即一切利用计算机技术和网络通信技术进行的商务活动。

实际上早在电报刚出现也就是 1839 年的时候，人们就利用电子手段进行着简单的商务活动，即买卖双方在交易过程中以意见交换、贸易文件等形式，开始以莫尔斯码形式在电线中传输，这就是电子商务的萌芽。紧接着，传真、电话以及电视等电子工具相继诞生，商务活动中可应用的电子工具得到了进一步扩充。

电报是用电信号传递文字、照片以及图表的一种通信方式。随着社会的进步，将基于计算机的文本编辑、字处理技术与通信结合，智能用户电报也产生了。电报是最早的电子商务工具。

传真提供了一种快速进行商务通信和文件传输的方式。它传输文件的速度相比传统的信函服务更快。随着传真技术几次大的飞跃，传真在新闻、气象、公安、商贸以及办公室等领域的应用日益广泛，并进入普通家庭的日常生活。然而，由于传真传送时缺乏传送声音和复杂图形的能力，使得个体消费者的使用没办法普及。

与传真不同，电话则是一种广泛使用的电子商务工具。在一些非标准的交易活动中，用电话比通过信函更容易进行谈判。之前电话通信仅限于两人之间的声音交流，而可视电话使商务对话成为现实。

随着时代的进步，电视进入越来越多的家庭，电视广告和电视直销在商务活动中也日益重要。但是，消费者仍然需要通过电话订购。换句话说，电视这种通信方式是一种"单通道"的通信方式，消费者没办法直接与卖家谈判交易条件。

由于这几种通信方式各有优缺点，所以人们互为补充地使用它们于商务活动之中。今天，这些传统的电子工具仍然在商务活动中发挥着重要作用。

电子商务早期的形式是 EDI（Electronic Data Interchange）。EDI 起源于交通运输，后来逐步发展到电信、金融、医疗、贸易等领域。近年来随着网络的兴起和普及，利用遍布各地的网络来进行信息的传输成为了可能，大大推动了 EDI 在贸易领域的应用，从而提出了电子商务的理念。

国际标准化组织将 EDI 定义为一种电子传输方法，使用这种方法，首先将商业或行政事务处理中的报文数据按照一个公认的标准，形成结构化的事务处理的报文数据格式，进而将这些结构化的报文数据经由网络，从一台计算机传输到另一台计算机。从 EDI 的定义可以看出，它是商务往来的重要工具，所以 EDI 被认为是电子商务的早期形式，也称它为 EDI 电子商务。

在 EDI 应用的早期，用户之间通常是利用公共通信线路直接建立数据交换关系，但这种直接连接方式存在诸多弊端，因此现在很少使用。目前使用的是通过专门的网络服务商提供的增值服务即增值网（VAN，Value-Added Network）来建立用户之间的数据交换方式。而 Internet 的出现也对 EDI 产生了重大影响。它的兴起将分布于世界各地的信息网络、网络站点、数据资源和用户有机地结合起来，在全球范围内实现了信息资源的共享，使得通信方便快捷，大大扩展了参与交易的范围。相对于私有网和传统的增值网来说，Internet 可以花费较少的费用实现世界范围的连接。Internet 和 EDI 的结合，使得传统的 EDI 从专门网络扩大到了 Internet。这种互联手段提供了一个较为廉价的服务环境，满足了大量中小企业的需求，同时也使 EDI 至今仍被使用着。

1.1.3　电子商务的类型

1.1.3.1 根据电子商务发生的对象分类

电子商务有 B2B、B2C、C2C、B2M，B2A、C2A 这几种模式。

（1）B2B 模式

B2B 指的是 Business to Business。商家（泛指企业）对商家的电子商务，即企业与企业之间通过互联网进行产品、服务及信息的交换。通俗的说法是指进行电子商务交易的供需双方都是商家（或企业、公司），他们使用了 Internet 的技术或各种商务网络平台，完成商务交易的过程。这些过程包括：发布供求信息，订货及确认订货，支付过程及票据的签发、传送和接收，确定配送方案并监控配送过程等。有时写作 B to B，但为了简便干脆用其谐音 B2B（2 即 to）。B2B 的典型代表是阿里巴巴，中国制造网，慧聪网等。

（2）B2C 模式

B2C 即 Business to Customer。B2C 模式是我国最早产生的电子商务模式，以 8848 网上商城正式运营为标志。B2C 即企业通过互联网为消费者提供一个新型的购物环境——网上商店。消费者通过网络在网上购物和支付。由于这种模式节省了客户和企业的时间和空间，大大提高了交易效率，特别对于工作忙碌的上班族，这种模式可以为其节省宝贵的时间。

（3）C2C 模式

C2C 即 Consumer To Consumer。C2C 同 B2B、B2C 一样，都是电子商务模式之一。不同的是 C2C 是用户对用户的模式。C2C 商务平台就是通过为买卖双方提供一个在线交易平台，使卖方可以主动提供商品上网拍卖，而买方可以自行选择商品进行竞价。C2C 的典型代表是淘宝网等。

（4）B2M 模式

B2M 指的是 Business to Manager。B2M 是相对于 B2B、B2C、C2C 的电子商务模式而言的，是一种全新的电子商务模式。这种电子商务相对于以上三种有着本质的不同，其根本区别在于目标客户群的性质不同，前三者的目标客户群都是作为一种消费者的身份出现，而 B2M 所针对的客户群是该企业或者该产品的销售者或者为其工作者，而不是最终消费者。企业通过网络平台发布该企业的产品或者服务，职业经理人通过网络获取该企业的产品或者服务信息，并且为该企业提供产品销售或者提供企业服务，企业通过经理人的服务达到销售产品或者获得服务的目的。职业经理人通过为企业提供服务而获取佣金。B2M 与传统电子商务相比有了巨大的改进，除了面对的用户群体有着本质的区别外，B2M 具有一个更大的特点和优势：电子商务的线下发展。以上三者传统电子商务的特点是商品或者服务的买家和卖家都只能是网民，而 B2M 模式能将网络上的商品和服务信息完全地走到线下。企业发布信息，经理人获得商业信息，并且将商品或者服务提供给所有的百姓，不论是线上还是线下。以中国市场为例，传统电子商务网站面对 1.4 亿网民，而 B2M 面对的则是 14 亿中国公民。

（5）B2A 模式

B2A 指的是 Business to Administrations。商业机构对行政机构的电子商务指的是企业与政府机构之间进行的电子商务活动。例如，政府将采购的细节在国际互联网络上公布，通过网上竞价方式进行招标，企业也要通过电子的方式进行投标。目前这种方式仍处于初期的试验阶段，但可能会发展很快。因为政府可以通过这种方式树立政府形象，通过示范作用促进电子商务的发展。除此之外，政府还可以通过这类电子商务活动实施对企业的行政事务管理，如政府用电子商务方式发放进出口许可证、开展统计工作，企业可以通过网上办理交税和退税等。政府应在推动电子商务发展方面起到重要的作用。在美国，克林顿政府已决定对 70% 的联邦政府的公共采购实施电子化。在瑞典，政府已决定至少 90% 的公共采购将在网上公开进行。我国的金关工程就是要通过商业机构对行政机构的电子商务，如发放进出口许可证、办理出口退税、电子报关等，建立我国以外贸为龙头的电子商务框架，并促进我国各类电子商务活动的开展。

（6）C2A 模式

C2A 指的是 Consumer to Administrations。消费者对行政机构的电子商务，指的是政府对个人的电子商务活动。这类的电子商务活动目前还没有真正形成。然而，在个别发达国家，如在澳大利亚，政府的税务机构已经通过指定私营税务，或财务会计事务所用电子方式来为个人报税。这类活动虽然还没有达到真正的报税电子化，但是它已经具备了消费者对行政机构电子商务的雏形。随着商业机构对消费者及商业机构对行政机构的电子商务活动的发展，政府将会对个人实施更为全面的电子方式服务。政府各部门向社会纳税人提供的各种服务，例如社会福利金的支付等，将来都会在网上进行。

1.1.3.2　根据交易涉及的商品内容分类

如果根据电子商务交易所涉及的商品内容分类，电子商务主要包括直接电子商务和间接电子商务两类商业活动。

（1）直接电子商务

电子商务涉及商品是无形的货物和服务，如计算机软件、娱乐内容的联机订购、付款和交付，或者是全球规模的信息服务。直接电子商务能使双方越过地理界线直接进行交易，充分挖掘全球市场的潜力。目前我国大部分的农业网站都属于这一类，但这还不是真正意义上的直接电子商务。

（2）间接电子商务

电子商务涉及商品是有形货物的电子订货，如鲜花、书籍、食品、汽车等，交易的商品需要通过传统的渠道，如邮政业的服务和商业快递服务来完成送货，因此，间接电子商务要依靠送货的运输系统等外部要素。

1.1.3.3　根据电子商务使用的网络类型分类

根据开展电子商务业务的企业所使用的网络类型框架的不同，电子商务可以分为如下 3 种形式。

（1）EDI 网络电子商务（Electronic Data Interchange，电子数据交换）

EDI 是按照一个公认的标准和协议，将商务活动中涉及的文件标准化和格式化，通过计算机网络，在贸易伙伴的计算机网络系统之间进行数据交换和自动处理。EDI 主要应用于企业与企业、企业与批发商、批发商与零售商之间的批发业务。EDI 电子商务在 20 世纪 90 年代已得到较大的发展，技术上也较为成熟，但是因为开展 EDI 对企业有较高的管理、资金和技术等方面的要求，因此至今尚不太普及。

（2）因特网电子商务（Internet 网络）

这是指利用连通全球的 Internet 网络开展的电子商务活动。在因特网上可以进行各种形式的电子商务活动，所涉及的领域广泛，全世界各个企业和个人都可以参与，正以飞快的速度在发展，其前景十分诱人，是目前电子商务的主要形式。因特网上的电子商务可以分为三个方面：信息服务、交易和支付。主要内容包括：电子商情广告，电子选购和交易，电子交易凭证的交换，电子支付与结算以及售后的网上服务等。主要交易类型有企业与个人的交易（B to C 方式）和企业之间的交易（B to B 方式）两种。参与电子商务的实体有四类：顾客（个人消费者或企业集团）、商户（包括销售商、制造商、储运商）、银行（包括发卡行、收单行）及认证中心。

（3）内联网络电子商务（Intranet 网络）

这是指在一个大型企业的内部或一个行业内开展的电子商务活动，形成一个商务活动链，可以大大提高工作效率和降低业务成本。例如，中华人民共和国专利局的主页，客户在该网站上可以查询有关中国专利的所有信息和业务流程，这是电子商务在政府机关办公事务中的应用。已经开通的上海网上南京路一条街主页，包括了南京路上的主要商店，客户可以在网上游览著名的上海南京路商业街，并在网上的南京路商店中以电子商务的形式购物。已开始营业的北京图书大厦主页，客户可以在此查阅和购买北京图书大厦经营的几十万种图书。上述两个都是 B to C 的电子商务应用形式。

1.1.4 电子商务的特征

1.1.4.1 电子商务离不开现代信息技术服务

现代社会对信息技术的依赖程度越来越高，现代信息技术服务业已经成为电子商务的技术支撑体系。

无论是电子商务的进行还是完善都需要依靠技术服务。电子商务是依靠国际互联网、企业内部网络等计算机网络技术来完成信息的交流和传输的。同时企业要对电子商务所对应的软件和信息处理程序进行不断优化，来适应市场的需要。在这个动态的发展过程中，信息技术服务成为电子商务发展完善的强有力的支撑。

1.1.4.2 电子商务的运作空间为电子虚拟市场

电子虚拟市场（Electronic Marketplace）是指商务活动中的生产者、中间商和消费者在某种程度上以数字方式进行交互式商业活动的市场。电子虚拟市场从广义上来讲就是电子商务的运作空间。近年来，西方学者给电子商务运作空间赋予了一个新的名词"Market space"（市场空间，或虚拟市场），在这种空间中，生产者、中间商与消费者用数字方式进行交互式的商业活动，创造数字化经济（The Digital Economy）。电子虚拟市场将市场经营主体、市场经营客体和市场经营活动的实现形式，全部或部分地进行了电子化、数字化或虚拟化。

1.1.4.3 电子商务以全球市场为市场范围

在国际互联网技术支持下电子商务的市场范围超越了传统意义上的市场范围，不再具有国内市场与国际市场之间的明显标志。企业的市场范围扩大的同时客户个人也可以跨越国界进行交易，使得国际贸易进一步多样化。从企业的经营管理角度看，国际互联网为企业提供了跨越时间与空间范围的全球经营。

1.1.4.4 电子商务以全球消费者为服务对象

当今信息时代，电子商务数字化的革命已经深刻地影响到我们每一个人，并改变着人们的消费习惯与工作方式。无论是"高新与传统相结合"的运作方式，还是生产消费管理结构的虚拟化的深入，使得世界经济的发展进入"创新中心、营运中心、加工中心、配送中心、结算中心"的分工。随之而来的发展则是人们的数字化生存，因此电子商务实际是一种新的生产与生活方式。今天网络消费者已经实现了跨越时空的界限在更大的范围内购物，不用离开家或办公室，人们就可以通过进入网络电子杂志、报纸获取新闻与信息，了解天下大事，并且可以购买到从日常用品到书籍、保险等一切商品或劳务。

1.1.4.5 电子商务以迅速、互动的信息反馈方式为高效运营提供保证

通过电子信箱、FTP、网站等媒介，电子商务中的信息传递告别了以往迟缓、单向的特点，迈出了通向信息时代、网络时代的重要步伐。在这样的情形下，原有的商业销售与消费模式正在发生变化。由于任何国家的机构或个人都可以浏览到上网企业的网址，并随时可以进行信息反馈与沟通，因此国际互联网为工商企业从事电子商务的高效运营提供了国际舞台。

1.1.4.6 电子商务以新的商务规则为安全交易作出保证

由于结算中的信用瓶颈始终是电子商务发展进程中的障碍性问题，参与交易的双方、金融机构都应当维护电子商务的安全、通畅与便利，制定合适的"游戏规则"就成了十分重要的考虑。这涉及各方之间的协议与基础设施的配合，借此保证资金与商品的安全转移。

1.2 电子商务的功能

电子商务与传统的商务不同，它将传统的商务流程电子化、数字化，不仅以电子流替代了实物流，减少了人力、物力，降低了成本；同时也突破了时间空间的限制，使得交易活动可以随时随地进行，从而大大提高了效率。电子商务的功能是对传统商务功能的补充与完善。

1.2.1 电子商务的一般功能

电子商务可提供网上交易和管理等全过程的服务，因此它具有广告宣传、咨询洽谈、网上订购、网上支付、电子账户、服务传递、意见征询、交易管理等各项功能。

1.2.1.1 广告宣传

电子商务可凭借企业的 Web 服务器和客户的浏览，在 Internet 上发播各类商业信息。客户可借助网上的检索工具（Search）迅速地找到所需商品信息，而商家可利用网上主页（Home Page）和电子邮件（E-mail）在全球范围内做广告宣传。与以往的各类广告相比，网上的广告成本最为低廉，而给顾客的信息量却最为丰富。

1.2.1.2 咨询洽谈

电子商务可借助非实时的电子邮件（E-mail），新闻组（News Group）和实时的讨论组（chat）来了解市场和商品信息、洽谈交易事务，如有进一步的需求，还可用网上的白板会议（Whiteboard Conference）来交流即时的图形信息。网上的咨询和洽谈能超越人们面对面洽谈的限制，提供多种方便的异地交谈形式。

1.2.1.3 网上订购

电子商务可借助 Web 中的邮件交互传送实现网上订购。网上订购通常都是在产品介绍的页面上提供十分友好的订购提示信息和订购交互格式框。当客户填完订购单后，通常系统会回复确认信息单来保证订购信息的收悉。订购信息也可采用加密的方式使客户和商家的商业信息不会泄露。

1.2.1.4 网上支付

电子商务要成为一个完整的过程，网上支付是重要的环节。客户和商家之间可采用信用卡账号进行支付。在网上直接采用电子支付手段将可节省交易中很多人员的开销。但网上支付将需要更为可靠的信息传输安全性控制以防止欺骗、窃听、冒用等非法行为的发生。

1.2.1.5 电子账户

网上的支付必须要有电子金融来支持，即银行或信用卡公司及保险公司等金融单位要为金融服务提供网上操作的服务。而电子账户管理是其基本的组成部分。

信用卡号或银行账号都是电子账户的一种标志。而其可信度需配以必要的技术措施来保证。如数字证书、数字签名、加密等手段的应用提供了电子账户操作的安全性。

1.2.1.6 服务传递

对于已付了款的客户应将其订购的货物尽快地传递到他们的手中。而有些货物在本地，有些货物在异地，电子邮件能在网络中进行物流的调配。而最适合在网上直接传递的货物是信息产品。如软件、电子读物、信息服务等。它能直接从电子仓库中将货物发到用户端。

1.2.1.7 意见征询

电子商务能十分方便地采用网页上的"选择"、"填空"等格式文件来收集用户对销售服务的反馈意见。这样使企业的市场运营能形成一个封闭的回路。客户的反馈意见不仅能提高售后服务的水平，更使企业获得改进产品、发现市场的商业机会。

1.2.1.8 交易管理

整个交易的管理将涉及人、财、物多个方面，企业和企业、企业和客户及企业内部等各方面的协调和管理。因此，交易管理是涉及商务活动全过程的管理。

电子商务的发展，将会提供一个良好的交易管理的网络环境及多种多样的应用服务系统。这样，能保障电子商务获得更广泛的应用。

1.2.2 电子商务网站的功能

1.2.2.1 企业宣传与推荐

企业建立自己的商务网站并率先打造与树立企业形象，是企业利用网络媒体开展业务的最基本的出发点。网站是企业对外宣传的窗口，应该让用户通过此窗口方便快捷地了解企业的各种信息，特别是企业的重大活动、产品的最新动态、客户服务的新举措等。如果企业能够很好地利用电子商务网站成功地开展宣传推荐活动，将大大地提升企业的形象。企业在网上进行宣传与推荐应包括以下内容：①企业概况背景简介；②产品与服务介绍；③企业经营业绩及报表；④其他宣传及推荐。

1.2.2.2 网络营销

企业可以进行产品和服务项目展示。利用网络媒体进行产品的推销，无疑使企业多了一条很有前途的营销渠道。这是一个基本且十分重要的功能。商务网站在很大程度上是企业开展网络营销的一个平台工具。利用网站进行营销活动，将会具有传统营销方式无法比拟的优势，开展网上营销活动的网站除了具备上面提到的网站的各种功能外，一般应该提供下面的功能和服务：网上广告、产品展示与报价、商品预定、客户购物信息查询、销售统计分析。

1.2.2.3 信息搜索与查询

这是体现网站信息组织能力和拓展信息交流与传递途径的功能。商务网站提供信息搜索与查询功能，可以使客户在电子商务数据库中轻松而快捷地找到需要的信息。这是电子商务网站能否使客户久留的重要因素。

1.2.2.4 商品和服务订购

这是实现用户在线贸易磋商、在线预定商品、网上购物或获取网上服务的业务的功能，提供24小时全天候的即时交易。该功能不仅依赖于技术的设计与实现，更依赖于网站主体在设计时从简化贸易流程且便于用户操作的角度去构思。

1.2.2.5 网上支付

这是体现资金流、物流信息活动的功能。对于开展在线交易的网站，有必要提供安全可靠的电子支付方式。主要实现网上交易各方开立账户、转账以及货款支付和结算功能，支付方式可以选择邮局汇款、银行一卡通，以及借助银行、金融等电子交易支付和结算系统等完成。

1.2.2.6 客户关系管理

这是反映网站主体能否以客户为中心、能否充分地利用客户信息挖掘市场潜力的有重要利用价值的功能。商务网站为企业提供了一种为客户服务和与客户保持联系的新渠道和新方式。客户可以通过网站直接向企业或厂商咨询信息、发表看法、进行投诉等。企业也可以通过网站向客户提供各种商品信息、技术支持，收集客户的反馈信息并向其提供个性化服务，保持客户的忠诚度。

1.2.2.7 销售业务信息管理

完善的电子商务网站还要包括销售业务信息管理功能，从而使企业能够及时地接收、处理、传递与利用相关的数据资料，并使这些信息有序而有效地流动起来，为组织内部的 ERP、DSS 或 MIS 等管理信息系统提供信息支持。

电子商务网站的功能关系到电子商务业务能否具体实现，因此电子商务网站功能的设计是电子商务实施与运作的关键环节，是电子商务应用系统构建的前提。由于在网上开展的电子商务业务不尽相同，所以每一个电子商务网站在具体实施功能上也不相同。

1.3　电子商务与物流的关系

物流是电子商务的重要组成部分，是电子商务得以顺利进行的关键。电子商务对物流的影响给物流企业带来巨大的革命，同时电子商务也提高了对物流的要求；二者相互影响、相互促进、相互制约。现代电子商务发展很快，物流作为其中的基本组成元素与电子商务的发展有着相辅相成的关系。

1.3.1　电子商务与物流的关系

物流作为电子商务的重要组成部分，是实现电子商务的重要保证。离开了现代物流，电子商务过程就不完善。

电子商务的本质是商务，商务的核心内容是商品的交易，而商品交易会涉及四个方面：商品所有权的转移，货币的支付，有关信息的获取与应用，商品本身的转交。即商流、资金流、信息流、物流。

其中：信息流既包括商品信息的提供、促销行销、技术支持、售后服务等内容，也包括诸如询价单、报价单、付款通知单、转账通知单等商业贸易单证，还包括交易方的支付能力、支付信誉等。商流是指商品在购、销之间进行交易和商品所有权转移的运动过程，具体是指商品交易的一系列活动。资金流主要是指资金的转移过程，包括付款、转账等过程。在电子商务环境下，这四个方面都与传统商务活动有所不同。商流、资金流与信息流这三种流的处理都可以通过计算机和网络通信设备实现。

物流，作为"四流"中最为特殊的一种，是指物质实体的流动过程，具体指运输、存储、配送、装卸搬运、流通加工、包装、物流信息管理等各种活动。对于少数商品和服务来说，可以直接通过网络传输的方式进行配送，如各种电子出版物、信息咨询服务等。而对于大多数商品和服务来说，物流仍要经由物理方式传输。过去，人们对物流在电子商务中的重要性认识不够，对于物流在电子商务环境下会发生的变化也认识不足，认为对于大多数商品和服务来说，物流仍然可以经由传统的经销渠道来完成。但随着电子商务的进一步推广与应用，物流能力的滞后对其发展的制约越来越明显。物流的重要性对电子商务活动的影响被越来越多的人所关注。

1.3.2 物流对电子商务的影响

1.3.2.1 物流是电子商务的重要组成部分

电子商务概念模型是对现实世界中电子商务活动的一般抽象描述，它由电子商务实体、电子市场、交易事务和信息流、商流、资金流、物流等基本要素构成。电子商务的本质是商务，商务的核心是商品交易。电子商务由网上信息传递、网上交易、网上支付、物流配送组成。

"四流"是互为依存的前提条件，又是互为依存的基础。信息流是由商流、资金流物流所反映其变化的各种信息、情报、资料、指令等传递过程中形成的经济活动。信息流既制约商流，资金流，又制约着物流，它为"三流"提供预测和决策的依据。物流受商流的制约，而商流要靠物流来完成。"四流"相辅相成，紧密联系，互相促进，缺一不可。

1.3.2.2 物流是电子商务的关键与实现保证

"成也物流，败也物流"最好地说明了电子商务与物流的关系。控制物流就可以控制市场，这是很多以市场为主体的企业的生存之道，所以物流市场的争夺是必不可少的。因为物流是电子商务执行的保证。首先，物流保障生产，无论在传统的贸易方式下，还是在电子商务下，生产都是商品流通之本。生产的全过程从原材料的采购开始，便要求有相应的供应链物流活动，将所采购的材料运送到位，否则，生产难以进行。在生产的各个流程之间，需要原材料，半成品的物流过程，即所谓的生产物流；对部分余料或可回收利用的物资进行回收则需要回收物流；对废弃物的处理需要废弃物物流。其次，物流服务于商流，在电子商务条件下，消费者完成了网上购物即商品所有权的交割过程，这个过程就叫做商流过程。而电子商务的活动并没有结束，它的结束标志为商品和服务真正地转移到消费者手中，而这个过程是要靠现代物流来完成的。最后，物流是实现"以顾客为中心"理念的根本保证，物流的周到服务保障了货物的准时送达，将正确的货物送到正确的消费者手中，这样才能真正地使消费者享受到快捷满意的服务，从而更好地留住老顾客吸引新顾客。现代物流保障了电子商务购物的方便快捷，吸引了更多的顾客以电子商务方式购物而不是转向传统的购物方式，从而促进了电子商务的发展。

物流在电子商务中具有不可替代的重要地位，它的成功与否直接关系到电子商务的成败，它的实施与运作效率将直接影响网络所带来的经济价值。

1.3.3　电子商务对物流的影响

1.3.3.1　电子商务改变了人们传统的物流观念

在电子商务状态下，人们在进行物流活动时，物流的各种职能及功能可以通过虚拟化的方式表现出来。在这种虚拟化的过程中，人们可以通过各种的组合方式，寻求物流的合理化，使商品实体在实际的运动过程中，达到效率最高、费用最省、距离最短、时间最少的功能。

1.3.3.2　电子商务改变了物流的运作方式

首先，传统物流的运动方式是紧紧伴随着商流来运动的，而在电子商务环境下，不仅将商品、产品、广告、订货、购物、货币支付、认证等实物和事务处理虚拟化、信息化，还将信息电子化。这就使得物流的运作是以信息为中心的，通过网络上的信息传递，可以有效地实现对物流的实施控制，实现物流的合理化。其次，在传统的物流活动中，对物流实时控制都是以单个的运作方式来进行的。

1.3.3.3　电子商务改变了物流企业的经营形态

在电子商务环境下，消费者在网上的虚拟商店里购物，并在网上支付，送货的功能则由物流公司承担。也就是说，现实的商店没有了，银行没有了，而物流公司非但不能够省，反而任务加重了。物流公司不仅将虚拟商店的货物送到消费者手里，还要从各生产企业及时进货，存放到物流仓库中。物流公司既是生产企业的仓库，又是用户的实物供应者。此外，电子商务要求物流以社会的角度来实行系统的组织和管理，以打破传统物流分散的状态。这就要求企业在组织物流的过程中，不仅要考虑本企业的物流组织和管理，而且更重要的是要考虑全社会的整体系统。同时，在电子商务时代，物流企业之间也存在激烈的竞争，这就要求物流企业应相互联合起来，在竞争中形成一种协同竞争的状态，以实现物流高效化、专业化、合理化、系统化。

1.3.3.4 电子商务促进了物流基础设施的改善和物流技术与物流管理水平的提高

电子商务需要的不是普通的运输和仓储服务，它需要的是物流服务，需要的是增值性物流服务。首先应增加便利性的服务，可以在提供物流服务的时候推行一条龙门到门服务、24 小时营业、自动订货、物流全过程追踪等电子商务销售有用的增值性服务；其次要降低成本，物流行业是第三利润源泉，我们降低物流成本，可以使得电子商务的成本降低，也是使得消费者的成本降低，这促进了市场的活跃和电子商务的发展；再次应加强时效性，21 世纪在很多行业中时间成了新的竞争焦点，需求趋向多样化、个性化，快速反应市场需求是企业竞争的新定律；最后是对技术的要求更高了，随着电子商务的发展，地理信息技术，全球卫星定位技术，条形码技术、射频技术、电子数据交换技术、GPS/GIS 技术等相继被开发出来，原因是需要满足电子商务的需求。这些技术是电子商务的基础和关键。

1.3.3.5 电子商务对物流人才提出了更高的要求

电子商务不仅要求物流管理人员既具有较高的物流管理水平，还要具有较高的电子商务知识，并在实际的运作过程中，能有效地将二者有机地结合在一起。电子商务物流人才是一种复合型的高级人才。这种人才既懂电子商务，又懂物流；既懂技术，又懂管理。因此，电子商务企业一方面要引进电子商务物流人才；另一方面，也可以把有潜力的人才送出去学习。

1.4 电子商务物流概述

电子商务和物流相互影响、相互促进、相互渗透，电子商务的发展迎来了物流业发展的春天，也促使传统物流业向现代物流业发展。而现代物流体系的逐渐完善也使得电子商务的快捷和方便这一最重要特性更加凸显。电子商务企业的物流部门在整合物流配送资源的基础上，实现为其他企业提供物流服务就成为其新的发展方向和盈利手段。而物流企业在提供物流服务的基础上，优化整合信息流、商流、资金流和物流，将是物流企业新的发展方向和趋势。

1.4.1　电子商务物流的概念

1.4.1.1　电子商务物流的定义

电子商务物流又称网上物流，就是基于互联网技术，旨在创造性地推动物流行业发展的新商业模式。通过互联网，物流公司能够被更大范围内的货主客户主动找到，能够在全国乃至世界范围内拓展业务；贸易公司或工厂能够更加快捷地找到性价比最适合的物流公司；网上物流致力把世界范围内最大数量的有物流需求的货主企业和提供物流服务的物流公司都吸引到一起，提供中立、诚信、自由的网上物流交易市场，帮助物流供需双方高效达成交易。目前已经有越来越多的客户通过网上物流交易市场找到了客户，找到了合作伙伴，找到了海外代理。网上物流最大价值，就是提供了更多的机会。

1.4.1.2　电子商务物流概念模型

电子商务物流概念模型主要包括商务服务、配送服务和信息服务（图 1-1）。

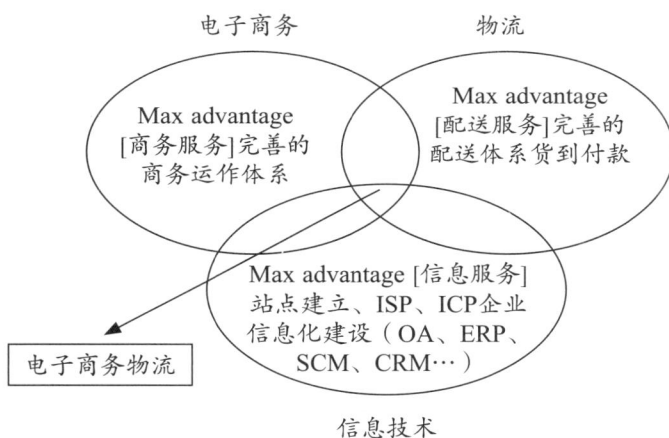

图 1-1　电子商务物流概念模型

电子商务物流是物流企业发展到一定阶段的必然产物。物流企业利用自身的核心竞争力进行电子商务相关的应用服务，势必会促使"四流"进一步融合，从而提升企业的竞争优势。电子商务物流由物流企业来开展是因为物流行业具有不可替代的优势，即物流配送需要投入大量的成本才能建立起来。这种大成本的投入会给其他竞争者造成巨大的进入壁垒。

电子商务物流不是简单的物流运输＋电子商务应用，而是集电子商务企业、物流企业、信息技术企业的优势于一体。

1.4.1.3 电子商务物流发展模型

（1）电子商务物流发展层次模型

电子商务物流经历了三个阶段的发展，即传统物流、物流电子化和电子商务物流阶段。新阶段发展以前一阶段的发展为基础。在电子商务物流发展的过程中，物流企业的核心竞争力日益增强（图 1-2）。

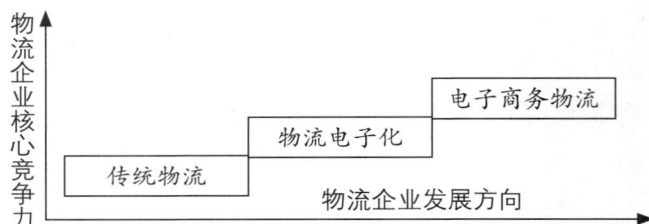

图 1-2　电子商务物流发展阶段

（2）电子商务物流业务范畴模型

电子商务物流的发展经历了三个阶段，这三个阶段的业务范畴也有所不同，具体参见电子商务物流业务范畴模型（图 1-3）。

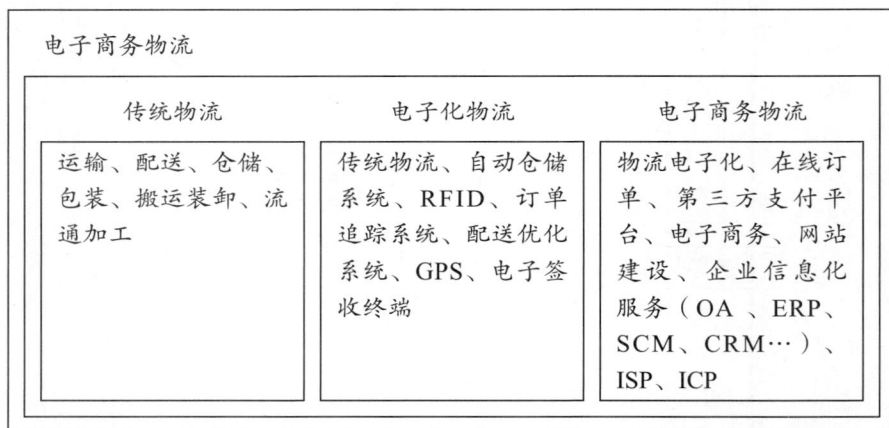

图 1-3　电子商务物流业务范畴模型

1.4.2 电子商务物流的 SWOT 分析

1.4.2.1 S（Strengths）——我国发展电子商务物流的优势

①拥有坚实的电子商务市场。

②我国物流业总体已具有一定的规模。

③我国物流基础设施建设较完备。

1.4.2.2. W（Weakness）——我国发展电子商务物流的劣势

①我国电子商务物流企业整体经营规模较小，管理水平不高。

②物流企业总体信息化水平较低。

③物流人才数量严重缺乏，物流从业人员专业水平较低。

④物流发展的法律和制度不健全，缺乏统一的物流标准。

1.4.2.3. O（Opportunities）——我国电子商务物流的机遇分析

①政府政策大力支持物流业发展。

②物流思想逐渐被企业所接受，物流业总体发展迅速。

③我国物流基础设施发展迅速。

④加入 WTO 加快了引进外国先进的物流管理技术和经验。

1.4.2.4. T（Threats）——我国发展电子商务物流的挑战分析

①外资物流企业加速进入中国市场，物流市场竞争激烈。

②电子商务对物流服务的要求越来越高。

1.4.3 电子商务物流的特点

电子商务时代的来临，给全球物流带来了新的发展，使物流具备了一系列新特点。

1.4.3.1 信息化

电子商务时代，物流信息化是电子商务的必然要求。物流信息化表现为物流信息的商品化、物流信息搜集的数据库化和代码化、物流信息处理的电子化和计算机化、物流信息传递的标准化和实时化、物流信息存储的数字化等。因此，条形码技术（Bar Code）、数据库技术（Database）、电子订货系统（EOS：Electronic Ordering System）、电子数据交换（Electronic Data Inter change，EDI）、快速反应（Quick Response，QR）及有效的客户反应（Effective Customer Response，ECR）、企业资源计划（Enterprise Resource Planning，ERP）等技术与观念在我国的物流中将会得到普遍的应用。信息化是一切的基础，没有物流的信息化，任何先进的技术设备都不可能应用于物流领域，信息技术及计算机技术在物流中的应用将会彻底改变世界物流的面貌。

1.4.3.2 自动化

自动化的基础是信息化，自动化的核心是机电一体化，自动化的外在表现是无人化，自动化的效果是省力化，另外还可以扩大物流作业能力、提高劳动生产率、减少物流作业的差错等。物流自动化的设施非常多，如条形码／语音／射频自动识别系统、自动分拣系统、自动存取系统、自动导向车、货物自动跟踪系统等。这些设施在发达国家已普遍用于物流作业流程中，而在我国由于物流业起步晚，发展速度慢，自动化技术的普及还需要相当长的时间。

1.4.3.3 网络化

物流领域网络化的基础也是信息化，这里指的网络化有两层含义：一是物流配送系统的网络化，包括物流配送中心与供应商或制造商的联系要通过计算机网络，另外与下游顾客之间的联系也要通过计算机网络通信，比如物流配送中心向供应商提出订单这个过程，就可以使用计算机通信方式，借助于增值网（Value Added Network，VAN）上的电子订货系统（EOS）和电子数据交换技术（EDI）来自动实现，物流配送中心通过计算机网络收集下游客户订货的过程也可以自动完成。二是组织的网络化，即所谓的企业内部网（Intranet）。比如，台湾的电脑业在 20 世纪 90 年代创造出了"全球运筹式产销模式"。这种模式的基本点是按照客户订单组织生产，生产采取分散形式，即将全世界的电脑资源都利用起来，采取外包的形式将一台电脑的所有零部件、元器件、芯片外包给世界各地的制造商去生产，然后通过全球的物流网络将这些零部件、元器件和芯片发往同一个物流配送中心进行组装，由该物流配送中心将组装的电脑迅速发给订户。这一过程需要有高效的物流网络支持，当然物流网络的基础是信息和电脑网络。

物流的网络化是物流信息化的必然，是电子商务下物流活动的主要特征之一。当今世界 Internet 等全球网络资源的可用性及网络技术的普及为物流的网络化提供了良好的外部环境。物流网络化的发展态势不可阻挡。

1.4.3.4 智能化

这是物流自动化、信息化的一种高层次应用，物流作业过程大量的运筹和决策，如库存水平的确定、运输（搬运）路径的选择、自动导向车的运行轨迹和作业控制、自动分拣机的运行、物流配送中心经营管理的决策支持等问题都需要借助于大量的知识才能解决。在物流自动化的进程中，物流智能化是不可回避的技术难题。好在专家系统、机器人等相关技术在国际上已经有比较成熟的研究成果。为了提高物流现代化的水平，物流的智能化已成为电子商务物流发展的一个新趋势。

1.4.3.5 柔性化

柔性化本来是为实现"以顾客为中心"理念而对生产领域提出的，但要真正做到柔性化，即真正地能根据消费者需求的变化来灵活调节生产工艺，没有配套的柔性化的物流系统是不可能达到的。20 世纪 90 年代，国际生产领域纷纷推出弹性制造系统（Flexible Manufacturing System，FMS）、计算机集成制造系统（Computer Integrated Manufacturing System，CIMS）、制造资源系统（Manufacturing Requirement Planning，MRP）、企业资源计划（ERP）以及供应链管理的概念和技术。这些概念和技术的实质是要将生产、流通进行集成，根据需求端的需求组织生产，安排物流活动。因此，柔性化的物流正是适应生产、流通与消费的需求而发展起来的一种新型物流模式。这就要求物流配送中心要根据消费需求"多品种、小批量、多批次、短周期"的特色，灵活组织和实施物流作业。

另外，物流设施、商品包装的标准化，物流的社会化、共同化也都是电子商务物流模式的新特点。

1.4.4　电子商务物流研究的意义

网络安全问题、网上结算问题、物流配送问题是目前电子商务发展过程中所面临的三大瓶颈。

1.4.4.1　有效解决电子商务交易安全瓶颈问题

电子商务交易安全问题是电子商务发展过程中所要解决的核心问题，电子商务物流可以利用已有的电子商务交易安全方法去解决交易安全问题。除此之外，电子商务物流的实物配送环节可以直接与客户进行面对面的接触，这是电子商务交易环节接触和服务客户的机会，可以通过这一环节实现电子商务交易过程中很难实现的身份实名认证，然后通过移动终端系统采集客户的身份信息，实现电子商务交易实名制。

电子商务物流可以利用遍布各地的物流配送服务中心实现信用认证，从而确保交易双方的信用和交易的可信度。

1.4.4.2　有效解决电子商务网上结算瓶颈问题

多数消费者认为网上支付不安全或不可信，这是电子商务发展遇到的瓶颈之一。电子商务物流不仅可以利用网上支付这种新兴的支付形式，而且可以通过实物配送环节实现货到付款的支付方式。

现在，货到付款的支付方式不仅仅是现金交易，还可以通过 POS 机实现刷卡支付及智能终端电子签名支付。

1.4.4.3 有效解决物流配送瓶颈问题

方便性和快捷性是电子商务最重要的优势之一。由于国内物流发展相对较慢，使得电子商务过程中的实物配送问题越来越突出，这也制约着电子商务的发展。2010 年春节期间，由于物流企业员工的放假休息使物流几近停滞，导致了客户年前订的礼物过完年还没有收到。于是，电子商务方便性和快捷性备受质疑。物流配送已经是电子商务发展过程中需要解决的迫在眉睫的问题。由于电子商务物流具有成熟和完善的物流配送体系，可以很好地解决物流配送的相关问题，从而为电子商务物流中的电子商务发展扫清障碍。

物流配送问题除了配送的速度和效率外，还有退货问题。运送速效问题的解决有赖于物流电子化技术的应用和物流业自身状况的改善，而退货问题是困扰电子商务企业的重要问题之一。电子商务物流可以有效地解决这个问题，消费者如果不满意货物，只需要向物流配送和服务中心提出退货，而无需联系相关的网上商店。这样，消费者只需面对像 UPS 这样个别的电子物流企业就可以进行所有的网上购物，把网上交易的风险转嫁到电子商务物流企业中，从而提高消费者的满意度。

1.4.4.4 提供物流、电子商务、信息化解决方案

电子商务物流可以为物流企业提供有效的解决方案，包括自动仓储、配送中心、配送系统等提供有效的解决方案，从而帮助中小型物流企业成长。电子商务物流可以为 B2C、C2C 和中小企业提供包括物流在内的一体化电子商务解决方案，促进电子商务的快速发展。在电子商务物流企业的支持下，B2C，C2C 和中小企业只需专注于经营和销售，从事商务活动最为核心的内容，而无需太多地关注站点的设计和建设、商品的配送、支付和结算问题、交易的安全问题、退货问题等。这不仅可以大大降低企业进入的门槛，而且降低了企业经营的风险。

电子商务物流作为信息技术应用的提供者，可以为企业提供信息化解决方案，比如为企业提供办公自动化解决方案、客户关系管理解决方案、供应链管理解决方案、企业资源计划解决方案等。电子商务物流可以利用企业发展经验的积累为信息化提供支持，增加企业信息化成功的概率，避免信息技术的应用企业只懂技术不懂商务而导致企业信息化的失败。

1.4.4.5 开创物流企业发展新的方向

电子商务物流为物流企业未来的发展提供了新方向。物流企业发展到电子商务物流的新阶段时，已经不是传统意义上的物流企业了。正如 UPS 的总裁 Michael L

E skew 所说"我们已经由一家拥有 IT 技术的卡车公司变为一家拥有卡车的 IT 公司。"在如此强的信息化支持下，像 UPS 这样的电子商务物流企业完全可以推出它的电子商务应用服务，这是未来电子商务企业的发展方向。

1.4.5 我国发展电子商务物流的对策

1.4.5.1 加大对电子商务的宣传

发掘电子商务潜力，扩大电子商务市场，为电子商务物流的发展奠定基础；同时要把电子商务与电子商务物流放在一起进行宣传，电子商务是商业领域的一次革命，而电子商务物流则是物流领域的一次革命。要改变过去那种重商流、轻物流的思想，把物流提升到竞争战略的地位，注重社会电子化物流系统的发展。

1.4.5.2 建设电子化物流系统，完善物流信息平台

要形成全社会的电子化物流系统，政府要在高速公路、铁路、航空、信息网络建设等方面投入大量资金，以保证交通流和信息流的通畅，形成一个覆盖全社会的交通网络和信息网络，为发展电子商务物流提供良好的社会环境。同时物流企业要投资于现代物流技术，要通过信息网络和物流网络，为客户提供快捷的服务，提高竞争力。要吸引更多的制造企业和商业企业上网，通过上网提高企业的竞争力和盈利水平，促进电子商务的发展，从而促进电子商务物流的发展。

1.4.5.3 加强电子商务物流人才的培养

人才的缺失已成为制约我国电子商务物流发展的瓶颈，所以培养电子商务物流人才已成为重中之重。培养电子商务物流人才可以通过政府、院校、企业三方共同努力来实现。政府通过制定相关政策，鼓励、支持有师资力量的大专院校、科研机构开设电子商务物流专业，培养高层次的人才，以满足我国中长期对电子商务物流人才的需要；同时高校和科研机构还应该与企业紧密合作，以培养既懂电脑又懂物流，既懂技术又懂管理的复合型电子商务物流人才。此外，电子商务物流企业也要注重自身物流人才的培养，在引进电子商务物流人才的同时把有潜力的人才送出去学习深造。可以通过"引进来、走出去"等多种形式，培育多层次的现代物流人才。

1.4.5.4 完善物流法律法规，建立物流标准系统

相关制度和法律法规的不健全，使得电子商务物流企业的发展步履维艰，所以针对电子商务物流中出现的种种问题，政府有关部门应该积极地研究电子商务物流

的特点，迅速制定有针对性的法规和政策，积极推进相关法制的建设，以规范电子商务物流活动，增加企业和广大消费者对电子商务物流的信任感。

1.4.5.5 培育现代电子商务物流主体，积极发展第三方物流

第三方物流是物流专业化的重要形式，其发展程度反映和体现着一个国家物流业发展的整体水平。随着中国市场经济体制的日趋完善和市场竞争的日益激烈，商家之间的价格战也愈演愈烈，为了保持较高的利润，第三方物流企业成为了企业降低成本的选择。发展第三方物流，可以选择以下途径：发展专业化物流，鼓励电子商务企业将自营物流整合为社会化第三方物流；重点引导大型生产企业剥离自营物流功能，结合电子商务，实现电子商务物流的社会化、集约化，推动传统物流企业向现代第三方物流企业转变；积极引进国内外知名的第三方物流企业及物流中介服务机构，大力发展新兴的电子商务物流服务企业，加强与传统储运业的嫁接和联合，着力打造一批在国内有影响、有规模、有实力的第三方物流企业。

【本章小结】

本章首先给出了电子商务的基础理念，分析了电子商务的一般功能和电子商务网站的功能及电子商务的特征；接着分析了电子商务与物流的关系，介绍了电子商务物流的概念、特点和 SWOT 分析，提出了我国电子商务物流的发展对策。

【课后思考】

(1)什么是电子商务？什么是电子商务物流？

(2)电子商务与物流之间有何关系？

(3)电子商务物流有何特点？

(4)查阅资料，分析我国电子商务物流发展的现状及问题。

【案例讨论】

农村电子商务物流发展趋势

2015 年的中央一号文件提出了"农产品走进电商时代"的要求。2015 年两会期间，政府工作报告第一次提出"互联网＋"的概念。两会刚过，就在 3 月 17 日，商务部新闻发言人沈丹阳表示，2015 年商务部将启动一个新的电子商务专项行动计

划，主要内容是推进农村和农产品电子商务。商务部会同相关部门研究制定《关于加快发展农村电子商务的指导意见》，重点将集中在对农村传统流通网络进行信息化改造、建设农业生产资料电子商务平台等方面。在许多电商企业看来，农产品被比作电商的新蓝海。

传统的农业生产及流通正日益受到互联网的深度影响，近期，国内多家知名 IT 企业加快布局农业电商，也从侧面显示出传统农业正加快融入"互联网＋"大家庭。

联想控股宣布战略投资云农场。联想控股高级副总裁陈绍鹏表示，这是打造全新农业产业生态圈的重要布局。据悉，云农场是国内最大的网上农资商城，注册用户数量超过百万户，已形成集农村电商、农村物流、农技服务、农村金融于一体的农业互联网和云服务综合性平台。

京东集团也在助力发展农业互联网市场。顺丰优选入驻京东，京东与天天果园合作，天天果园负责产地精选、分拣及预冷包装，京东则在销售与冷链配送方面给予有力支持，实现了源头监控、专业分拣、冷链运输、快速送达全流程的标准化操作。此外，阿里巴巴、1 号店、亚马逊、腾讯近期都在加大农业互联网的布局。目前全国涉农的网站，大概已经超过 3000 个，有 24 个省市、31 个地县在阿里平台设立了"特设馆"。在淘宝网正常经营的注册地为乡镇和行政村的网店已经达到 163 万家，经营农产品的网店已经接近 40 万个，河北、浙江、江苏、山东等地出现了各种各样的淘宝村 212 家，农产品网络零售额达到 1000 多亿元。这些不约而同行动的背后，不仅是标志了源于互联网向农业的技术渗透已开始成熟，农村市场价值日益凸显，也得益于新型农业人才的积累已形成规模。

发展农村物流，不仅仅关系到农业的生产资料供给和农民日用工业品需求的满足，更关系到农产品的对外流通和农民收入的增长。发展农村物流、加快农产品流通、打通农产品流通的最后一公里，对促进传统农业向现代农业、商流向现代物流实现转变，具有重大的现实意义。此外，发展农村物流对促进农产品升值，增加农民收入起到至关重要的作用。

当前，农村电子商务的发展模式主要有以下 3 种。

(1) 以 A2A 的模式实现信息共享

A2A（Area to Area）模式，即将一个区域的农产品供求信息聚集，向另一个区域销售或求购。

具体来说，如，在萧山区的农产品电商运作中，先是收集一个区域内各村的农产品信息，通过农产品电商运营平台向消费者进行展示，消费者下订单后由熟悉当地地形的每村物流员进行短程快速的集中配送。这需要在每个村设置一名信息员，由信息员向农民发布信息和收集信息；在每个村设置多名物流员，进行短程的集中配送；用信息平台来对供求信息以及物流组织信息进行统一管理。信息员和物流员可以采用兼职的方式，由现有人员兼任，以降低系统运行成本。通过这种分销体系，以及与之配套的信息平台，实现了完整的 A2A 农村电子商务。

在已有的各种电子商务模式中，此模式是将每一个村视为一个单位、一个信息点，将许多个村的信息汇总起来作为农产品电商运营平台的基础信息，实现最大化的信息共享。同时，在 A2A 的模式中萧山区的各村都分别设置了信息员，这些信息员经过培训，记录各村需要出售的农产品，农民在这个过程中只需联系信息员，无须具备计算机互联网知识，从而提高了农民参与电商销售的积极性。

（2）以 C2C 的模式实现农户与消费者间的对接

C2C（Person to Person）模式，即通过电子商务网站为买卖双方提供了一个在线交易平台，使卖方可以在上面发布待出售的物品的信息，而买方可以从中选择进行购买，同时，为便于买卖双方交易，提供交易所需的一系列配套服务。例如，淘宝网、拍拍网等。

在农产品流通领域，这种模式是指单个农户与消费者之间通过网络进行的农产品交易。主体是农户和消费者。在萧山区，农民借助电商平台直接对接了消费者，剔除了中间过程可能存在的各类商业企业。

图 1-4 为杭州市萧山县的农村地区，采用基于 A2A 的 C2C 农村电商模式的基本流程图。

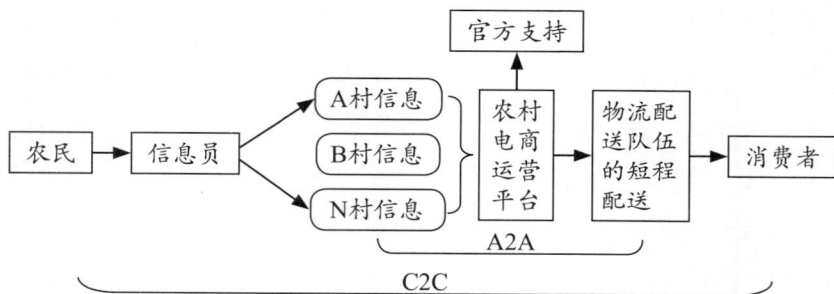

图 1-4　基于 A2A 的 C2C 农村电商模式流程

具体流程如下：

①在萧山区的每个村的农户们，将自家农产品的详细信息汇报给该村负责收集资料的信息员。

②各村信息员将汇交的农产品信息进行整合分类，附上图片、文字、数字等说明在农村官方的电商运营平台上展示，以供消费者查阅选择。

③消费者通过在电商平台上的农产品资料下单。

④萧山区的物流配送团队将各单地址进行归类，由各自村的短程配送队伍进行送货上门服务。

(3)P2B2F的农产品电商模式

P2B2F（Person to Business To Family）模式，即一种通过企业及企业电子商务平台将农户和以家庭为单位的消费者联系起来，缩短生产市场和消费市场的距离的一站式便捷购物模式。其中：P代表个体户，B为企业，F为家庭。

但是，这种电子商务方式主要针对辖区内范围，比如同省域内，同城内。这主要是为了保证产品的质量，降低运输成本。在产品的上游，企业可以要求农户按规格将产品分类打包，再通过设立收购站，定期从农户手里购入货物。企业可以在社区设立订购点，或者以产品目录单的形式向各个家庭进行宣传。在目录单上留下订购电话和订购网址，在收单后对农产品进行配送。货款可以采取预付款、网上支付等方式。生产过程中，农户可以根据企业所反馈的信息决定种植什么作物，消费者也可以更放心地购买到安全可靠的农产品。

菜管家成立于1999年。它是一家以P2B2F电商模式运作的农产品订购平台，如图1-5所示。它一直专注于农业信息化领域，以发展农村经济为根本，以创造健康生活为核心理念，是一个给人们带来食材和营养饮食规划的电商平台。菜管家采用的该种模式，可以直接省去了中间商，集生产、销售、服务于一体，建立了综合性的农产品销售平台。

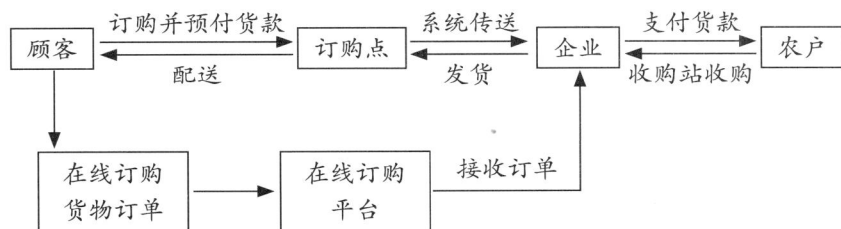

图1-5　P2B2F农产品电商模式流程

具体流程如下：

①可以以家庭或餐厅、超市等为订购单位打电话选购农产品，并预付货款；也可以登录菜管家官方网站在线选购农产品，并下订单支付款项。

②订购平台将订单信息反馈给菜管家接单系统。

③农户收到菜管家支付的货款后，菜馆家的收购中心会收购农户的农产品。

④菜管家根据订单，分类配送给消费者。

在菜管家这个电商平台中，顾客不仅可以通过系统平台在线选购农产品，享受送货上门的优质服务；还可以在指定的订购点进行选购。

（资料来源：中国物流与采购网 http：//www.chinawuliu.com.cn/）

思考：

（1）农村电子商务有何特点？

（2）结合实际，谈谈如何发展农村电子商务物流。

Chapter 2

第 2 章

电子商务物流模式

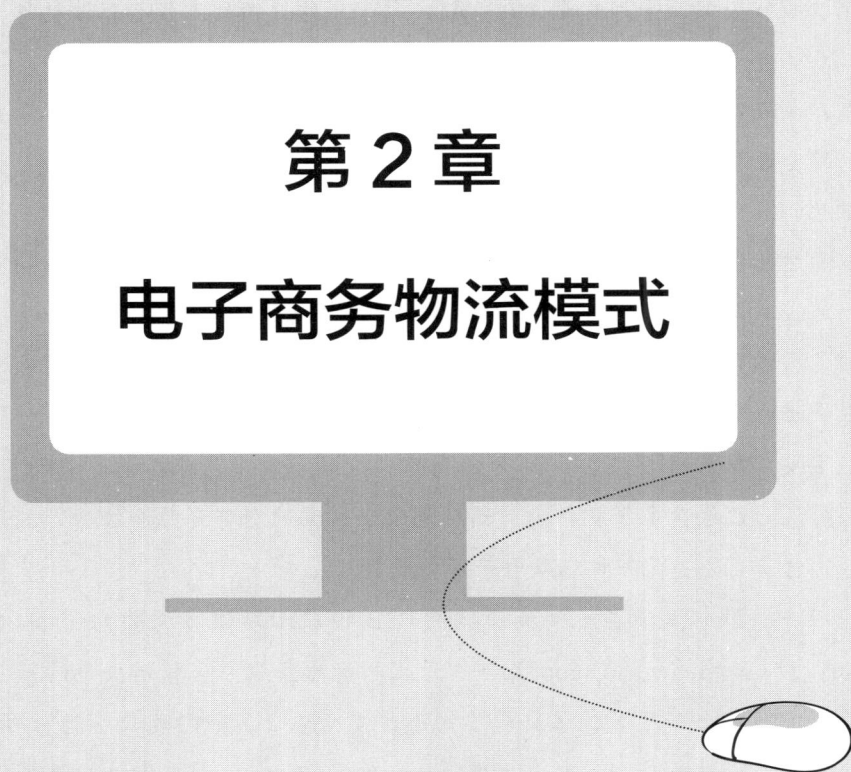

【导入案例】

联邦快递物流模式

总部位于美国田纳西州的联邦快递（Fedex）成立于 1973 年 4 月，是一家以航空快递运输为主营业务的公司。经过 30 多年的发展，它已成为全球最具规模的快递运输公司，在 220 多个国家及地区都设立了分公司，员工人数达到 14 万人之多，自有飞机 670 余架，专用货车 44000 辆，每个工作日约处理 330 万件包裹，年收入高达 320 亿美元。多年来它一直名列财富 500 强之列。

联邦快递集团为遍及全球的顾客和企业提供涵盖运输、电子商务和商务运作等一系列的全面服务，最大限度满足客户和社会的需求，使其屡次被评为最受尊敬和最可信赖的雇主。作为一个久负盛名的品牌企业，联邦快递集团通过相互竞争和协调管理的运营模式，提供了一套综合的商务应用解决方案，通过其环球航空及陆运网络，通常只需一至两个工作日，就能确保时限紧迫的货件，准时到达。

但是人们只知联邦快递是一个运输公司，却不知它还是一个巨大的电子商务公司，在全世界它的电脑和网络工程师达到 6000 多人，其规模可见一斑。最初，联邦快递主要以第三方物流，即配送企业的身份参与电子商务活动。而到了 1997 年初，公司认为已经具备了从信息、销售到配送所需的全部资源和经验，就开始像一家纯粹的电子商务公司一样从事电子商务业务。

1999 年，联邦快递与一家专门提供 B2B 和 C2C 解决方案的 Ientershop 通信公司（http：//www.Ientershop.com）合作开展电子商务业务。联邦快递进军电子商务领域的理由有两个：第一，该公司已经有覆盖全球 211 个国建的物流网络；第二，公司内部已经成功地应用了信息网络（Powership Network），这一网络可以使消费者在全球通过 Internet 浏览服务器跟踪其发送包裹的状况。该公司认为，这样的信息网络和物流网络的结合完全可以为消费者提供完整的电子商务服务。该公司业务中的电子商务物流主要通过联邦快递动力船（Fedex powership）计划和一套免费的联邦快递船（Fedexship）软件来实现。前者为客户提供了一条进入联邦快递计算机系统的途径，后者使工作人员能随时掌握供货时间及产品预计抵达的时间。

就其电子商务发展而言，联邦快递公司主要有以下几个特点：

①联邦快递公司的电子商务是建立在传统的行业之上的。即它先有传统的运输业，由于业务和管理的需要，电子商务的发展则是水到渠成的事。电子商务和运输相辅相成，共同促进。

②联邦快递公司早已利用网络进行 B2B 和 C2C 业务，客户可以在网上下订单、网上跟踪货物查询、打印运单和发票等。

③联邦快递公司不但自己具有强大的网络服务，可以直接面对客户，它同时还为其他电子商务公司服务，比如亚马逊公司就是利用联邦快递的运输网络服务客户的。

像联邦快递这样的第三方物流公司开展电子商务业务，完全有可能利用现有的物流和信息网络资源，使两个领域的业务经营都做到专业化，实现公司资源的最大利用。但物流服务与信息服务领域不同，需要专门的经营管理技术，第三方物流公司涉足电子商务的销售和信息服务领域要慎重。

（资料来源：中国物流与采购网 http：//www.chinawuliu.com.cn/）

2.1　自营物流模式

2.1.1　自营物流的含义

所谓自营物流，即企业自身投资建设物流的运输工具、储存仓库等基础设施硬件，经营管理企业的整个物流运作过程。我国传统物流基本上都是以自营物流为主，不过，近些年来，发展迅速的第三方物流，已经成为现代物流的重要发展趋势。但是，无论是自营物流，还是第三方物流，都各有特点，都是现代物流的重要组成部分。

目前采取自营物流的电子商务企业主要有两类：

第一类为传统的大型制造企业或批发企业经营的电子商务网站。由于其自身在长期的传统商务中已经建立起初具规模营销网络和物流配送体系，在开展电子商务时只需将其加以改进、完善，就可以满足电子商务条件下物流配送系统的要求。如上海梅林正广和，依托原传统商务下的完善的送水网络，通过 85818 网站开展 B2C 电子商务，实现了上海市 24 小时全天候无盲区配送服务。

第二类是资金实力雄厚且业务规模较大的电子商务公司。电子商务在我国兴起的时候，国内第三方物流的服务水平远不能满足当时电子商务公司的要求，而这些公司手中持有大量的外国风险投资，为了抢占市场的制高点，不惜动用大量资金，在一定的区域甚至在全国范围内建立自己的物流配送系统。此类电子商务公司的例子是2010年京东投资2000万元成立了物流公司，2011年在上海嘉定购买了260亩土地打造亚洲最大的现代化物流中心。关于如何在提高配送时效和控制配送成本之间寻求一个平衡点的问题，则始终困扰着所有电子商务网站。

自营物流体系的核心是建立集物流、商流、信息流于一体的现代化新型物流配送中心，而电子商务企业在自建物流配送中心时，应广泛地利用条形码技术（Barcode）、数据库技术（Database）、电子订货系统（EOS）、电子数据交换（EID）、快速反应（QR）以及有效的客户反应（ECR）等信息技术和先进的自动化设施，以使物流中心能够满足电子商务对物流配送提出的各种新要求。

2.1.2 自营物流的优劣势分析

2.1.2.1 优势分析

综合来看，与第三方物流相较而言，自营物流具有以下两个方面的优势。

（1）反应快速、灵活

与第三方物流相比，自营物流由于整个物流体系属于企业内部的一个组成部分，与企业经营部门关系密切，以服务于本企业的生产经营为主要目标，能够更好地满足企业在物流业务上的时间、空间要求，特别是要求物流配送较频繁的企业，自营物流能更快速、灵活地满足企业要求。

（2）企业拥有对物流系统运作过程的有效控制权

在自营物流的情况下，企业可以通过内部行政权力控制自营物流运作的各个环节，对供应链较强的控制能力容易与其他业务环节密切配合，可以使企业的供应链更好地保持协调、稳定，提高物流运作效率。

2.1.2.2 劣势分析

（1）一次性投资大、成本高

虽然自营物流具有自身的优势，但是由于物流体系涉及运输、仓储、包装等多个环节，建立物流系统的一次性投资较大，占用资金较多，对于资金有限的企业来说，物流系统建设投资是一个很大的负担。又由于企业自营物流一般只服务于自身，依据企业自身物流量的大小而建立。而单个企业物流量一般较小，企业物流系统的规模也较小，这就导致物流成本较高。如 e 国网自建物流体系，推行的"e 国一小时"物流计划曾使其一度处于亏损的境地，运营的前 6 个月共亏损 1000 万元。

（2）需要较强的物流管理能力

自营物流的运营，需要企业工作人员具有专业化的物流管理能力，否则仅有好的硬件，也是无法高效运营的。目前我国的物流人才培养严重滞后，导致了我国物流人才的严重短缺，企业内部从事物流管理人员的综合素质也不高，面对复杂多样的物流问题，经常是凭借经验或者说是主观的考虑来解决，成为了企业自营物流一个亟待解决的问题。

一些企业通过自营物流系统，既服务于本企业，又为其他企业提供物流服务，实质上是一种业务上的多元化，其物流系统的性质已发生了一定的变化，与自营物流的本来定义已经不同了。

2.2　第三方物流模式

2.2.1　第三方物流概述

第三方物流（Tird—Party Losgistics，3PL 或 TPL）是由相对"第一方"发货人和"第二方"收货人而言的第三方专业企业来承担企业物流活动的一种物流形态。它是提供物流交易双方的部分或全部物流功能的外部服务提供者。由于 3PL 是以签订合同的方式，在一定期限内将部分或全部物流委托给专业物流企业来完成，因此又称合同物流或契约物流、外包物流。

第三方通过与第一方或第二方的合作来提供专业化的物流服务，它不拥有商品，不参与商品化的物流代理服务。它提供的物流服务形式包括设计物流系统、EDL 能力、报表管理、货物集运，选择承运人、货代人、海关代理、信息管理、仓储、咨询、运费支付和谈判等。第三方物流公司和典型的运输或仓储等公司的关键区别在于：第三方物流的最大附加值是基于信息和知识，而不是靠提供最低价格的一般性的无差异的服务。例如并不能把一个纯粹的汽车运输公司称为第三方物流公司。

社会分工的细化导致物流业发展到一定阶段必然会促使这种专业物流企业的出

现，使其利用专业设施和物流运作的管理经验，为顾客定制物流需求计划和提供个性化的物流服务。3PL 是物流专业化的重要形式，是物流社会化、合理化的有效途径。所以，第三方物流的发展程度反映和体现着一个国家物流业发展的整体水平。

在美国的一些主要市场上，3PL 的利用效率已经达到了 73%。在社会化配送方面发展最好的是日本，第三方物流业在整个物流市场的份额更是高达 80%。将物流外包给第三方物流公司是跨国公司管理物流的通行做法。按照供应链的理论，将不是自己核心业务外包给从事该业务的专业公司去做，这样从原材料供应到生产，再到产品的销售等各个环节的各种职能，都在由某一领域具有专长或核心竞争力的专业公司互相协调或配合来完成，这样所形成的供应链具有最大的竞争力。因此，戴尔将物流外包给联邦快递；亚马逊对于美国市场以外的业务也外包给 UPS 等专业物流公司。中国国内如当当网的配送业务都委托给了第三方，当当网的模式集中于后台物流管理，力求满足顾客的需求。

因此，将物流业务外包给第三方是电子商务经营者适应电子商务的需求变化而进行的一种理想的选择。

2.2.2 第三方物流与物流一体化

2.2.2.1 物流一体化的内涵

20 世纪 80 年代，西方发达国家，如美国、法国和德国等就提出了物流一体化的现代理论，应用和指导其物流发展取得了明显的效果。美国十几年的经济繁荣期与该国重视物流一体化的理论研究与实践，加强供应链管理，提高社会生产的物流效率和物流水平是分不开的。

所谓物流一体化实质是一个物流管理的问题，即专业化物流管理人员和技术人员，充分利用专业化设备、设施，发挥专业化物流运作的管理经验，以取得整体最佳的效果，使产品在有效的供应链内迅速移动，使参与各方的企业都能获益，使整个社会获得明显的经济效益。它是物流业发展的高级和成熟的阶段。

物流一体化的发展可进一步分为 3 个层次：物流自身一体化、微观物流一体化和宏观物流一体化。物流自身一体化是指物流系统的观念逐渐确立，运输、仓储和其他物流要素趋向完备，子系统协调运作，系统化发展。微观物流一体化是指市场主体企业将物流提高到企业战略的地位，并且提出了以物流战略作为纽带的企业联盟。宏观物流一体化是指物流业发展到这样的水平：物流业占到国家国民生产总值的一定比例，处于社会经济生活的主导地位，它使跨国公司从内部职能专业化和国际分工程度的提高中获得规模经济效益。

2.2.2.2 第三方物流与物流一体化的关系

物流一体化是物流产业的发展形式，它必须以第三方物流充分发育和完善为基础。物流一体化的实质是物流管理问题，即专业化物流管理人员和技术人员，充分利用专业化物流设备、设施，发挥专业化物流运作的管理经验，以求取得整体最佳的效果。同时，物流一体化的趋势为第三方物流的发展提供了良好的发展环境和巨大的市场需求。

从物流业的发展来看，第三方物流是在物流一体化的第一个层次时出现萌芽的，但这时只有数量有限的功能性物流企业和物流代理企业。第三方物流在物流一体化的第二个层次得到迅速发展。专业化的功能性物流企业和综合性物流企业以及相应的物流代理公司出现了，并且发展很快。这些企业发展到一定水平，物流一体化就进入了第三个层次。

西方发达国家在发展第三方物流和实现物流一体化方面积累的成功经验与丰富经验说明，实现物流一体化，发展第三方物流，关键是具备一支优秀的物流管理队伍。它要求管理者必须具备较高的经济学和物流学专业的知识和技能，精通物流供应链中的每一门学科，整体规划水平和现代管理能力都很强。

第三方物流和物流一体化的理论为中国的国有大中型企业带来了一次难得的发展机遇。即探索适合中国国情的第三方物流运作模式，降低生产成本，提高效益，增强竞争力。

2.2.3 第三方物流企业的类型

纵观国内外物流业现状，物流企业种类繁多。以下两种分类方法，相信对于认识和了解第三方物流是十分有益的。

第一种按提供服务的种类划分。第三方物流企业有资产型、管理型和综合型 3 种基本类型。资产型第三方物流企业主要通过运用自己的资产来提供专业的服务。管理型第三方物流企业主要提供物流的规划与策划、物流管理咨询服务等。综合型第三方物流企业则兼具以上两种企业所具有的能力，既能提供管理咨询，又拥有必要的物流设施装备系统，能够承担各种物流业务。

第二种按物流业务划分，有综合型物流企业和各种功能性（或专业性）物流企业。综合性物流企业能提供运输、储存、包装、装卸、流通加工、物流信息、物流管理等各种物流业务。专业性物流企业只提供某一种或者几种物流服务,例如运输服务、仓储服务、搬运服务、物流咨询服务等。

2.2.4 我国第三方物流发展现状

2.2.4.1 发展概况

20 世纪 90 年代中期,第三方物流概念开始传到我国并促进了运输、仓储等基础物流业的快速发展。近几年,随着市场经济体制的完善和企业改革的深入,外购物流服务的需求日益增大。特别是随着外资企业的进入和市场竞争的加剧,企业对物流的重要性的认识逐渐深化,视其为"第三利润源泉",对专业化、多功能的第三方物流需求日渐增加。1999—2001 年,中国仓储协会对物流市场供求状况进行的 3 次抽样调查显示:在生产企业诚聘销售物流中,第三方物流所占的比重分别是9.1%,16.1% 和 21%,呈明显上升势头。根据 2006 年全国物流统计调查资料,制造业物流外包特别是销售物流外包明显加大,增长速度为 5%~10%,运输与仓储外包的增长速度为 10%~15%。其中,企业物流市场逐步细分,形成了汽车物流、钢铁物流、烟草物流、医药品物流、粮食物流、冷冻物流、图书物流,等等。

不过,目前我国第三方物流企业的规模普遍较小,能够提供全国性,一体化物流服务的企业还不多;专业化物流的素质较低,一些高端需求、特殊需求还无法得到满足。造成这种状况的原因,既有物流企业起步时间较短,服务意识不强,整合社会资源的能力不够等主观原因,也有制造业、商贸业等集约化程度与管理水平的问题,还有体制和政策环境的制约问题,而市场的发育需要一个成熟的过程。

2.2.4.2 形成结构

从第三方物流企业的形成结构看,大体分为以下 4 个途径。

第一是传统仓储。运输企业经过改造转型而来的物流企业,在物流业中占主要地位,占据较大的市场份额。中远集团,中外运、中国储运总公司等,凭借原有的物流业务基础和在市场、经营网络、设施、企业规模等方面的优势,不断拓展和延伸其他物流业务,向现代化物流企业逐步转化。如 1993 年成立的中远集团,1995 年对陆上货运企业进行整合,成立了中远国际货运有限公司,建立起全国统一的货运网络;2001 年又通过合资方式,与广东科龙公司、无锡小天鹅公司成立安泰达物流公司。

第二是新创办的国有或国有控股的新型物流企业。它们是现代企业改革的产物，管理机制比较完善，发展比较快。例如，成立于 1993 年 11 月的中海物流公司，从仓储开始发展物流业务，现已发展成能为国际大型知名跨国公司提供包括仓储、运输、配送、报关等多功能物流服务的第三方物流企业。

第三是外资和港资物流企业。它们一方面为原有客户——跨国公司进入中国市场提供延伸服务，另一方面用它们的经营理念、经营模式和优质服务吸引中国企业，逐渐向中国物流市场渗透，如丹麦有利物流公司主要为马士基船运公司及其货主企业提供物流服务，深圳的日本近铁物流公司主要为日本在华企业服务。

第四是民营物流企业。它们由于机制灵活、管理成本低等特点，发展迅速，是我国物流行业中最具朝气的第三方物流企业。如广州的宝供物流集团，从 1992 年承包铁路货物转运站开始，1994 年成立广东宝供储运公司，承接世界上最大的日用消费品生产企业——美国宝洁公司在中国市场的物流业务，经过 10 多年的开拓创新，已成为在澳洲、泰国、中国香港及国内主要城市设有 40 多个分公司或办事处，为 40 多个跨国公司和一批国内企业提供国际性物流服务的物流集团公司。

2.2.4.3 服务范围和功能

从提供的服务范围和功能来看，我国的第三方物流企业仍以运输、仓储等基本物流业务为主，加工、配送、定制服务等增值服务功能处在发展完善阶段。像宝供、中海这样功能完善的第三方物流企业目前为数不多，规模也不是很大。中远集团、中外运集团、中国储运总公司这样大型的运输、仓储企业虽已向第三方物流企业转化，但它们的传统运输、仓储业务仍占主要部分，第三方物流的功能还不完善。中国仓储协会的调查也说明，生产企业和商业企业的外包物流主要集中在市内配送、单纯仓储和干线运输方面。其中生产企业的外包物流中，单纯仓储占 21%，干线运输占 36%，市内配送占 28%，包装占 4%；商业企业的外包物流汇总，单纯仓储占 37%，干线运输占 21%，市内配送占 43%，包装占 14%。可见生产企业外包物流主要以"分包"为主，即将不同功能的业务分别委托给不同的企业，这从物流供给的角度看，第三方物流企业为用户提供一揽子服务所占的比重不大。

2.2.4.4 主要服务对象

目前，我国第三方物流的服务对象首先集中在外资企业，其次是民营企业和少数改制后的国有企业。如中海物流的客户主要有 IBM、美能达、诺基亚、三洋、东芝、三星、华为、联想等企业；宝供物流公司服务对象是宝洁、飞利浦、雀巢、沃尔玛、联想等。

总之，随着物流热的兴起，第三方物流得到了长足发展，涌现出了像中远集团、中外运集团那样既有规模又有效益的物流企业。但从整体上看，企业规模不大，服务水平不高，第三方物流还只是停留在某一个层面或者某一些环节上，没有实现从原材料供给到商品销售整合供应链的全程服务，还没有形成真正意义上的网络服务。

2.2.5 第三方物流的优劣势分析

2.2.5.1 优势分析

在当今竞争日趋白热化和社会分工日益细化的大背景下，第三方物流具有明显的优势，具体表现在：

（1）企业集中精力于核心业务

由于任何企业的资源都是有限的，很难成为业务上面面俱到的专家，为此，企业应把自己的主要资源集中于自己擅长的主业，而把物流等辅助功能留给物流公司。这可以使企业集中资源，培育其核心能力，大力发展核心主业，把主业做大、做强、做精，走集约化的道路。

（2）降低经营成本

将物流外包给第三方物流公司，会降低经营成本，这主要是通过以下两个方面来实现的。

一是减少了固定资产的投资，加速资金周转。企业自营物流需要投入大量的资金购买物流设备，建设仓库和信息网络等专业物流设备。这些资源对于资金短缺的企业特别是中小企业是个沉重的负担。而如果使用第三方物流公司不仅减少了设施的投资，还解放了仓库和车队方面的资金占用，加速了资金周转。

二是发挥规模优势、专业化优势、信息化优势，降低库存与成本。第三方物流对物流系统的精心设计与计划，可以最大限度地减少库存，发送企业的现金流量，实现成本优势；第三方物流大多是对客户运作，所形成的规模优势将大大提高资源设备的利用率，提高专业化水平和工作效率，降低成本；第三方物流所具备的高水平专业化的技术能力及完善强大的信息服务优势会大大提高物流管理效率，从而降低物流成本。另外，自营物流会有外包物流所没有的许多隐性成本，如果把这些隐性成本核算出来，那么外包物流的成本是相对低廉的。

（3）提供灵活多样的顾客服务，为顾客创造更多的价值专业化的第三方物流企业会利用其健全的物流网络、先进的物流设施和专业的运作能力给顾客提供更灵活多样的高品质服务，创造更高的顾客让渡价值。

2.2.5.2 劣势分析

当然，与自营物流相比较，第三方物流在为企业提供上述便利的同时，也会给企业带来诸多不利。主要有：

（1）企业不能直接控制物流职能

企业将物流业务外包给第三方物流企业时，就意味着不能像自营物流那样可以对物流各环节的活动进行自如的控制，物流的服务质量与效率不一定得到完全的控制与保证；在供应链中，由于过分依赖供应链伙伴，容易受制于人，处于被动地位，供应链的控制能力差。此时，外包企业对第三方物流企业的依赖相对更强一点，因为，物流的服务质量与效率决定于第三方物流企业，对企业的正常生产经营活动会产生严重影响，物流公司往往利用这种有利的地位欺诈对方，在必要时会提高价格，并转向那些能满足他们利益的客户，产生种种机会主义行为：如不按合同规定的时间配送、装卸搬运过程中故意要挟等。

（2）第三方物流尚未成熟

我国第三方物流企业总体尚未成熟，没有达到一定的规模化与专业化，缺乏合格的专业人员设计和评估的物流管理系统，服务质量尚不能满足外包方的需求，成本节约服务改进的优势在我国并不明显，而且常常会造成外包物流的失败。

另外，外包物流不能保证顾客服务的质量和维护与顾客的长期关系，同时也意味着外包放弃了对物流专业技术的开发，还可能造成第三方物流企业通过与顾客的直接接触提升了在顾客心目中的整体形象，从而取代了外包方的地位等。

2.3 物流模式的选择

电子商务企业的物流模式主要有自营物流、第三方物流和物流联盟 3 种，而且这 3 种模式各有优缺点，那么企业该如何选择自己的物流模式呢？

2.3.1 企业选择物流模式时需考虑的主要因素

企业到底是自营物流还是外包，不能一概而论。企业在进行物流决策时，应立足于自己的实际需要和资源条件，以提高自身的核心能力和市场竞争力为导向，综合考虑以下主要因素，慎重选择物流模式。

2.3.1.1 物流子系统的战略地位

在物流模式决策时，首先要考虑物流子系统的战略重要性，它是电子商务企业决定其采用何种物流模式的首要影响因素。物流地位越重要，企业自营物流的可能性就越大，反之亦然。而考虑物流子系统的战略地位，主要是看其是不是构成企业的核心能力。要决定物流子系统是否构成企业的核心能力，一般可以从以下几个方面判断。

物流子系统是否影响企业的业务流程？

物流子系统是否需要先进的技术，采用此技术能否使公司在行业中领先？

物流子系统的优势是否是企业长期积淀的、在短期内不能为其他企业所模仿的？

如果得到的答案是肯定的，那么就可以断定物流子系统在战略上处于重要地位。由于物流系统是多功能的集合，各功能的重要性和相对能力水平在系统中是不平衡的，因此，还需对各功能进行分析。某项功能是否具有战略意义，关键就看它的替代性。如果其替代性很弱，几乎只有本企业才具备这项能力，企业就应保护好、发展好该项功能，使其保持旺盛的竞争力。在外购时是采用第三方物流服务还是组建物流联盟，主要由物流子系统对企业的重要性来决定。在物流子系统构成企业战略子系统的情况下，为保证物流的连续性，最好是与物流公司长期合作，建立物流联盟；而在物流子系统不构成企业战略子系统的情况下，采用何种物流模式就要在顾客服务水平与成本之间寻找平衡点了。

2.3.1.2 企业对物流的管理能力

企业对物流的管理能力是影响其选择物流模式的又一个重要因素。一般而言，在其他条件相同的情况下，如果企业在物流管理方面有很强的能力，自营物流就比较可取。企业物流管理能力越强，自营物流的可能性就越大，而在企业对物流的管理能力较差的情况下，如物流子系统在战略上处于重要地位，则应该寻找合适的物流伙伴建立物流联盟，反之选择第三方物流较为合适。但应当注意的是：具备了物流能力，并不意味着企业一定要自营物流，还要与物流公司比较"在满足一定的顾客服务水平下，谁的成本更低"，只有在企业的相对成本较低的情况下，选择自营物流的方式才有利；若不然企业应把该项功能分出去，实行物流外包。如果物流子系统是企业的非战略子系统，企业还应寻找合作伙伴，向其出售物流服务，以免浪费资源。

2.3.1.3 对企业柔性的要求

随着科技的进步与经济的发展，企业要根据市场不断调整自己的经营方向、经营重点、产品研发等问题，这就对企业的柔性提出了越来越高的要求。相对而言，外包物流能够使企业具有较大的柔性，能够比较容易地对企业业务方面、内容、重点、数量等进行必要的调整。所以，相对而言，处于变化发展速度较快行业中的企业，其商品种类、数量比较不稳定、非规则化，变化较多、较大，需要根据情况相应调整其经营管理模式及相关业务，为保证企业具有足够的柔性，应采用外包物流服务。而业务相对稳定，物流商品种类比较稳定、数量大的企业，对于企业的柔性要求比较低，采用自营物流的可能性就比较大。

2.3.1.4 物流系统总成本

在选择是自营还是物流外包时，必须弄清楚两种模式物流系统总成本的情况。计算公式为：物流系统总成本 = 总运输成本 + 库存维持费用 + 批量成本 + 总固定仓储费用 + 总变动仓储费用 + 订单处理和信息费用 + 顾客服务费用。这些成本之间存在着二律背反现象：减少仓库数量时，可降低保管费用，但会带来运输距离和次数的增加而导致运输费用增加。如果运输费用增加部分超过了保管费用的减少部分，总的物流成本反而增加。所以，在选择和设计物流系统时，要对物流系统的总成本加以论证，最后选择总成本最小的物流系统。

2.3.1.5 企业产品自身的物流特点

对于大宗工业品原料的装运或鲜活产品的分销，则应利用相对固定的专业物流服务供应商和短渠道物流；对全球市场的分销，宜采用地区性的专业物流公司提供支援；对产品线单一的或作为主机厂配套的企业，则应在龙头企业统筹下自营物流；对于技术性较强的物流服务，如口岸物流服务，企业应采用委托代理的方式；对非标准设备的制造商来说，企业自营虽有利可图，但还是应该交给专业物流服务公司去做。

2.3.1.6 企业规模和实力

一般来说，大中型企业由于实力较雄厚，有能力经营自己的物流系统，制订合适的物流需求计划，保证物流服务的质量。如实力雄厚的麦当劳公司，每天必须把汉堡等保鲜食品运往中国各地，为保证供货的准确及时，就组建了自己的货运公司。另外，还可以利用过剩的物流网络资源拓展外部业务，为别的企业提供区域服务。而小企业则受人员、资金和管理等资源的限制，物流管理效率难以提高。此时，企业为把资源用于核心业务，就适宜把物流管理交给第三方专业物流代理公司。

2.3.1.7 第三方物流的客户服务能力

在选择物流模式时，考虑成本尽管很重要，但第三方物流为本企业及企业顾客提供服务的能力才是选择物流服务至关重要的因素。换言之，第三方物流在满足你对原材料及时需求的能力和可靠性的同时，它对你的零售商和最终顾客不断变化的需求的反应能力等方面应该作为首要因素来考虑。

2.3.2 企业选择第三方物流的步骤

如果企业经过分析，决定将物流业务外包给第三方物流企业，那么，就应该对待选的第三方物流企业进行慎重的考察和评价。选择第三方物流的步骤一般包括以下方面。

第一，组成跨职能的团队。物流作为企业的一个重要职能，涉及企业运作的多个层次、多个方面，它的选择是一个复杂的工作，对大公司尤其如此。因此，有必要汇聚与物流相关的专业人才，组成跨职能的团队。

第二，设定目标。跨职能的团队经过汇聚各方面的建议和看法，为企业的物流运作设定一个可行的与企业战略相匹配的目标。

第三，确定客户服务需求。通过调研，了解目标客户的服务需求，并在此基础上确定企业的客户服务水平。

第四，制定选择标准。根据企业的战略、物流目标和客户服务需求制定待选的第三方物流企业的规模、服务范围以及具体的运作绩效指标等选择标准。

第五，列出候选名单。在调研的基础上，确定满足选择标准的候选企业名单。

第六，候选者征询。与候选企业进行有效的沟通，了解其有无合作意向，如果有，向其发出招标书。

第七，现场考察。在招标过程中，到待选的第三方物流企业进行现场考察，深入了解他们的经营历史，运作绩效，内容管理等方面的情况。

第八，候选者资格评审。请有关的专业人员利用分析工具对候选企业进行最终的资格评审，并在此基础上选择第三方物流企业。

【本章小结】

本章首先对自营物流的涵义和优劣势进行了分析，然后论述了第三方物流与物流一体化的关系、第三方物流的类型、第三方物流的优劣势和我国第三方物流发展的现状，最后论述了企业选择物流模式所要考虑的因素和选择第三方物流企业的具体步骤。

【课后思考】

(1)什么是自营物流？自营物流有何特点？

(2)什么是第三方物流？第三方物流有何特点？

(3)比较分析自营物流与第三方物流的优劣。

【案例讨论】

京东和淘宝的物流模式比较

京东的自营物流模式

京东商城是中国 B2C 市场最大的 3C 网购专业平台，是中国电子商务领域最受消费者欢迎和最具影响力的电子商务网站之一。京东商城目前拥有遍及全国各地 1500 万注册用户，1200 家供应商，在线销售家电、数码通讯、电脑、家居百货、服装服饰、母婴、图书、食品等 11 大类数万个品牌 30 余万种优质商品，日订单处理量超过 30 万单，网站日均游览人次超过 3500 万次。现在，京东商城已占据中国网络零售市场份额的 35.6%，连续 10 个季度蝉联行业头名。

1. 京东商城的物流模式

京东商城的物流模式主要有两种：自建物流体系与自建体系＋第三方物流相结合。在这里主要讨论自建物流体系。

目前京东已构建了华北（北京）物流中心、华东（上海）物流中心、华南（广州）物流中心、西南（成都）物流中心、华中（武汉）物流中心、东北（沈阳）物流中心，共六个物流中心，有 82 个仓库设施，超过 130 万平方米；在全国 460 个城市设有 1453 个配送站，209 个收货站，300 个自提点组成的覆盖 1000 个区县的物流网络，约占全国行政区县总数的 40%，覆盖范围内的所有消费者均可享受到货到付款、POS 机刷卡、上门取件、上门换新和签单返回等服务。通过其自建物流配送的订单已占全部订单的 85% 以上。为了维护这个庞大的物流配送体系,京东还拥有 18005 名送货员,8283 名库管员以及 4842 名客服人员。

2015 年以来,京东将打造"一县一中心"的县级网络体系,针对县域市场设立"县级服务中心",建立"京东帮服务店",除可为客户提供代下单、配送、展示等服务外,县级服务中心的主要职责还包括招募培训乡村推广员,给农民提供售后、金融服务。目前整合了大量社会资源的京东帮服务店超过 400 家,覆盖全国 28 个省、152 个地级市,服务范围辐射已超过 10 万个行政村。县级服务中心在江苏省宿迁市、湖南省长沙县、四川省仪陇县、山东省平度市等县市开业。该类服务中心一般选址在县级城市的繁华地段,面积约 150 平方米。

2. 京东商城的供应商管理

京东商城以其超过 1 亿注册用户,日均访问量超过 8000 万次,日均订单处理量超过 30 万单,体量超过 2000 亿元,充分展示了其渠道优势,凭此优势京东吸引了大量供应商以及卖家的进入。同时京东希望通过自我约束,与厂家建立新型的厂商关系,共同改善目前电商行业的生态环境,通过不断的模式创新,加强协作,降低成本,提高效率。

供货商:

➢ 对于战略合作厂商,京东承诺,三年内不提升合同政策点位。

➢ 对于战略合作厂商,京东将给予最符合厂商发展需求的付款与结算方式。

➢ 对于战略合作厂商,京东将依托于强大的数据库数据,定期与厂商分享线上消费取向,为厂商产品研发、市场分析、战略制定等提供最直接、最真实、最有力的数据支撑。

➢ 对于战略合作厂商,京东对于流量给予保障,定期举办联合主推活动。

➢ 对于所有合作厂商,不强行摊派各类费用,实现往来账目透明化,书面化,让合作伙伴更放心、更透明地与京东开展业务。

➢ 对于所有合作厂商,严格按照合同规定付款,绝不拖欠。

➢ 京东将一如既往地坚持以零售为核心的销售方式,直接面对消费者,坚决杜绝恶意批发、串货等扰乱市场的销售行为。

➢ 最低价供货。京东商城拿到的货款,必须低于其他电商企业,如果京东商城发现同一供应商有以低于京东商城采购价格向其他供应商供货的现象,京东商城会在销售完成的供应商货款中直接将差价扣除。

➤ 京东商城要求保底返利，即无论供应商是否完成约定的销售数据，京东商城都要从供应商货物销售货款中扣除合同约定的返利份额。

➤ 京东商城收取进场费，即品牌服务费。对于该项收费，也是根据每家企业的状况不等进行收取。

➤ 京东商城收取广告费用。京东商城的品牌越来越多，但是首页的展示位置和广告位是有限的，每个商家都想有首页的曝光机会，当供求关系达不到平衡的时候，将广告位置按利分配。

卖家：

➤ FBP：京东给商家一个独立操作的后台，商家六地入库（北京，上海，广州，成都，武汉，沈阳），从仓储到配送到客服都是京东来操作，京东本身自营的产品所有能享受的服务，商家都能享受（支持211限时达，自提，货到付款，POS机刷卡）。

➤ LBP：京东给商家一个独立操作的后台，商家无须入库，要求订单产生后12小时内将产生的订单包装好发货，分别发货到京东的六地仓储，36小时内到京东商城仓库，由京东来开具给消费者的发票（需增值税发票）。

➤ SOPL：京东给商家一个独立操作的后台，商家无须入库，要求订单产生后12小时内将产生的订单包装好发货，分别发货到京东的六地仓储，36小时内到京东商城仓库，由商家来开具给消费者的发票（非增值税发票）。

➤ SOP：京东给商家一个独立操作的后台，与淘宝商城模式比较类似，要求订单产生后12小时内发货，由商家来承担所有的服务。

➤ 商家企业资质审核：①公司注册资金50万元及50万元以上人民币；②商家或企业需要具备营业执照复印件、组织机构代码证复印件、税务登记证复印件、商标注册证复印件、品牌销售授权证明复印件、开户银行许可证复印件、质检报告复印件或产品质量合格证明。

➤ 特殊产品资质审核：特殊产品资质以京东商城质检部需要的资料为准。

➤ 代理商需要提供的授权资质：需要确保授权链条的完整，既申请入驻企业拿到的授权能够逐级逆推回品牌商。

➤ 发票：所有入驻的企业必须给消费者提供正规发票，发票盖章的公司名称必须和商家与京东合作的公司名称一致。

3. 京东运营管理

3.1 自动化仓库商品入库

(1)卖家向京东商城提交入库预约。

(2)立体仓库接到入库预约申请后，按照计划入库量空出货位，并安排好叉车及站台入库。

(3)入库：商品入库前，工作人员通过扫描仪识别商品条形码，采集货物信息，向电子标签中写入供应商供应货物的信息，如货物源头、厂商、规格、数量等，建立和管理供应商以及客户的信息；进行入库管理，当安装有电子标签的货物入库时，通过在入库口通道处的RFID阅读器，即可将货物的相关信息自动输入仓储管理系统。

(4)商家与仓库的API对接：京东的API对接最常使用的功能为库存同步及订单信息对接。

库存对接：将京东后台的商品库存与卖家自己的后台库存进行实时变动与同步，以保证库存的准确性。

订单信息对接：订单生成后能将订单信息载入商家后台，以便商家高效地安排下单及发货。

3.2 京东的商品包装

(1)FBP模式包装：由自动化仓库将商品完整密封包装，并在外层使用京东胶带。

(2)LBP及SOPL模式包装：在商品保证完整密封包装后，需要在包装最外层使用京东胶带，然后将完整的面单及发票放进背胶带，需保证面单平整及条形码朝上，以便京东库房人员快速收货。

(3)SOP模式包装面单、发票需放入包装并保证包装密封，且包装内不能有任何非京东渠道的销售广告。

3.3 京东自动化仓库的装卸搬运

(1)叉车：这里主要指电瓶叉车，行动于仓库内，主要作用是仓库内的水平搬运以及货物的卸载，以节省人力。在供应商的货物进入站台后，仓库安排叉车进行货物的搬运入库、堆码。

(2)穿梭车：穿梭运行于货架轨道中，接收系统指令后，达到指定货位，通过货叉或夹爪机构搬运料箱。穿梭车数量在一定程度上影响系统作业效率，可根据实际需要配置一台或多台穿梭车在同一层作业。穿梭车常用的供电技术有超级电容、集电轨等。

（3）提升机：提升机高速往复运行，将穿梭车和料箱从货架端部提升到输送机衔接处后，穿梭车再将料箱搬运到输送机上送走。料箱的存入和取出的过程是一个双循环动作。料箱通过拣选环路输送到人工拣选站台，拣选完成后，再通过提升机和穿梭车的协同作业返回到货架中。系统作业能力在一定程度上取决于提升机的作业效率，可根据需要在货架单翼或双翼配置提升机。

3.4 京东自动化仓库的配送

（1）订单生成后，商城卖家进行虚拟出库。

（2）打印出库单将订单发货至京东物流中心。

（3）物流中心进行出库管理。仓库系统收到来自销售部门的订单或者发货通知后，系统根据一定的出库原则计算出库货物的货位，系统通过车载终端提醒工作人员载货，经扫描货物和货位的电子标签，确认拣选货物，同时更新库存。

（4）物流中心库存管理。当货物进出门禁系统时，通过对贴在货物上的标签即时扫描，对库存进行实时控制，并将相关的货物信息进行汇总。

（5）干线运输车队：2012 年 6 月 27 日，京东干线运输车队正式投入运营，自营干线运输以单价上百万的"SCANIA"牵引车担当主力，所有牵引车均配有采用空气悬挂技术制造的挂车，减震效果更加明显，可以最大限度地减少货物在长途运输中的意外损害。长达 18 米的载货箱体，可以达到单车运载近 100 立方米货物的能力。

3.5 京东的信息服务

（1）京东自营模式下，所有的售后流程与客户的第一次接触都是京东方面。且所有模式均需要卖家安排人员对咨询回复以及工单进行回复。

SOP：退货、换货都将由京东方面进行操作，卖家方面需及时对退款进行审核（在确认货品被拒收或已被京东售后提走以后，确认退款通过，避免发生退款不退货现象）。

SOPL/LBP：退货、换货、退款均由京东方面操作。

（2）卖家信息流程

➢ 商家在登录后台后，选择"订单查询与跟踪"，查看订单物流信息。

➢ 查看"等待出库的订单"并确认包裹数量，输入实际包裹数。

> 确认出库，打印出库单，以防止配送中途丢失货物。

3.6 京东的"3F"战略

工业品进农村战略：京东将通过提升面向农村的物流体系，力争让农民以最快捷、最低价、最无忧的方式购买到化肥、农药等农资商品及手机、家电、日用百货等工业商品。

农村金融战略：通过京东白条、小额信贷等创新金融产品，帮助农民解决借钱难、贷款难、成本高等难题。

生鲜电商战略：未来，京东将通过大数据等技术，将农民的农产品种植与城市消费者的农产品需求进行高效对接，将农产品从田间地头直接送到城里人的餐桌上，既解决农民卖菜难、赚钱难的问题，又让城市消费者吃到新鲜的农产品。

淘宝商城的第三方物流模式

淘宝网是深受中国消费者欢迎的网购零售平台，拥有近 5 亿个注册用户，每天有超过 6000 万次的固定访客，同时每天的在线商品数已经超过了 8 亿件，平均每分钟售出 4.8 万件商品。淘宝网占据国内电子商务 80% 以上的市场份额。2007 年，淘宝的交易额实现了 433 亿元，比 2006 年增长 156%。2008 年上半年，淘宝成交额就已达到 413 亿元。2009 年全年交易额达到 2083 亿元人民币。2012 年 11 月 11 日（双 11），淘宝天猫平台交易金额达到 191 亿元。2013 年 11 月 11 日，截至 11 日（双 11）24 时，天猫及淘宝的总成交额突破 300 亿元，达到 350.19 亿元。2014 年"双 11"天猫及淘宝的总成交额突破 500 亿元，达到 571 亿元。

以 C2C 业务为主的淘宝网，在线销售商品包括家用电器、汽车用品；手机数码；电脑、软件、办公；家居、厨具、家装；服饰鞋帽；个护化妆；钟表首饰、礼品箱包；运动健康；母婴、玩具、乐器；食品饮料、保健品 10 大类逾 10 万种。

1. 淘宝物流模式

淘宝本身没有下属的快递公司，但淘宝有物流平台。目前与淘宝有合作的物流公司为：申通、圆通、中通、汇通、韵达、cces（国通）、天天快递、中铁快运、德邦、佳吉、联邦快递、顺丰速运、EMS、E 邮宝、一邦速递、宅急送等。

信息流，卖家到淘宝平台发布商品信息，买家到淘宝平台获得商品信息，并通过旺旺、电话进一步来进行信息交流。

物流，卖家选择淘宝合作的快递公司发货，他们能支持货到后帮助收款的业务等。

资金流，分为三个部分的资金流，分别用黄颜色、绿颜色和紫颜色表示。黄颜色部分表示买家到支付宝的资金流，快递公司把货物保质保量地送到买家手上，确认货物被签收，支付宝代收的货款，在一定时间段统一转账到淘宝账户。绿颜色部分表示支付宝到卖家的资金流，在货到付款的情况下，卖家需要与快递公司协商好，只要货送到买家手上，没有问题，快递公司就可以确认，支付宝就可以把钱转到卖家账户。紫色部分表示卖家到快递公司的资金流，在支付宝交易的情况下，快递公司是卖家自己去找，现在货到付款时淘宝签约快递公司，所以卖家对快递公司的资金流是通过淘宝（或支付宝）来完成对快递费用支付的。

2. 淘宝大物流计划

淘宝大物流计划共包括三大块内容：基于物流信息、交易消息和商家 ERP 系统全面打通的淘宝物流宝平台，淘宝物流合作伙伴体系和物流服务标准体系。

物流宝平台是通过 API 接口全面开放，使得物流服务商、淘宝卖家和外部商家以及各类电子商务网站，均能借助物流宝平台实现订单交易信息、物流信息和商家自身 ERP 系统的全面信息打通，不再需要人工把数据信息导入导出，这一切都将实现电子化操作，使后端物流管理系统的强大功能和线下物流配送体系的无缝对接得以完全体现。

淘宝物流合作体系包括了七类合作伙伴，即提供物流园区建设、管理的基础设施投资者；提供流程、作业标准的服务提供商；提供运输、配送服务的运输、配送服务商；提供技术支持和数据接口的 ISV 管理软件服务商；提供各种包材、包装设计方案的包装材料供应商；提供加工、售后服务的流通加工服务提供商；提供流通融资服务的流通融资服务提供商。

物流服务标准体系，包括统一服务标准、统一合作伙伴流程、统一买家购买体验等。

3. 菜鸟网络

2013 年 5 月 28 日，阿里巴巴集团、银泰集团联合复星集团、富春集团、顺丰集团、三通一达（申通、圆通、中通、韵达），以及相关的金融机构，各方共同组建了"菜鸟网络科技有限公司"。"菜鸟网络"是基于互联网思考、基于互联网技术、基于对未来判断而建立的创新型企业。

菜鸟网络定位于"开放的社会化仓储设施网络"。未来共投资 3000 亿元人民币，首期计划投资 1000 亿元。马云希望用 5 ～ 8 年的时间，努力打造遍布全国的开放式、社会化的物流基础设施，建立一张能支撑日均 300 亿元、年度约 10 万亿元的网络零售额的智能骨干网络。菜鸟网将应用物联网、云计算、网络金融等新技术，为各类 B2B、B2C 和 C2C 企业提供开放的服务平台，并联合网上信用体系、网上支付体系共同打造中国未来商业的三大基础设施。

4. 淘宝的物流运营管理

4.1 淘宝运营流程

➢ 在网上寻找自己需要的货物并联系卖家，在淘宝网上下订单。卖家根据买家的订单将货物找好，拿到快递公司位于该地区的收发货网点或是快递公司的快递人员上门收取运输货物，并将货物打包且按照客户在订单上留下的信息填写快递公司给与的发货单，由此形成托运关系。

➢ 快递人员收取货物后将本店的所有货物集中后通过货车等运输工具将其运往该快递公司区域集货网点。再由区域集货网点将所有货物进行整理，将只需区域性配送的货物整理出来，进行直接配送运输，将需要跨省、跨地域运输的货物运往公司位于该地的分发货仓库。

➢ 分发货仓库负责将来自该地区的所有集货网点的货物进行扫描分拨，将所有货物按照配送区域、不同种类及不同运输工具进行堆放。再由货物的运单性质选择货物的运输方式。分发货仓库将分拨后的货物装车，拼车运输，以整车的形式发出。公司的运输部门按照货物运达的城市选择相应的运输路线，以便寻求方便快捷的运输需求。

➢ 买家所在地同一快递公司的分发货仓库收到发来的货物后，将货物卸车扫描、检查、整理归类、分区，所有货物检查核对后，按地区配送需要分发给买家所在地的区域集货网点。

➢ 区域集货网点收到货物后再次将其细分，将货物分派后送往离买家最近的收发货网点。

➢ 收发货网点的快递员联系买家，将货物准确无误地送到买家手中，并由买家进行签收，最终完成整个物流流程。

4.2 大物流运营流程

淘宝网的"大物流"计划是一个线上平台与线下物流配送体系对接，前端平台展示与后端物流管理能力对接的网购物流服务网络。"淘宝大仓"已经在上海、成都、北京、广州、深圳等几个网购主要城市建设，采用与第三方物流公司合作共建的形式，并完成了在 52 个城市的分仓规划，其中上海仓储中心已吸引了 100 家网店大户入驻。

"淘宝大仓"将全部用来存储淘宝卖家的商品，为卖家提供理货、拣货、配货、发货以及全国范围内的配送。上述流程均由后台信息系统辅助完成。所有购买"淘宝大仓"中商品的买家都可以享受到免运费待遇，相关运费由卖家承担。如果消费者购买了仓库中不同卖家的商品，还可以拼单发货，卖家共同承担运费。

成都"淘宝大仓"包括仓储费用按出货每单 1 元至 1.5 元结算、运费实行 7 折，但网络卖家只需要多支付一个包裹 3 块钱的拣包费。"淘宝大仓"可以帮助卖家节省仓储成本以及发货需要的人力成本等，所以即使由卖家承担运费，但这些成本仍低于本省所需要支付的运费，对卖家而言是划算的，因此"淘宝大仓"比较适合出货量较大的大卖家。

4.3 菜鸟网络运营流程

➤ 建立 8 个核心城市的超级物流集散中心，搭起骨干网的框架，实现集散中心之间 8 个小时的连接；建立整合的骨干网信息平台，接入所有服务提供商（快递公司，零担公司、航空公司、铁路）各自的信息系统并整合，从而实现骨干网内部的信息统一。

➤ 标准化各快递公司市一级二级节点，并整合接入骨干网（实体运营，拓扑状），建立统一的信息处理与调度平台，标准化最后一公里（城乡内的配送）。

➤ 建立骨干网与市一级节点的网状结构，建立统一的物流平台与标准化软硬件设施。

（资料来源：中国物流与采购网 http：//www.chinawuliu.com.cn/）

思考：

(1)京东和淘宝的物流模式各有何特点？

(2)比较分析京东和淘宝的物流模式。

Chapter 3

第 3 章

电子商务物流技术

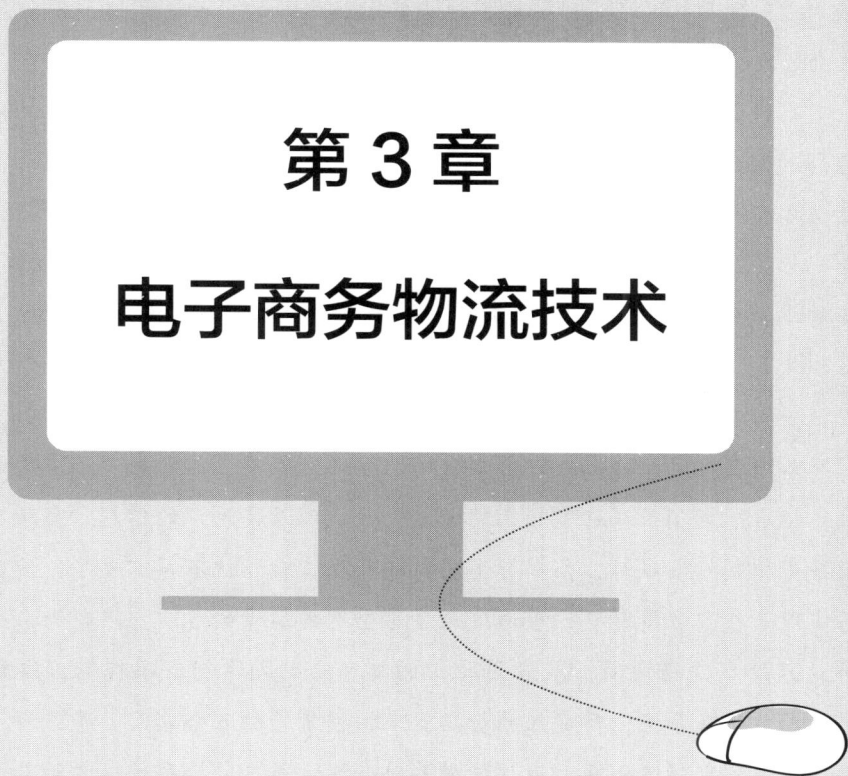

【导入案例】

沃尔玛的物流系统

美国零售商巨头沃尔玛商场在全球零售行业中享有的最大优势就是其配送系统效率最高。其拥有 29 个配送中心，每个配送中心为 120 家商店服务，公司每天要向各个商店发送 15 万箱货物。他们的做法是用激光打印机打印出 ITF-14 条码（即 14 位交插 25 条码）标签，由拣货员把标签贴到纸箱的顶面，运送系统把纸箱运到分拣机上。在分拣机上，全方位扫描器扫描条码标签，并根据计算机指令，将货物分拣，直至将这些纸箱传送到开往目的地的运输车辆上。随着商品数量的增多，需要建造新的配送中心。但是，从经济的角度考虑，提高现有配送中心的吞吐能力则是最佳方案。如果要使每个配送中心达到 30 万箱的吞吐能力，这就需要打印 30 万张条码标签，需要更多的操作人员来挑拣纸箱，需要把更多的标签贴到纸箱上，把更多的纸箱放到运输机上进行分拣。同时，运输机的速度需要从 1.8m/s 提高到 2.5m/s。但是，所有这些还是不够，必须采用新的 UCC/EAN-128 条码体系，才是提高配送中心吞吐能力的根本。作为沃尔玛的供货商，在产品送到配送中心之前，生产厂家必须在所有产品上打印出 UCC/EAN-128 条码。这种条码已成为许多行业的标准，标准规定了条码在货箱上的印制位置，以及要表示的信息。当所有的货箱都已经事先印制好条码时，条码标签的打印和人工粘贴就不再需要了，使直通发运更容易实现。在多数情况下，直通发运量占全部发运量的 50%。在新的系统中，标签不再是只贴在货箱顶面，在货箱的四侧都可粘贴或印制条码标签，这就要求安装"通道式"扫描系统，用成组的扫描器来扫描货箱的五个表面。而这种系统的投资回收期预计不会超过一年，应用这种系统在降低成本、提高效率方面是显而易见的。但是，仅仅这样还不够，货物供不应求和产品脱销在全球零售行业中的平均发生率为 8%，其中不少零售商货架上的某些种类的产品干脆长期不见踪影，令广大消费者十分不满，零售商的经济损失和市场信誉也遭遇重创。

2004 年，全球最大的零售商沃尔玛的一项决议，把无线射频识别（Radio

Frequency identification，简称 RFID）技术推到了聚光灯下。沃尔玛要求其前 100 家供应商在 2005 年 1 月之前向其配送中心发送货盘和包装箱时使用 RFID 标签技术。2006 年 1 月前在单件商品中使用这项技术，以期减少货物短缺和货架上的产品脱销的发生率，从而大幅度提高客户服务的满意率。

RFID 标签无非是在每一种甚至每一件货物上贴上技术含量远远超过条形码，并且信息独一无二的 RFID 标签。在货物进出通道口的时候，RFID 标签能够发出无线信号，把信息立即传递给无线射频阅读器，传递到供应链经营管理部门的各个环节上，于是仓库、堆场、配送中心，甚至商场货架上的有关商品的存货动态一目了然。

RFID 技术标签的操作方式其实相当简便，只需要少数人管理，货物跟踪和存货搜索效率高得惊人，大幅度提高了存货管理水平，减少了库存并且降低了物流成本。沃尔玛商场的工作人员手持射频识别标签技术阅读器，定时走进商场销售大厅或者货物仓库，用发射天线对着所有的货物一扫，各种货物的数量、存量等动态信息全部自动出现在机读器的荧光屏幕上，已经缺货和即将发生短缺的货物栏目会发出提示警告声光信号，无一漏缺。

分布在美国和世界各地的沃尔玛零售商场的 FRID 网络，可以通过卫星通信网络技术实施全球一体化经营管理。也就是说，沃尔玛集团的各个零售商场，各家供货商、制造商、运输服务商和中间商等等的存货、销售和售后服务、金融管理等信息动态均被美国沃尔玛零售商总部全面掌握。

事实证明，在条形码技术和 RFID 标签技术的大力支持下，沃尔玛保持着自己的竞争优势，拥有高效的配送体系，货架持续保持令消费者近悦远来的足够商品数量、种类和质量，避免货物无故脱销和短缺，从而使沃尔玛在美国和世界各地的商场供应链的经济效益和服务效率大幅度提高，终于造就了沃尔玛的今日辉煌。

（资料来源：中国物流与采购网 http://www.chinawuliu.com.cn/）

3.1　条形码识别技术

3.1.1　条形码的发展历史

20 世纪 20 年代，由发明家 John Kermode 利用条码的思想实现了对信件的自动分拣。20 世纪 40 年代，Joe Wood Land 和 Beny Silver 研究用条形码表示食品项目以及相应的自动识别设备，并于 1949 年获得专利。20 世纪 70 年代，在计算机技术的发展之下，条码在食品零售业应用并取得成功，二维码诞生。1970 年美国统一编码委员会 UCC 成立。1973 年 UCC 推出 UPC 商品条码标准。1977 年欧洲物品编码协会成立，推出了与 UPC 码兼容的 EAN 码。1981 年欧洲物品编码协会改为"国际物品编码协会"。20 世纪 90 年代相继出现了多种高容量条形码。1991 年 4 月中国物品编码中心加入国际物品编码协会。

由于条形码技术与计算机技术结合使用有很多优点，所以它不但在商品流通领域得到广泛应用，在其他领域，如邮电、银行、图书馆、物流管理，甚至当今最热门的电子商务，产、供、销一体化的供应链管理中都得到广泛的应用。所以还有很多用于管理的条码也应运而生，比如 128 条码、39 码、交叉二五码、CODABAR 码等，这些条码都是用于管理系统的一维条码。

随着条形码技术应用领域的扩大，人们对条形码技术的需求层次也在不断提高，人们不但要求条形码技术能够解决计算机的数据输入速度、数据输入正确性等问题，而且希望条形码技术还能解决将更多信息印刷在更小面积上等等其他一些问题。到了 20 世纪 80 年代后期，一种能够在更小面积上表示更多信息的新条码产生了，这就是二维条码。由于二维条码在平面的横向和纵向上都能表示信息，所以与一维条码比较，二维条码所携带的信息量和信息密度都提高了几倍，二维条码可表示图像、文字，甚至声音。二维条码的出现，使条形码技术从简单地标示物品转化为描述物品，它的功能起到了质的变化，条形码技术的应用领域也就扩大了。

3.1.2 条形码的概念

条形码，又称条码，是由宽度不等的多个黑条和空白，按照一定的编码规则排列，用以表达一组数字或字母符号信息的图形标识符。条形码中的条、空通常由深浅不同且满足一定光学对比度要求的两种颜色（通常为黑、白色）表示。当使用专门的条形码识读设备时，条形码中所含的信息就可以转换成计算机可以识别的数据。常见的条形码是由反射率相差很大的黑条（简称条）和白条（简称空）组成的。

3.1.3 条形码的特点

3.1.3.1 信息采集速度快

与键盘输入相比，条形码输入的速度是键盘输入的 5 倍，并且能实现即时数据输入。

3.1.3.2 可靠性高

键盘输入数据出错率为三百分之一，利用光学字符识别技术出错率为万分之一，而采用条形码技术误码率低于百万分之一。

3.1.3.3 采集信息量大

利用传统的一维条形码一次可采集几十位字符的信息，二维条形码更可以携带数千个字符的信息，并有一定的自动纠错能力。

3.1.3.4 灵活实用

条形码标识既可以作为一种识别手段单独使用，也可以与有关识别设备组成一个系统实现自动化识别，还可以与其他控制设备连接起来实现自动化管理。

3.1.3.5 自由度大

条形码标签易于制作，对设备和材料没有特殊要求，识别设备操作容易，不需要特殊培训，且设备也相对便宜。

3.1.3.6 成本非常低

在零售业领域，因为条形码是印刷在商品包装上的，所以其成本几乎为'零'。

3.1.4 条形码的分类

3.1.4.1 根据编码方式来分类

（1）一维条形码

一维条形码也叫线性条形码，只是在一个方向（一般是水平方向）表达信息，而在垂直方向则不表达任何信息的条形码符号。条形码信息靠条和空的不同宽度和位置来传递，所含信息容量小。常见的一维条形码有 EAN/UPC 条形码、ITF-14 条形码、UCC/EAN-128 条形码和 GS1 DataBar 条形码。

（2）二维条形码

二维条形码是能够在横向和纵向两个方位同时表达信息的条形码符号。根据二维条形码的编码原理，可以将二维条形码分为行排式二维条形码、矩阵式二维条形码和邮政码。

（3）复合码

复合码是由一维条形码与二维条形码叠加在一起而构成的一种新的码制，能够在读取商品的单品识别信息时，获取更多的描述商品物流特征的信息。

3.1.4.2 根据条形码的识别目的分类

（1）商品条形码

商品条形码是由国际物品编码协会（EAN）和统一代码委员会（UCC）规定的，用于在世界范围内唯一表示商品标识代码的条形码。它以直接向消费者销售的商品为对象，以单个商品为单位使用。商品条形码包括 EAN 商品条形码（EAN-13条形码和 EAN-8 条形码）和 UPC 商品条形码（UPC-A 商品条形码和 UPC-E 商品条形码）。

（2）物流条形码

物流条形码是由国际物品编码协会（EAN）和统一代码委员会（UCC）制定的用于货运单元唯一识别的条形码，是物流过程中的以商品为对象、以包装商品为单位使用的条形码。国际上常见的物流条形码有 EAN-13 条形码、ITF-14 条形码、UCC/EAN-128 条形码、交插二五条形码和库德巴码等。

3.1.5 条形码识读设备分类

3.1.5.1 从扫描方式来分类

条形码识读设备从扫描方式上可以分为接触和非接触两种条形码扫描器。

3.1.5.2 从操作方式来分类

条形码识读设备从操作方式上可以分为手持式和固定式两种条形码扫描器。

3.1.5.3 按阅读原理的不同来分类

条形码扫描设备按阅读原理的不同可以分为线性 CCD 扫描器和线性图像式扫描器、激光扫描器和图像式扫描器。

3.1.5.4 从扫描方向来分类

条形码扫描设备从扫描方向上可以分为单向和全向条形码扫描器。

3.1.6 常用的条形码识读设备

常用的条形码识读设备主要有 CCD 扫描器、激光扫描器和光笔扫描器三种。

3.1.6.1CCD 扫描器

CCD 扫描器主要采用固定光束（通常是发光二极管的泛光源）照明整个条形码，将条形码符号反射到光敏元件阵列上，经光电转换，辨识出条形码符号。新型的 CCD 扫描器不仅可以识别一维条形码和行排式二维条形码，还可以识别矩阵式二维条形码。

3.1.6.2 激光扫描器

激光扫描器是以激光为光源的扫描器。由于扫描光照强，可以远距离扫描且扫描精度较高，被广泛应用。激光扫描器可以分为手持式扫描器和卧式扫描器。

3.1.6.3 光笔扫描器

光笔是最先出现的一种手持接触式条形码识读器，也是最为经济的一种条形码识读器。使用时，操作者需将光笔接触到条形码表面，当光笔发出的光点从左到右划过条形码时，在"空"部分光线被反射，"条"的部分光线将被吸收。经过光电转换，电信号通过放大、整形后用于译码器。光笔扫描器的优点是成本低、耗电低、耐用，适合数据采集，可读较长的条形码符号；其缺点是光笔对条形码有一定的破坏性。

3.1.7 条形码识别原理

由于不同颜色的物体，其反射的可见光的波长不同，白色物体能反射各种波长的可见光，黑色物体则吸收各种波长的可见光，所以当条形码扫描器光源发出的光束照在条形码上时，光电检测器根据光束从条形码上反射回来的光强度作为回应。

当扫描光点扫到白纸面上或处于两条黑线之间的空白处时，反射光强，检测器输出一个大电流；当扫描至黑线条中时，反射光弱，检测器输出小电流。根据白条、黑条的宽度不同，相应的电信号持续时间长短也不同，随着条形码明暗的变化转变为大小不同的电流信号。

译码器将整形电路的脉冲数字信号译成数字、字符信息。这样便得到了被识读的条形码符号的条和空的数目及相应的宽度和所用码制。根据码制所对应的编码规则，便可将条形符号转换成相应的数字、字符信息，通过接口电路送给计算机系统进行数据处理与管理，便完成了条形码识读的全过程。

3.1.8 条形码技术在物流中的应用

条形码的应用可以有效地提高物品的识别效率，提高物流的速度和准确性，从而减少库存，缩短物品流动时间，提高物流效益，满足现代物流高速、高效的要求，更好地服务于客户。

3.1.8.1 条形码在仓储、运输、配送中的作用

条形码已成为产品流通的通行证。若将条形码定位、印刷（标贴）在不同的商品或者包装上，通过条形码扫描器能在数秒钟内得知不同商品的产地、制造商家、产品属性、生产日期、价格等一系列信息。

3.1.8.2 条形码在生产过程中的应用

将条形码应用于生产质量管理系统，可以实现动态跟踪生产状况，随时可从计

算机中查询实际生产的情况及产品的质量情况。

3.1.8.3 条形码在超级市场或购物中心的应用

超级市场或购物中心中打上条形码的商品经扫描，可以实现自动、快速和准确计价，并同时做销售记录。根据销售记录作系统统计分析，可以预测未来需求和制订进货计划。

3.1.8.4 条形码在国际贸易和国际物流中的应用

通过对条形码识别，可以进行国际间的沟通，省去了在不同国家语言文字的转换环节，有力地支持了物流的国际化，可以更好地实现国际物流。

3.1.9 条形码技术的发展

随着零售业和消费市场的飞速扩大和发展，也促进了中国条形码标签业务的增长。因为越来越多的地方需要用到标签和条形码。其实早在 20 世纪 70 年代，条形码已经在全球零售业得到了小范围的应用，而现如今，条形码自动识别系统和数据采集技术依然在全球发挥着至关重要的作用。

实际上，在全球范围内，每天需要运用到条形码扫描的次数上亿，其应用范围也涉及各个领域和行业，其中包括物流、仓储，图书馆，银行，POS 收银系统，医疗卫生、零售商品、服装、食品服务以及高科技电子产品等等，而目前仍然会在每天新增加的一些项目上持续地用到条形码技术。随着市场的不断发展，我们有足够的理由相信，条形码必定会推动我们去体验更优质的生活并能节省我们的宝贵时间。

比如在物流业，物流中的货物分类，库位的分配，库位的查询，进出库信息，进出库盘点，产品查询等这些工作，如果是用人力去做，不仅浪费时间和人力物力财力等，还常常伴随着非常高的出错率，给大多数商家乃至整个物流业的自身发展都带来了颇多困扰，所以可以说，没有条形码的物流过程将会是多么杂乱无章，其后果往往不堪设想。而条形码技术在物流业的优势也是显而易见的，既能精确管理，又功能实用。对于大部分的现代化仓库管理的需求都能满足。操作方便简单，维护亦不需费心，仓库的管理员经过简单的培训都能快速上岗进行操作，而且还能大大减少居高不下的人为出错率，让工作瞬间化繁为简。查询货物的时候特别方便，不需再耗费很多人力去翻查种类繁多的出进货单据，只需在电脑上轻轻一扫，所需的货物型号、经销商、进出货日期，经办人等具体详细资料都即刻显示，并且还可以打印出来。而且这部分数据可以作备份，不会因为死机或者电脑中病毒而担心数据丢失，条形码自动识别系统不失为人性化的管理系统。

3.2　无线射频识别技术

无线射频识别（RFID）技术，即射频识别。射频识别技术是一项利用射频信号通过空间耦合（交变磁场或电磁场）实现无接触信息传递，并通过所传递的信息达到识别目的的技术。简单地说，RFID 技术是利用无线电波进行数据信息读写的一种自动识别技术或无线电技术在自动识别领域的应用。

3.2.1　无线射频识别技术的发展历史

从信息传递的基本原理上说，射频识别技术在低频段基于变压器耦合模型（初级与次级之间的能量传递及信号传递），在高频段基于雷达探测目标的空间耦合模型（雷达发射电磁波信号碰到目标后携带目标信息返回雷达接收机）。1948 年哈里斯托克曼发表的"利用反射功率的通信"奠定了射频识别技术的理论基础。在过去的半个多世纪里，RFID 的发展经历了以下几个阶段。

20 世纪 40 年代初，雷达的改进和应用催生了 RFID 技术，到 1948 年奠定了 RFID 技术的理论基础。20 世纪 50 年代初，早期 RFID 技术的探索阶段，主要是实验室的实验研究。20 世纪 60 年代初，RFID 技术理论得到了发展，开始了一些应用尝试。20 世纪 70 年代初，RFID 技术与产品研发处于一个大发展时期，各种 RFID 技术测试得到加速，并出现了一些最早的 RFID 的应用。20 世纪 80 年代初，RFID 技术及产品进入商业应用阶段，各种规模应用开始出现。20 世纪 90 年代初，RFID 技术标准化问题日趋得到重视，RFID 产品得到了广泛应用，RFID 产品逐渐成为人们生活中的一部分。从 21 世纪初至今，RFID 标准化问题日趋为人们所重视。RFID 产品种类更加丰富，有源电子标签、无源电子标签及半无源电子标签均得到了发展，电子标签成本不断降低，规模应用行业不断扩大，RFID 技术的理论得到了丰富与完善。单芯电子标签、多电子标签识读、无线可读可写、无源电子标签的远距离识别、适应高速移动物体的 RFID 正在成为或已经成为了现实并走向应用。特别是世界头号零售商沃尔玛宣布大范围使用 RFID 和美国军方宣布军需物品均使用 RFID 来进行识别与跟踪，极大地推动了 RFID 的研究与应用。

3.2.2　RFID 系统的组成及工作原理

RFID 在具体的应用过程中，根据不同的应用目的和应用环境，其系统的组成会有所不同，但从射频识别系统的工作原理来看，系统一般都由信号发射机、信号接收机、编程器、天线组成。

3.2.2.1 信号发射机

在射频识别系统中，信号发射机为了不同的应用目的，会以不同的形式存在，典型的形式是标签（TAG）。标签相当于条形码技术中的条形码符号，用来存储需要识别传输的信息。另外，与条形码不同的是，标签必须能够自动或者在外力的作用下，把存储的信息主动发射出去。标签一般是带有线圈、天线、存储器与控制系统的低电集成电路。

根据标签的数据调制方式，常见标签的分类有，主动式与被动式。一般来讲，主动式的射频系统用自身的射频能量主动地发送数据给读写器，调制方式可为调幅、调频或调相；被动式的射频系统，使用调制散射方式发送数据，它必须利用读写器的载波调制自己的信号，适宜在门禁或交通中应用。因为读写器可以确保只激活一定范围内的射频系统。其中，主动式标签内部自带电池进行供电，优点是电能充足，信号传送距离远；其缺点主要是标签的使用寿命受到限制，而且随着标签内电池电力的消耗，数据传输的距离会越来越短，从而影响系统的正常工作。也就是说，主动式标签的工作性能相对于一个时间段是稳定的。被动式标签内部不带电池，要靠外界提供能量才能工作，数据传输的距离要比主动式标签短。因为被动式标签依靠外部的电磁感应供电，它的电能比较弱，数据传输的距离和信号强度受到限制，需要敏感性比较高的信号读写器才能可靠识读。根据标签的工作频率可以分为低频、高频及超高频。标签发送无线信号时所使用的频率被称为 RFID 系统的工作频率。

低频（工作频率从 125kHz 到 134kHz）。RFID 技术首先在低频得到广泛的应用和推广。该频率主要是通过电感耦合的方式工作，也就是在读写器线圈和感应器线圈间存在着变压器耦合作用，通过读写器交变场的作用在感应器天线中感应的电压被整流，可作供电电压使用磁场区域能够很好地被定义，但是场强下降得太快。特性：①工作在低频的感应器的一般工作频率从 120kHz 到 134kHz，TI 的工作频率为134.2kHz。该频段的波长大约为 2500m。②除了金属材料影响外，一般低频能够穿过任意材料的物品而不降低它的读取距离。③工作在低频的读写器在全球没有任何特殊的许可限制。④低频产品有不同的封装形式，好的封装形式价格太贵，但是有10 年以上的使用寿命。⑤虽然该频率的磁场区域下降很快，但是能够产生相对均匀的读写区域。⑥相对于其他频段的 RFID 产品，该频段数据传输速率比较慢。⑦感应器的价格相对于其他频段来说要贵。

低频 RFID 主要应用于：①畜牧业的管理系统；②汽车防盗和无钥匙开门系统；③马拉松赛跑系统；④自动停车场收费和车辆管理系统；⑤自动加油系统；⑥酒店门锁系统；⑦门禁和安全管理系统。

高频（工作频率为 13.56MHz）。在该频率的感应器不再需要线圈绕制，可以通过腐蚀或者印刷的方式制作天线。感应器一般通过负载调制的方式进行工作。也就是通过感应器上的负载电阻的接通和断开促使读写器天线上的电压发生变化，实现用远距离感应器对天线电压进行振幅调制。如果人们通过数据控制负载电压的接通和断开，那么这些数据就能够从感应器传输到读写器。特性：①工作频率为 13.56MHz，该频率的波长大概为 22m；②除了金属材料外，该频率的波长可以穿过大多数材料，但是往往会降低读取距离，感应器需要离开金属材料一段距离；③该频段在全球都得到认可，并没有特殊的限制；④感应器一般以电子标签的形式工作；⑤虽然该频率的磁场区域下降很快，但是能够产生相对均匀的读写区域；⑥该系统具有防冲撞特性，可以同时读取多个电子标签；⑦可以把某些数据信息写入标签中；⑧数据传输速率比低频要快，价格不是很贵。

高频 RFID 主要应用于：①图书管理系统；②液化气钢瓶的管理；③服装生产线和物流系统的管理；④三表（水、电、气）预收费系统；⑤酒店门锁的管理；⑥大型会议人员通道系统；⑦固定资产的管理系统；⑧医药物流系统的管理；⑨智能货架的管理。

甚高频（工作频率为 860MHz 到 960MHz 之间）。甚高频系统通过电场来传输能量。电场的能量下降得不是很快，但是读取的区域不能很好地定义。该频段读取距离比较远，无源可达 10m 左右。主要是通过电容耦合的方式实现。特性：①在该频段，全球的定义不完全相同——欧洲和部分亚洲定义的频率为 868MHz，北美定义的频率为 902MHz 到 905MHz 之间，日本建议的频率为 950MHz 到 956MHz 之间。该频段的波长为 30cm 左右。②目前，该频段功率输出没有统一的定义（美国定义为 4W，欧洲定义为 500mW）。③甚高频频段的电波不能通过许多材料，特别是水，灰尘，雾等悬浮颗粒物质。相对于高频的电子标签来说，该频段的电子标签不需要与金属分开。④电子标签的天线一般是长条和标签状。天线有线性和圆极化两种设计，满足不同应用的需求。⑤该频段有好的读取距离，但是对读取区域很难定义。⑥有很高的数据传输速率，在很短的时间可以读取大量的电子标签。

甚高频 RFID 主要应用于：①供应链上的管理；②生产线自动化的管理；③航空包裹的管理；④集装箱的管理；⑤铁路包裹的管理；⑥后勤管理系统；⑦大规模人员进出管理。

根据标签的可读写性分为只读标签、可读写标签。只读标签内部只有只读存储器 ROM 和随机存储器 RAM 及缓冲存储器。ROM 用于存储发射器操作系统程序和安全性较高的数据，它与内部处理器或逻辑处理单元完成内部的操作控制功能，如响应延迟时间控制、数据流控制、电源开关控制等。另外，只读标签的 ROM 中还存储有标签的标识信息。这些信息可以在标签制造过程中由制造商写入 ROM 中，也可以在标签开始使用时由使用者根据特定的应用目的写入特殊的编码信息。这种信息可以只简单地代表二进制的"0"或"1"，也可以像二维码那样，包含复杂的相当丰富的信息。但这种信息只能是一次写入，多次读出。只读标签中的 RAM 用于存储标签反应和数据传输过程中临时产生的数据。另外，只读标签除了 ROM 和 RAM 外，一般还有缓冲存储器，用于暂时存储调制后等待天线发送的信息。可读可写标签内部的存储器除了 ROM、RAM 和缓冲存储器之外，还有非活动可编程记忆存储器。这种存储器除了存储数据功能之外，还具有在适当的条件下允许多次写入数据的功能。

根据标签中存储器数据存储能力分为标识标签与便携式数据文件。标识标签中存储的只是标识号码，用于对特定的标志项目，如人、物、地点进行标识，关于被标识项目的详细信息，只能在与系统相连接的数据库中查找。顾名思义，便携式数据文件就是标签中存储的数据非常大，足以看作是一个数据文件。这种标签一般都是用户可编程的，标签中除了存储标识码外，还存储有大量的被标识项目中其他的相关信息，如包装说明、工艺过程说明等。

3.2.2.2 信号接收机

在射频识别系统中，信号接收机一般叫做阅读器。根据支持的标签类型不同与完成的功能不同，阅读器的复杂程度是显著不同的。阅读器的基本功能就是提供与标签进行数据传输的途径。另外，阅读器还提供相当复杂的信号状态控制、奇偶错误校验与更正功能等。标签中除了存储需要传输的信息外，还必须含有一定的附加信息，如错误校验信息等。

3.2.2.3 编程器

只有可读可写标签系统才需要编程器。编程器是向标签写数据的装置。编程器写入数据一般来说是离线完成的，也就是预先在标签中写入数据，等到开始应用时直接把标签贴附在被标识的项目上。也有一些 RFID 应用系统，写数据是在线完成的，尤其是在生产环境中作为交互式便携数据文件来处理时。

3.2.2.4 天线

天线是标签与阅读器之间传输数据的发射、接收装置。在实际应用中，除了系统功率外，天线的形状和相对位置也会影响数据的发送和接收，需要专业人员对系统的天线进行设计、安装。

其工作原理并不复杂：标签进入磁场后，接收读写器发出的射频信号，凭借感应电流所获得的能量发送出存储在芯片中的产品信息（Passive Tag，无源标签或被动标签），或者主动发送某一频率的信号（Active Tag，有源标签或主动标签）；读写器读取信息并解码后，送至中央信息系统进行有关的数据处理。

3.2.3 射频识别技术的特点

RFID 凭借其自动数据采集、高度的数据集成、支持可读写工作模式等优势，已成为新一代的自动识别技术。其主要特点如下：

①不需要光源，甚至可以透过外部材料（如包装的箱子或容器等）读取数据。

②信息容量大，能容纳上百亿个字符（一维 EAN/UCC 条形码，容量不过几十个字符；二维 PDF417 条形码，最多也只能容纳 2725 个字符），可对产品进行详细的描述。

③可重复使用，使用寿命长（可以达到 10 年以上），能在恶劣的环境下工作；

④能够轻易嵌入或者附着在不同形状、类型的产品上。

⑤穿透性强，读取距离远（可达数 10m），且能无障碍阅读。

⑥可以写入及存取数据，写入时间比打印条形码短。

⑦标签的内容可以动态改变。

⑧能够同时处理多个标签（200 个以上）。

⑨标签的数据存储有密码保护，安全性高。

⑩可以对 RFID 标签所附着的物体进行跟踪定位。

3.2.4 RFID 技术在物流中的应用

物流管理是 RFID 技术最大的应用舞台。虽然现有 IT 和自动化技术大大提高了该领域的效率，但仍有很多工作主要依靠人工来完成，例如货物的清点、盘库和数据录入等。虽然有手持式条形码识别器等辅助工具，但效率低下、差错率居高不下等问题仍然无法得到有效的解决。信息的准确性和及时性是物流及供应链管理的关键因素，对此 RFID 技术能够提供充分的保证。RFID 系统使供应链的透明度大大提高，物品能在供应链的任何地方被实时地追踪，同时消除了以往各环节上的人工错误。安装在工厂、配送中心、仓库及商场货架上的读写器能够自动记录物品在整个供应链上的流动——从生产线到最终消费者。另外，由于 RFID 标签的存储容量是 2 的 96 次方以上，所以物流行业第一次发现他们可以将世界上所有的商品每一个都以唯一的代码表示。以往使用条形码，由于长度的限制，物流行业只能给每一类产品定义一个类码，而 RFID 彻底抛弃了这种限制，现在所有的产品都可以享受独一无二的 ID。

随着芯片技术的不断进步，标签成本的降低、读写距离的提高、存储容量的增大，处理时间的缩短将成为可能，射频识别产品的种类将越来越丰富，应用也越来越广泛。可以预计，在未来的几年中，射频识别技术将持续保持高速发展，并将带来一场巨大的变革。射频识别技术在国外发展非常迅速，已被广泛应用于工业自动化、商业自动化、交通运输控制管理等众多领域。尽管我国的射频识别技术起步较晚，射频识别技术应用状况还处于初级阶段，但市场前景非常广阔。相信在不久的将来，射频识别技术的应用将在生产线自动化、仓储管理、电子物品监视系统、货运集装箱的识别以及畜牧管理等方面会有很大的突破。下面介绍一些 RFID 的应用实例。

（1）高速公路自动收费及交通管理

高速公路自动收费系统是 RFID 技术最成功的应用之一。射频识别技术应用在高速公路自动收费上，充分体现了非接触、长距离识别的优势。在车辆高速通过收费站的同时自动完成缴费，解决了许多车辆在收费口要停车排队，导致交通阻塞等交通的瓶颈问题，避免了拥堵，提高了收费计算效率。同时可以解决收费员贪污路费的问题。北京机场高速公路已使用无线射频识别系统实现自动收费；1996 年广东佛山市政府安装了 RFID 系统用于自动收取路桥费以提高车辆通过率，缓解了交通瓶颈。车辆可以在 250km 的时速下用少于 0.5ms 的时间被识别，并且正确率达 99.95%。上海也安装了基于 RFID 的自动收取养路费系统。

（2）生产的自动化及过程控制

射频识别技术因其具有抗恶劣环境能力强、可非接触识别等特点，在生产过程控制中有很多应用。通过在生产流水线上使用射频识别技术，实现了物料跟踪和生产过程的自动控制和监视，提高了生产率，改进了生产方式，节约了成本。

（3）车辆的自动识别以及防盗

通过建立采用射频识别技术的自动车号识别系统，能够随时了解车辆的运行情况，不仅实现了车辆的自动跟踪管理，还可以大大减少发生事故的可能性。并且可以通过射频识别技术对车辆的主人进行有效验证，防止发生车辆偷盗，如果车辆丢失，可以有效地寻找丢失的车辆。例如 RFID 标签在车辆的自动识别上的应用，1999 年 10 月正式启动的铁道部铁路车号自动识别系统，就是一个将电子标签应用于物流管理并产生了巨大的经济效益和社会效益的实例。在这个项目中，通过采用超高频的电子标签，对全路 50 万辆货车安装标签及识别设备，使铁道部及时准确地采集列车车次、车号和到发信息，能加快实现全路货车、机车、列车、集装箱追踪管理，满足了管理系统对列车、车辆等基础信息的需求，最终使铁路运输实现了现代化管理。

（4）货物跟踪管理及监控

射频识别技术为货物的跟踪管理及监控提供了方便、快捷、准确、自动化的技术手段。将射频识别技术应用到电子物品监视系统，可以有效防止商品被盗窃。将射频识别系统用于智能仓库货物管理，可以有效地解决仓库里与货物流动相关的信息的管理，监控货物信息，实时地了解产品情况，自动识别货物，确定货物的位置。

（5）商品防伪防盗

条形码标签既容易被撕掉，又影响了商品的外形美观，或是遮盖了部分商品信息等，在包装销售过程中带来很多不便，商场中的商品盗损不可避免，条形码标签不能隐藏于商品或包装内，收银员在扫描价格后，还需对防损标签进行消磁。而无线射频识别技术给零售业、制造商、包装商带来了全新的防损方案——商品标签化。由于无线射频技术是通过电波来传递信息的，所以射频卡可做成隐形的，其防伪和防盗性能都是条形码所不能比拟的。如将防盗标签做在服装的吊牌、价格标签中，顾客和店内员工都看不出标签的位置，阻止了内、外盗的发生，商场更能放心地将名贵时装开架销售，刺激顾客的购物欲望。

（6）集装箱识别及铁路货运编组调度系统

集装箱在运输过程中的跟踪和监控一直是一个很难解决的问题。每年因为集装箱的误送、丢失或损坏而引起的损失是十分惊人的。为此，各大海运公司开始使用类似 RFID 技术来识别和跟踪自己的集装箱的路线和所装货物的情况。通过卫星，不但能实时地监控所有在海上运输中的货物，而且可以控制集装箱在岸上的整个流通过程。将记录有集装箱位置、物品类别、数量等数据的标签安装在集装箱上，借助射频识别技术，就可以确定集装箱在货场内的确切位置，在移动时可以将更新的数据写入射频卡（电子标签）。系统还可以识别未被允许的集装箱移动，有利于管理和安全。在火车运营中使用 RFID 系统有个很大的优势，即火车是按既定路线运行的，所以肯定要通过设定的读写器的地点，通过读到的数据，能够得到火车的身份，监控火车的完整性，以防止遗漏在铁轨上的车厢发生撞车事故，同时在车站能将车厢重新编组。起初是用超音波和雷达测距系统读出车厢侧的条形码，现在被 RFID 系统取代，射频卡一般安在车厢顶端，读写器安在铁路沿线，这样就可以得到火车的实时信息及车厢内装载的物品信息。

（7）邮件、邮包的自动分拣系统

当物品或邮包在中转站或到达目的地时，往往需要进行费时费力且容易出错的识别和分拣工作。射频识别技术已经被成功地应用到邮政领域的邮包自动分拣系统中。它具有非接触、非视线数据传输的特点，所以包裹传送中可以不考虑包裹的方向性问题。把 RFID 技术应用到物流（包括邮包分拣）的自动分拣系统中，可以充分发挥它远距离识别、多标签同时处理的特点，大大地提高了物品分拣能力、处理速度以及准确性，降低由于误送或丢失而引起的巨额损失。当多个目标同时进入识别区域时，可以同时识别，大大提高了货物分拣能力和处理速度。在进行重要物资或危险品跟踪，或者在许多物品中查找某件特定物品时，应用 RFID 技术也可以大大提高工作效率。

（8）商业供应链管理

提到 RFID 在商业供应链上的应用，就不得不提到全世界最大的零售商沃尔玛。沃尔玛公司要求它前 100 家大的供应商必须在 2005 年前为 RFID 技术的应用做好准备，并表示今后将不再从那些未使用 RFID 技术的供应商处采购商品，这对整个产业震动和促进是极大的。沃尔玛认为通过采用 RFID，有助于解决零售业两个最大的难题：物品脱销和损耗（因盗窃或供应链被搅乱而损失的产品）。同时，消费者也可以如 IBM 广告中演示的一样，体验那种不必在收银台前排队，直接推着装满商品的小车出门，门口的计算机自动打印购物清单并从你的信用卡中扣钱的购物便捷了。

其实，在这方面开展应用的并不仅是沃尔玛，美国的吉列公司和德国的麦德龙集团等许多大集团已经开展了 RFID 技术的应用实验。吉列公司已经采购了 500 万颗电子标签准备用在他们容易被盗的剃须刀片上，而麦德龙集团也在 IBM 的帮助下建立了一个名为"未来超市"的实验商店。在帮助它提高零售中的供应链效率，同时改善消费者的购物体验。所不同的是，麦德龙目前使用的是 1356MHz 的电子标签，而沃尔玛和吉列采用的则是 UHF 频段的电子标签。

可以预见，RFID 技术在商业供应链上的应用将是其所有应用领域中最为广泛和深入的应用，同时也是技术难度最大，最难实现的应用。因为要在所有的商品上都贴上一个电子标签，这不仅对电子标签的成本要求很高，而且也需要复杂的后台数据管理的软件和流程。

3.3　销售时点信息系统

3.3.1　销售时点信息系统概述

3.3.1.1 销售时点信息系统的定义

销售时点信息（Point of Sale）系统是指通过自动读取设备在销售商品时直接读取商品销售信息，并通过通信网络和计算机系统传送至有关部门进行分析加工以提高经营效率的系统。

3.3.1.2 销售时点信息系统的分类

（1）金融 POS 分类

消费 POS：特约商户 POS 按功能又分为商业 POS 和酒店 POS，主要功能是完成持卡人消费、错账冲正、凭证打印、酒店消费预授权、余额、支付名单查询等。

转账 POS：主要为持卡人代理收费性中间业务使用。

财务 POS：或结算 POS，主要用于企事业单位车旅费等方面的报销。

外卡 POS：在特约商户安装的专门用于国外银行卡的 POS。

支票 POS：专门受理企业签发转账支票的 POS。

（2）商业类 POS 分类

小型便携型 POS 终端系统。这是一种体积小的终端处理器，其内部组装了扫描器、译码器、显示器和数据处理器。它适用于火车、飞机、轮船等移动性售货场所。销售完成后，将销售数据自动传送到主计算机处理。

可进行大量事务处理的 POS 系统。如商业营业、仓库管理等。

在 POS 基础上发展起来的 EDI 电子自动装货、供货系统。

3.3.1.3 销售时点信息系统应用的意义

商业电子收银机如愿以偿地满足了全世界商店经营者的心愿，它在会计业务上的高准确性、销售统计上的高效率性、商品管理上的高实事性，使得商业经营者投资不大，但却可以迅速、准确、详细地掌握商品流通过程中的全部数据，使得经营者在市场调查、内部管理、决策咨询、雇员部门考评方面如虎添翼，并大规模地降低了经营成本。可以说，离开了商业电子收银机，就谈不上商业自动化，也就没有商业现代化。在今后的商业中，没有商业电子收银机的帮助，经营者将在市场竞争中处于绝对的劣势。

3.3.2 POS 系统的组成及特点

3.3.2.1 POS 系统的组成

POS 系统是第一线的便民服务系统，它包含前台 POS 系统和后台 MIS 系统两个基本部分。

（1）前台 POS 系统

前台 POS 系统是通过自动读取设备（如收银机）在销售商品时直接读取商品销售信息，以实现前后销售业务的自动化，对商品交易进行实时服务和管理，并通过通信网络和计算机系统传送至后台，通过 MIS 系统的计算，分析和汇总等掌握商品销售的各种信息，为企业分析经营成果、制定经营方针提供依据，以提高经营效率的系统。

（2）后台 MIS 系统

后台 MIS 系统又称管理信息系统，它负责整个商场进、销、调、存系统的管理和财务管理、库存管理、考勤管理等。它可以根据商品进货信息对厂商进行管理，也可以根据前台 POS 系统提供的销售数据，控制进货量，合理周转资金，还可以分析统计各种销售报表，快速准确地计算成本与毛利，也可以对员工业绩进行考核。

3.3.2.2 POS 系统的特点

（1）有效管理

POS 系统可以进行有效的商品单品管理、职工管理和顾客管理等。过去零售业常规收银机只能处理收银、发票，结账等简单销售作业，得到的管理情报极为有限，仅止于销售总金额，部门销售基本统计资料。

（2）信息采集

POS 系统可以自动读取销售时点的信息，进行信息采集和集中管理。不再是通过传统的手敲的收银机，而是依靠装有自动读取设备的收银机，商品的销售总额登记可以通过读取这个动作为中心而进行统计。

（3）连接供应链的有力工具

POS 系统除能提供精确的销售情报外，还能透过销售记录能掌握卖场上所有单品库存量供采购部门参考或与 EOS 系统连接。

3.3.2.3 POS 系统的作用

美国零售业协会曾对零售业运用 POS 系统作过一项调查。该调查显示，有 80％的零售业者认为"POS 系统是零售业唯一的方向"。由此可见，现代的零售业离不开 POS，超级市场经营管理更离不开 POS 系统的运用。这是因为 POS 系统的作业功能和管理功能为超级市场带来了巨大的利益。

（1）POS 系统的作业功能

超级市场在进行收银结算时，POS 收银机会自动记录商品销售的原始资料和其他相关的资料，并根据电脑程序设计要求，有一段时间的保证记录期。

POS 收银机会自动储存、整理所记录的全日的销售资料，可以反映每一个时点、时段和即时的销售信息，作为提供给后台电脑处理的依据。

POS 收银机上的小型打印机可以打印出各种收银报表、读账、清账和时段部门账。

超市连锁公司总部的中央电脑可以利用通信联网系统向每一家超市门店输送下达管理指令、商品价格变动、商品配送等资料。

中央电脑还可统计分析出每个门店的营业资料，产生总部各部门所需要的管理信息资料，作为总部决策的依据。

POS 系统能迅速而准确地完成前台收银工作，同时能保存完整的记录。

（2）POS 系统的管理功能

POS 系统能准确、迅速地获得商品销售信息，在商品管理上有助于调整进货和商品结构，减少营业损失，抓住营业机会；

POS 系统可作为商品价格管理，作为促进销售和进货最有力的依据；

POS 系统可作为消费对象管理，做有的放矢的商品进货和销售；

POS 系统可作为营业时间管理，以合理地配备营业人员，节省人工费用；

POS 系统大大节省了营业人员编制报表的时间，有益于现场实际销售作业；

POS 系统可分类别地对商品进行 ABC 分析，也可根据营业资料作超级市场与上周、上月和上年同期增加的比较分析，经营者据此可制订出企业发展的营业计划等。

运用 POS 系统这一现代科学的管理手段，将为超级市场提供更迅速、更精确、更有用的信息资料，为决策提供可靠的依据。超级市场在流通中市场独立地位的确立，也是离不开 POS 系统的；超级市场对消费趋势的把握，对新消费需求的创造更离不开 POS 系统。超级市场就是凭借 POS 系统所把握的消费趋势，主动地引导工业生产。运用 POS 系统会大大降低超级市场的库存和提高销售能力，大大提高商品的周转率和毛利率。

我国的零售业正经历着一场革命，零售业正向规模化、连锁化和顾客导向化的经营方式发展，传统的零售业管理方式已无法适应这种发展的需要，作为商业自动化的一种现代管理手段，其作用和带给超级市场及其他零售业的利益将是十分巨大的。

3.3.3 POS 系统的结构和运行

3.3.3.1 POS 系统的结构与模式

一般地，商场有大中小三种规模。根据商业企业的运作特点，其系统结构也应具有不同的模式，下面分别对它们使用的计算机网络系统结构进行分析。

（1）小型零售商场

营业面积集中在一个楼层，客流量不大的商场，可用一台三类收银机作 POS，它的 CPU 性能要高、存储容量应大；该 POS 机既可做前台销售，又可做后台管理。

营业面积在一个楼层以上，需设置多个收银台的小型零售商场，需用多台二类收银机与一台微机组成的 POS 系统。收银机在这里只作销售服务和收集销售数据用，而商品的进、销、调、存管理则由后台微机完成。

小型零售 POS 数据库管理系统，可采用本地型关系数据库管理系统。其安装灵活、使用方便，具有友好的图形用户界面与简单对话操作，结构化查询 SQL 与关系案例查询，良好的扩展性、开放性和可编译性，适用于简单应用和规模较小的数据库应用系统。

（2）中型零售商场

它的营业面积较大，经销的商品品种较多。由于二类收款机商品品种的局限与它主从式的通信方式，已不再胜任。中型零售商场的 POS 系统，前台可采用 POS 机用于销售、采集数据，并可配以条形码扫描设备及磁卡阅读设备，用以对商品实行条形码管理，并支持储值卡及会员卡的销售。

后台一般地仓库可配置一台 PC 机，对商品的进出库进行管理；业务部门可配置两到三台 PC 机，对商品销售的各环节进行管理并做系统维护；财务部门配置一台 PC 机，可查看打印各种销售报表，核算成本毛利，与供货商结账等；总经理也可通过 PC 机随时查看各种商品的进销存信息及各种直观的分析图表，以做出准确的决策。

另外 POS 系统还应配备一台高档、大容量的服务器。数据库管理系统可采用 SQL 关系数据库。POS 机、PC 机及服务器用局域网连接。

（3）大型商场

它所管理的数据量非常之大，经营形式多样，其销售收款点多，业务量较大，这样就使得网络工作站数量增多。中型商场的计算机网络设计模式，由于其数据流量大，势必会造成网络数据碰撞，在服务器处产生阻塞，大大降低处理速度。因此，要解决这一问题，主要可从如下两方面考虑。

一方面是，网络可采用交换式以太网络结构，其结构示意图如图 3-1 所示。

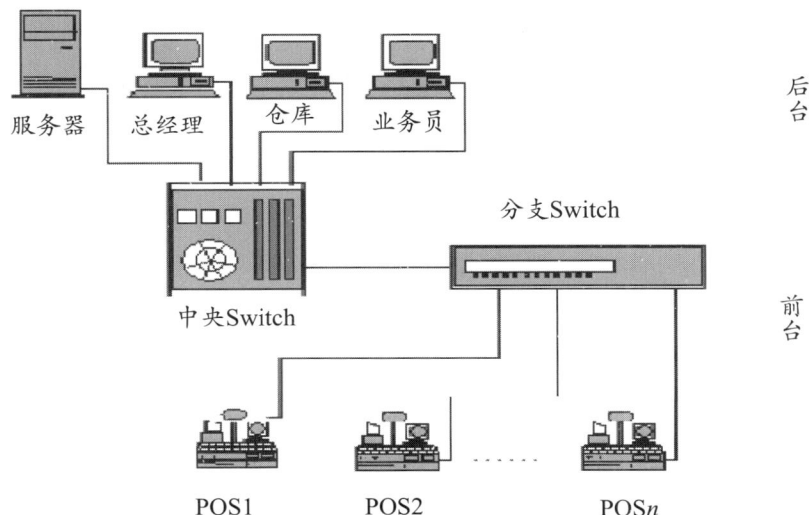

图 3-1　大型商场 POS 系统结构

另一方面是，数据库管理系统采用客户／服务器体系结构。网络拓扑为星型分层结构，将数个分支 Switch 分别连到中央 Switch Hub 的不同接口，这样每个分支可独享带宽，大大减少碰撞机会；同时为解决服务器的瓶颈问题，服务器可安装 1000M 网卡与 Switch Hub 相连。另外可采用双服务器及双硬盘镜像，以提高系统的安全性和可靠性。

目前，常用 POS 系统的基本模式有以下几种。

（1）单机 POS 系统模式

因为店小，业务量不大，管理简单，所以由一台三类电子收款机及辅助设备就可以组成 POS 系统。

（2）计算机与收款机组成 POS 系统模式

根据业务量的需求，这种模式有两种表现形式：一种是一台主电子收款机通过主网下挂一台或若干台收款机和辅助设备，然后通过通信线路与 PC 机相连组成的 POS 系统；另一种是由多台收款机及辅助设备，通过通信线路组网与 PC 相连而组成的 POS 系统。

（3）收款机、网络、计算机组成的 POS 系统模式

由一组电子收款机及其辅助设备，通过通信线路组网和 PC 机相连，这台 PC 机又通过网络与主计算机相连而组成的 POS 系统。

3.3.3.2 POS 系统间的需求

商业系统 POS 管理系统的开发是一项复杂的系统工程。它不仅需要根据企业的经营方式和管理模式确定开发方案，还包括设备选型、安装、应用软件开发等。还要涉及企业的整体规划及前台结算和后台管理两个系统的衔接。POS 系统间的需求如下：

（1）后台系统对前台系统的需求

①结账迅速购物便捷便利。收付款是 POS 系统 ECR 完成的主要工作，要保证前台收付款结账迅速，对于前台 ECR 的性能要求是关键。理想的 POS 系统对 ECR 的要求是：第一，可操作性好。要简单、方便，采用专用键盘。降低收款员收款的复杂度。应支持现金、信用卡代用券等多种付款方式，以及折扣优惠、挂单等付款方式。第二，可扩充性强。ECR 的功能设置可以随具体企业的业务需求做相应程序的增加、删除和改动。第三，安全可靠。在意外断电等事故发生时，保持机内数据不丢失、不被破坏。第四，容错能力强。在 ECR 的销售数据实现多路存储，既

要保留在 ECR 内，又要同时存储于附属流水存储设备中，还要在后台 MIS 数据库中留有相应完整、准确的数据。第五，支持多种外部设备。支持信用卡与条形码技术。第六，具有通信联网能力。包括网络通信速率、通信距离、双向通信与接口标准化。

②信息反馈迅速，报表齐全。第一，销售信息迅速反馈。经营者通过 POS 系统，可以实现对前台 ECR 进行销售数据的实时采集，采集数据要全方位反映销售业绩，一般包括部门销售、明细商品销售、营业员个人销售、销售额度等。第二，报表种类齐全。由 POS 系统和 ECR 系统所产生的报表，如收款员的收款报表，收款付款方式报表，销售流水分析文件等，通过对其分类统计，可进行成本、利润分析，代替人工账务处理。

③加强业绩管理，促进人员素质提高。加强业绩管理，需要根据收款员、营业员的销售业绩和服务质量进行奖惩。

优化库存，促进周转。根据销售数据即时地调整商品库存，完成货架商品和库存商品的盘点，进行畅销和滞销商品分析、商品品类及部门进销存分析，促进库存商品的合理化，加速商品销售和资金周转。

（2）前台系统对后台系统的需求

①系统设计合理，功能齐全。后台系统的设计要合理，功能模块要齐全且系统支持有力，主要包括物价子系统、劳资子系统、库存子系统等。还应保证前台系统与后台子系统的直接连接，以及数据处理的快速性。

②操作简易速度快。提供全面的系统支持，既要操作简便，又要系统响应速度快，为前台 ECR 商品单品编码的增加、删除、修改、查询提供支持，为前台销售人员、收款人员的信息查询提供支持；在接收前台数据的同时，也要向前台 ECR 反映商品 PLU 的经营情况。

③前台系统与后台系统衔接。在零售商业、连锁超市中前台系统和后台系统的关系虽然密不可分，但是在它们之间的信息流动却是严格有序的。例如，物价子系统向前台 POS 提供的 PLU 改动信息，需要严格限制在营业之前或营业终了，避免 PLU 价格或条形码信息在一日之内出现不一致。

④ POS 系统软件结构与功能需求。在前台零售系统与后台管理系统通过网络连接起来之后，还需要软件系统将前后台信息连接起来。下面就是 ECR（连锁供应系统）与 POS 系统的软件结构与功能需求。

报表查询：即时采集，收款员报表，销售额度报表，即时查询。

固定操作：报表采集，流水整理，数据备份，前台清机，流水初始，数据查询。

系统维护：建立数据索引，系统软盘备份，系统数据装载，系统数据卸出。

文档编辑：收款员文档，文档备份。

通信处理：系统间通信。

3.3.3.3 POS 系统的硬件结构

（1）电子收银机的主要组成部分

电子收银机的结构主要由电子器件和机械部件两类组成，有 7 个组成部分：主板——中央数据处理部件；存储器——存储信息、数据、程序；键盘——用来输入各种销售数据；打印机——用于打印销售发票和管理存根；显示屏——用于方便收银员和顾客进行人机对话；钱箱——用于存放收款现金；外部设备接口——用于连接各种外部设备。

（2）电子收银机的附件设备

随着现代技术的发展，电子收银机的附件设备逐渐增多，常见的附件设备主要有以下几种：打印机，电子收银机除内置打印机外，还可连接外置打印机（如餐饮业中所用的厨房打印机和票据打印机）。条形码阅读器，也称条形码扫描器，是条形码的读入装置，从外观上可分为 4 种：笔式、手持式、台式、卡式；按光源可分为 2 种：红外光和激光。磁卡读写器，它是一种磁记录信号的读入或写入装置。将信用卡记录的信息读入收银机。它的种类和型号较多，从磁迹数量上区分为单轨、双轨、三轨 3 种。电子秤，现场秤重计量商品时，电子秤将重量极其数据传给收银机。调制解调器，即 MODEM，可将收银机的数据通过电话线传给电脑。后备电源，即 UPS，用于断电后由电池直接向收银机供给电。通信联网接口，其硬件由一组芯片或卡和物理端口组成，主要有收银机之间的通信接口及收银机与电脑连接的485 接口卡；其软件由一组程序组成。

3.3.3.4 POS 系统的软件组成

（1）前台 POS 软件的功能

前台 POS 销售软件应具有的功能如下：日常销售，完成日常的售货收款工作，记录每笔交易的时间、数量、金额，进行销售输入操作。如果遇到条形码不识读等现象，系统应允许采用价格或手工输入条形码号进行查询。交班结算，进行收款员交班时的收款小结、大结等管理工作，计算并显示出本班交班时的现金及销售情况，统计并打印收款机全天的销售金额及每位售货员的销售额。退货，退货功能是日常销售的逆操作。为了提高商场的商业信誉，更好地为顾客服务，在顾客发现商品出现问题时，允许顾客退货。此功能记录退货时的商品种类、数量、金额等，便于结算管理。支持各种付款方式，可支持现金、支票、信用卡等不同的付款方式，以方便不同顾客的要求。即时纠错，在销售过程中出现的错误能够立即修改更正，保证销售数据和记录的准确性。

（2）后台 MIS 软件的功能

商品入库管理，对入库的商品进行输入登录，建立商品数据库，以实现对库存的查询、修改、报表及商品入库验收单的打印等功能。商品调价管理，由于有些商品的价格随季节和市场等情况会发生变动，本系统应能提供对这些商品所进行的调价管理功能。商品销售管理，根据商品的销售记录，实现商品的销售、查询、统计、报表等管理，并能对各收款机、收款员、售货员等进行分类统计管理。单据票证管理，实现商品的内部调拨、残损报告、变价调动、仓库验收、盘点报表等各类单据票证的管理。报表打印管理，打印内容包括：时段销售信息表、营业员销售信息报表、部门销售统计表、退货信息表、进货单信息报表、商品结存信息报表等。实现商品销售过程中各类报表的分类管理功能。完善的分析功能，POS 系统的后台管理软件应能提供完善的分析功能，分析内容涵盖进、销、调、存过程中的所有主要指标，同时以图形和表格方式提供给管理者。数据维护管理，完成对商品资料、营业员资料等数据的编辑工作，如商品资料的编号、名称、进价、进货数量、核定售价等内容的增加、删除、修改。营业员资料的编号、姓名、部门、班组等内容的编辑。还有商品进货处理、商品批发处理、商品退货处理。实现收款机、收款员的编码、口令管理，支持各类权限控制。具有对本系统所涉及的各类数据进行备份，交易断点的恢复功能。销售预测，包括畅销商品分析、滞销商品分析、某种商品销售预测及分析、某类商品销售预测及分析等。

3.3.4　移动 POS 系统在物流中的应用

3.3.4.1　移动 POS 系统

移动 POS 系统是 GSM 系统和 POS 系统相结合的产物，主要由手持移动 POS 机、通信平台、网关及应用服务器、金卡中心和商业银行系统组成。其中，手持移动 POS 机具有有线 POS 机的一切功能，必要时移动 POS 机本身还可作为手机使用。由于无需布线，简单易行，因此移动 POS 系统比传统 POS 系统更有优越性，应用领域更广泛。

移动 POS 系统可分为三层，即中心数据库层、PC 处理软件层、移动 POS 处理层，三层紧密联系在一起。首先所有的客户信息都是通过移动 POS 系统采集，例如通过订货 POS、配送 PC 和追踪 PC，根据此信息完成其相应的处理过程。

将这些信息整理后就可以进行市场需求分析和市场预测。简单的逻辑过程和运算过程都可以通过移动 POS 系统现场完成，从而缩短了整个物流过程的运行周期，提高了运行效率。

3.3.4.2 移动 POS 系统的主要功能

移动 POS 系统主要功能包括：

①商品管理：物品数量，销售明细，退货记录。

②用户管理：销售配额，销售底价。

③操作员管理：操作员登录，普通权限，特殊权限。

④售价控制：基本价格，批量价格，特优价格。

⑤综合查询：客户查询，商品查询，单据查询，销售额查询。

⑥访销管理：增补订单，定期配送。

⑦打印管理：销售凭证（收据），销售记录，退货记录。

3.3.4.3 移动 POS 系统在物流中的应用

在销售配送系统方面，越来越要求信息系统能够强化物流企业和货主之间的连接，由此实现高品质服务和低成本的运营。对此，推广手持式终端（移动 POS）和条形码在流通领域的应用，既可以实现高质量的配送管理，又可对配送中心的货物进行随时动态追踪管理，还可以根据所获知的信息进行市场分析和市场预测等。

在整个系统中，条形码作为信息载体，起着举足轻重的作用。

订货配货处理是企业的核心业务流程之一，包括订单准备、订单传递、订单登录、按订单供货、订单处理状态跟踪等活动。订货配货处理是实现企业顾客服务目标最重要的影响因素。改善订货处理过程、缩短订货处理周期、提高订单满足率和供货的准确率、提供订货处理全程跟踪信息，可以大大提高顾客服务水平与顾客的满意度，同时也能够降低库存水平，在提高顾客服务水平的同时降低物流总成本，使企业获得竞争优势。

系统中，PC 机从中心数据库中动态地将客户的基本信息下载到订货 POS 系统上，订货员通过订货 POS 系统访问相应的客户，获得其订货信息，然后上传到订货 PC 机等待进一步处理。配货 PC 系统根据订货 PC 系统所提供的信息，制定出合理的供货周期，将货物及时准确地送到客户手中。

配货 POS 系统将打印各种单据，并可以利用配货 POS 系统的无线通信功能，实现实时支付，这样大大地方便了客户，最后把配货处理的信息上传到配货 PC 机上做进一步处理。

对物流的跟踪可以跨地域地掌握产品在整个市场的销售情况，然后通过全局统筹进行市场调整和预测，以获得最大的收益。另外，还可以使用移动 POS 系统完成对产品本身的信息（条形码信息，特别是二维条形码的产品详细信息）的采集，通过与中心数据库的产品信息相对照，确定该产品的真伪性，从而真正地做到防伪保真，保障企业自身的利益。

因此，跟踪 PC 必须准备相应的产品信息以供跟踪 POS 相对照，然后下载到跟踪 POS 上；在对产品进行跟踪处理时，跟踪 POS 通过本身的跟踪软件记录产品信息并参照相应的产品信息，从而确定该产品的真伪。

库存管理可以分为出库发货和库存盘点。在出库发货时，根据配送中心的补货申请，由盘点 PC 机对照库存的相应商品数量，制定出配送中心的补货明细表，将需补货的商品集中后，使用已存储好该批出库数据的盘点 POS，扫描商品的条形码和确认出库的数量，完成后将盘点 POS 数据传送至盘点 PC 系统。

库存盘点使用盘点 POS 系统依次扫描仓库货架上的商品条形码，并输入实际库存数据，操作完成后将实际库存数据传送至盘点 PC 系统，然后做出各种库存损益报告和分析报告。这些信息将通过网络放入中心数据库中，以备使用。

3.3.4.4 移动 POS 系统在物流中的应用实例分析

在我国国民经济中占举足轻重地位的烟草行业率先在其核心业务流程和客户关系管理，即"全面访销、全面配送、访送分离、专销结合"的体系中，实现了以通信网络和移动 POS 系统为基础的电子化。

根据访销配送的具体特点，使用容易携带的移动 POS 作为信息采集装置，以一维和二维条形码作为信息载体，通过通信网络，可以成功地实现访销配送体系商流信息采集和物流管理的电子化。

该系统把访销配送人员从繁杂的有纸作业中解放出来，大大提高了效率，并减少了事故的发生率。通过移动 POS 机数据的上传下载，为实现卷烟行业整个系统工程的电子化扫清了障碍。

在卷烟行业的商流和物流系统中，访销配送和稽查是它的两个最重要的方面。访销是指一个卷烟销售网点定期调查所辖经营户的卷烟需求情况；配送是指销售网点根据访销的情况，在规定的时间内将卷烟及时准确地送到经营户手中；稽查是确保卷烟为正品并且来源合法。

目前在浙江省烟草公司电子商务系统建设中成功应用的卷烟访销配送系统的移动 POS 机，具有二维条形码扫描头，同时兼容识读一维条形码。在访销配送中，信息主要包括经营户信息以及卷烟信息。该系统中的二维条形码包含经营户的所有信息，如卷烟经营户姓名、法人代表、许可证号、工商证号等；每一种卷烟上有国家统一标准的一维条形码信息。

因此通过扫描经营户证上的二维条形码和卷烟上的一维条形码获取所需信息后，继而可根据业务流程在移动 POS 系统上进行访销配送以及稽查和盘点操作，最后将所得结果通过红外口打印和上传到 PC 机做进一步处理，实现卷烟访销配送商流和物流系统的电子化。该系统已于 2001 年 4 月 28 日通过了国家烟草专卖局组织的应用技术成果鉴定。目前新一代移动 POS 机正在开发或已经开始应用并即将实现或已经应用于即时资金划转和货款支付。该系统在烟草行业的成功应用，也为各类流通企业的电子商务系统建设提供了典型范例。

3.4 信息追踪定位技术

3.4.1 信息追踪定位技术概述

顾名思义，信息追踪定位技术，就是全球定位系统技术 GPS（Global Positioning System）与地理信息系统技术 GIS（Geographical Information System）的总称。

3.4.1.1 全球定位系统技术 GPS 的含义

这是一种可以授时和测距的空间交汇定点的导航系统，可向全球用户提供连续、实时、高精度的三维位置、三维速度和时间信息。

3.4.1.2 全球定位系统的产生与发展

1957 年 10 月第一颗人造地球卫星上天，天基电子导航应运而生。利用多普勒频移原理，1964 年建成子午卫星导航定位系统（TRANSIT）。美国从 1973 年开始筹建全球定位系统，1994 年投入使用。经历 20 年，耗资 300 亿美元，是继阿波罗登月计划和航天飞机计划之后的第三项庞大的空间计划。

GPS 计划的实施分为三个阶段：

第一阶段为方案论证和初步设计阶段（1973—1978 年），发射了 4 颗卫星，建立了地面跟踪网并研制了地面接收机；

第二阶段为全面研制和实验阶段（1979—1984 年），发射了 7 颗 Block I 实验卫星，研制了各种用途的接收机，包括导航型和测地型接收机；

第三阶段为实用组网阶段（1985—1993 年），发射了 Block II 和 Block IIA 工作卫星（Block IIA 卫星增强了军事应用功能并扩大了数据存储容量）。

截至 1993 年，由分布在 6 个轨道平面内的 24（21 ＋ 3）颗卫星组成的 GPS 空间星座已经建成，1994 年投入使用，今后将根据计划更换失效的卫星。

3.4.1.3 全球定位系统的特点

（1）全球全天候实时定位

GPS 卫星数目多，分布合理，所以地球上任何地点都可以连续同步观测到至少 4 颗卫星，从而保证了全球、全天候、实时三维定位。

（2）自动化程度高

用 GPS 接收机测量时，只要将天线精确安置在测站上，主机可安放在测站不远处，也可放在室内，通过专用的通信线和天线连接，接通电源，启动接收机，仪器就自动开始工作。结束测量时，仅需关闭电源，取下接收机，便完成野外数据采集任务。

（3）观测速度快，精度高

目前，20km 以内相对静态定位仅需 15 ～ 20 分钟。GPS 相对定位精度可达 10^{-6}，100 ～ 500km 时精度可达 10^{-7}。在 300 ～ 1500m 工程精密定位中，观测 1 小时以上，解算平面位置误差小于 1mm。

（4）应用领域非常广泛

由于 GPS 可提供精确的位置、速度和时间信息，对现代战争成败至关重要，极大改变了未来战争的作战方式。在导航方面，GPS 不仅用于海上、空中和陆地运动目标的导航，而且可对运动目标实施监控、管理和救援。实时监视和修正航行路线，可以保障运动物体沿预定航线运行，并可选择最佳航线。在地球物理方面，精确测定地球板块的位移和运动速率，为预测地震灾害提供重要数据。在测绘方面，目前 GPS 已成为大地测量测定控点的主要方法，在工程测量以及城市测绘中已广泛采用了先进的 GPS 定位技术。交通运输方面，GPS 在实施运输监控、调度管理、事故处理和紧急救援等方面都起到了非常重要的作用。随着 GPS 定位技术的发展，其应用领域还会不断拓宽。

全球定位系统除了以上 4 个主要特点之外，还具有以下特点：①全球，全天候工作；②功能多，应用广；③测站之间无需通视；④定位精度高，隐蔽性好；⑤观测时间短；⑥提供三维坐标；⑦操作简便；⑧价格低、定位快。

3.4.1.4 全球定位系统的构成及工作原理

（1）GPS 系统的构成

GPS 系统包括三个部分：空间部分——GPS 卫星星座；地面控制部分——地面监控系统；用户设备部分——GPS 信号接收机。

GPS 卫星星座。由 21 颗工作卫星和 3 颗在轨备用卫星组成 GPS 卫星星座，记作（21+3）GPS 星座。24 颗卫星均匀分布在 6 个轨道平面内，轨道倾角为 55°，各个轨道平面之间相距 60° 即轨道的升交点赤经各相差 60°。每个轨道平面内各颗卫星之间的升交角距相差 90°，一轨道平面上的卫星比西边相邻轨道平面上的相应卫星超前 30°，以保证全球均匀覆盖。

地面监控系统。对于导航定位来说，GPS 卫星是一动态已知点。星的位置是依据卫星发射的星历——描述卫星运动及其轨道的参数算得的。每颗 GPS 卫星所播发的星历是由地面监控系统提供的。卫星上的各种设备是否正常工作以及卫星是否一直沿着预定轨道运行都要由地面设备进行监测和控制。地面监控系统另一个重要作用是保持各颗卫星处于同一时间标准——GPS 时间系统。这就需要地面站监测各颗卫星的时间求出钟差。然后由地面注入站发给卫星，再由导航电文发给用户设备。GPS 工作卫星的地面监控系统包括 1 个主控站、3 个注入站和 5 个监测站。

GPS 信号接收机。GPS 信号接收机的任务是：捕获到按一定卫星高度截止角所选择的待测卫星的信号，并跟踪这些卫星的运行，对所接收到的 GPS 信号进行变换、放大和处理，以便测量出 GPS 信号从卫星到接收机天线的传播时间，解译出 GPS 卫星所发送的导航电文，实时地计算出测站的三维位置，甚至三维速度和时间。

（2）GPS 系统的定位原理

GPS 系统的基本定位原理是：卫星不间断地发送自身的星历参数和时间信息，用户接收到那些信息后，经过计算得出接收机的三维位置、三维方向及运动速度和时间信息。

3.4.1.5 地理信息系统技术 GIS（Geographical Information System）

该系统是在计算机硬、软件系统支持下，以地理空间数据库为基础，对整个或部分地球表面（包括大气层在内）与空间和地理分布有关的各种数据进行采集、存储、管理、运算、分析、描述，为地理研究和地理决策提供服务的空间信息系统。

3.4.1.6 地理信息系统的产生和发展

（1）模拟地理信息系统阶段

自 19 世纪以来就得到广泛应用的地图——模拟的图形数据库和描述地理的文献著作——模拟的属性数据库相结合，构成了地理信息系统的基本概念模型。但是，这种模拟式的基于纸张的信息系统和信息过程，使得空间相关数据的存储、管理、量算与分析、应用极不规范、不方便和效率低下。随着计算机科学的兴起，数字地理信息的管理与使用成为必然。

（2）学术探索阶段

20 世纪 50 年代，由于电子技术的发展及其在测量与制图学中的应用，人们开始有可能用电子计算机来收集、存储和处理各种与空间和地理分布有关的图形和属性数据。1956 年，奥地利测绘部门首先利用电子计算机建立了地籍数据库，随后这一技术被各国广泛应用于土地测绘与地籍管理。1963 年，加拿大测量学家首先提出了地理信息系统这一术语，并建立了世界上第一个地理信息系统——加拿大地理信息系统（CGIS），用于资源与环境的管理和规划。稍后，北美和西欧成立了许多与 GIS 有关的组织与机构，如美国城市与区域信息系统协会（URISA），国际地理联合会（IGU）地理数据收集和处理委员会（CGDPS）等，极大地促进了地理信息系统知识与技术的传播和推广应用。

（3）飞速发展和推广应用阶段

20 世纪 70 年代以后，由于计算机技术的工业化、标准化与实用化，以及大型商用数据库系统的建立与使用，地理信息系统对地理空间数据的处理速度与能力取得突破性进展。其结果是：①一些发达国家先后建立了许多专业性的土地信息系统（LIS）和资源与环境信息系统（GIS）。②关于 GIS 软件、硬件和项目开发的商业公司蓬勃发展。到 1989 年，国际市场上有报价的 GIS 软件达 70 多个，并出现了一些有代表性的公司和产品。③数字地理信息的生产进入标准化、工业化和商品化。④各种通用和专用的地理空间分析模型得到深入研究和广泛使用，GIS 的空间分析能力显著增强。⑤有关 GIS 的具有技术权威和行政权威的行业机构和研究部门在 GIS 的应用与发展中发挥着引导和驱动作用。

（4）地理信息产业的形成和社会化地理信息系统的出现

20 世纪 90 年代以来，随着互联网技术的发展及国民经济信息化的推进，地理信息系统作为大的地理信息中心，进入日常办公室和千家万户之中，从面向专业领域的项目开发到综合性城市与区域的可持续发展研究，从政府行为、学术行为发展到公民行为和信息民主，成为信息社会的重要技术基础。

我国对 GIS 的研究起步较晚，但是近 30 年来，在各级政府和有关人士的大力呼吁和促动下，我国的地理信息系统事业突飞猛进，成绩巨大。我国 GIS 的发展可以划分为如下三个阶段。

第一阶段：起步准备阶段（1978—1985 年）。

这个阶段主要是概念和理论体系的引入与建立，关于遥感分析制图和数字地面模型的试验研究，以及软、硬件的引进，相应规范的研究，局部系统或试验系统的开发研究，为 GIS 的全面发展奠定基础。

第二阶段：加速发展阶段（1985—1995 年）。

GIS 作为一个全国性的研究与应用领域，进行了有计划、有目标、有组织的科学试验与工程建设，取得了一定的社会经济效益。主要表现在：① GIS 教育与知识传播的热浪此起彼伏，GIS 成为空间相关领域的热门话题。② GIS 建设引起各级政府高度重视，其发展机制由学术推动演变为政府推动。③部分城市和沿海地区 GIS 建设率先进入实施阶段，并取得阶段性成果。④出现了商品化的国产 GIS 软件、硬件品牌，专门的 GIS 管理中心、研究机构与公司，专门的 GIS 协会，涌现出了一批 GIS 专门人才；出现了专门的刊物与展示会；初步形成全国性的 GIS 市场。⑤在应用模式、行业模式和管理方面作了有益的探索。

第三阶段：地理信息产业化阶段（1995 年—）。

目前，我国 GIS 的发展正处于向产业化阶段过渡的转折时期。能否借助国际大气候的东风，倚重国内经济高速发展的大好形势，搭乘全球信息高速公路的快车，实现地理信息产业化和国民经济信息化，这是国内地理信息界人士面临的严重挑战和千载难逢的机遇。而在这一过程中，一方面需要探索建立一套政府宏观调控与市场机制相结合的地理信息产业模式；另一方面，则要充分总结和借鉴国内外地理信息系统项目建设的经验和教训，掌握地理信息系统的发展动向，建立起行之有效的地理信息系统工程学的理论、方法与管理模式。

3.4.1.7 地理信息系统的功能

（1）基本功能

①数据采集与编辑：地理信息系统的数据通常归纳为不同性质的专题和层，数据的采集与编辑就是把各层地理要素转化为空间坐标及属性对应代码输入到计算机中。

②数据存储与管理：数据库是数据存储与管理的主要技术，地理信息系统数据库（或称为空间数据库）是将地理要素特征以一定的组织方式存储在一起的相关数据的集合。

③数据处理和变换：由于地理信息系统涉及的数据类型多种多样，同一种类型的数据的质量也可以有很大的差异，所以数据的处理和变换极为重要，常见的数据处理的操作有：数据变换、数据重构、数据抽取。

④空间分析和统计：空间分析和统计功能是地理信息系统的一个独特的研究领域，其特点是帮助确定地理要素之间新的空间关系，常用的空间分析有：叠合分析、缓冲区分析、数字地形分析。

⑤产品制作与演示：地理信息系统产品是指经由地理信息系统处理和分析的结果，可以直接输出。

⑥二次开发和编程：用户可以方便地编制自己的地理信息系统应用程序，生成可视化用户界面，完成地理信息系统的各项功能和开发。

（2）应用功能

①资源管理：地理信息系统可直接对数据库查询显示、统计、制图，以及提供区域多种组合条件的资源分析，为资源的合理开发利用和规划决策提供条件。

②区域规划：地理信息系统是功能强大的规划工具。

③国土检测：地理信息系统可有效用于森林火灾的预测预报、洪水灾情检测和淹没损失估算、土地利用动态变化分析和环境质量的评估研究。

④辅助决策：地理信息系统利用的数据和因特网传输技术，可以深化电子商务的应用，满足企业决策多维性的需求。

3.4.1.8 地理信息系统的组成及工作原理

（1）系统硬件

它的基本作用是用以存储、处理、传输和显示地理或空间数据；它主要包括数据输入设备（卫星遥感影像接收机、GPS、扫描仪、数字化仪等）、数据处理设备（PC 机或工作站、服务器或大型机）、数据输出设备（绘图仪、打印机、大屏幕）。

（2）系统软件

它是整个系统的核心，用于执行地理信息系统功能的各种操作；它包括数据输入、处理、数据库管理、空间分析和数据输出等，一个完整的地理信息系统有很多软件协同作用。这些软件按照功能可分为：地理信息系统功能软件（GIS 功能软件）、基础支持软件、操作系统软件（Microsoft windows 系列、UNIX/Linux 系列和 Apple Mac OS 系列等）。

（3）空间数据

地理信息系统的操作对象是地理数据，它描述地理现象的空间特征和属性特征。地理数据包含：①空间数据，它是指描述空间位置及其相互关系的数据，它分为矢量数据（点、先、面等）、栅格数据（平面、曲面）；②属性数据，它是对地理现象的名称、类型和数量的数据描述；③时态数据，它是描述对象的时空变化的状态、特点和过程。

（4）应用人员

地理信息系统应用人员，包括系统开发人员和地理信息系统的最终用户。他们的业务素质和专业知识是地理信息系统工程及其应用成败的关键。

（5）应用模型

地理信息系统是为某一特定的实际工作而建立的运用地理信息系统的解决方案，其构建和选择也是系统应用成败至关重要的因素。例如，选址模型、洪水预测模型、人口扩散模型、森林增长模型、水土流失模型、最优化模型和影响模型。

其工作原理分以下几个部分：第一，空间模型。GIS 将现实世界抽象为相互联结不同特征层面的组合。第二，地理参考系。空间数据包括绝对位置信息，如经纬度坐标以及相对位置信息，包括地址、编码、统计调查值等，GIS 的地理坐标系可有效帮助用户在地球表面任意空间定位。第三，矢量和栅格数据结构。GIS 数据包括矢量和栅格两种基本模式。矢量数据以点、线、面方式编码并以（X，Y）坐标串储存管理，是表现离散空间特征的最佳方式；栅格数据（扫描图像或照片）是通过一系列网格单元表达连续地理特征。GIS 软件中矢量、栅格数据结合使用，取长补短。

3.4.1.9 地理信息系统的特点

①具有采集、管理、分析和以多种方式输出地理空间信息的能力，具有空间性

和动态性。

②为管理和决策服务，以地理模型方法为手段，具有区域空间分析、多要素综合分析和动态预测能力，产生决策支持信息及其他高层地理信息。

③由计算机系统支持进行地理空间数据管理，并由计算机程序模拟常规的或专门的地理分析方法，作用到空间数据之上产生有用信息，完成人类难以完成的任务。计算机系统的支持使得地理信息系统具有快速、精确并能综合地对复杂的地理系统进行空间和过程的动态分析。

3.4.2　信息追踪定位技术的应用

电子商务是一场商业大革命。近年来，随着企业电子商务的崛起，分销渠道的进一步整合和供应链管理的出现，物流需求也出现了新的变化，物流服务空间在不断拓展。由于在物流生产和经营过程中，需要对运送车辆、人员进行监控和调度，这样做的目的一方面可以提高生产效率，另一方面能够实现货物的跟踪查询，提高服务质量。由于物流行业存在人员流动性大、区域广等特点，所以工作人员之间的信息交互对移动性的要求很高，为此，建立一个信息化、图形化、网络化的移动作业服务平台，以满足车辆、人员的调度监控，提高效益，有效地减少资源浪费、降低成本；使广大客户享受到更迅速、及时的服务，满足人员之间的移动数据交换等移动生产作业的需求迫在眉睫。信息追踪定位技术的 GIS/GPS 技术在现代物流系统中的应用已成为大势所趋并有广阔的前景。

GIS 和 GPS 的结合，可以提供动态的地理空间信息服务，其在物流中的应用主要可以体现在以下几个方面。

（1）数字化管理功能

GIS/GPS 的应用必将提升物流企业的信息化程度，完善企业日常运作数字化的内涵。例如，企业拥有的物流设备或者客户的任何一笔货物都能用精确的空间与时间信息来描述，不仅提高了企业的运作效率，同时提升了企业形象，为企业争取到更多的客户。

（2）货物位置查询功能

通过 GPS 技术实时获取移动目标的位置及运动状态，并能在监控中心和移动目标终端上显示出来，进而可以利用 GIS 提供的空间检索功能，得到定位点周围的信息，从而实现决策支持。对于调度人员和客户来讲，他们可以根据系统提供的参数，随时了解货物当前所处的位置，以及货物到达目的地的时间，便于提前做好相应的接货和调度准备。

（3）网络分析功能

对地理网络（如交通网络）、城市基础设施网络（如各种网线、电力线、电话线）进行地理分析和模型化，是地理信息系统中网络分析功能的主要目的。网络分析是运筹学模型中的一个基本模型，它的根本目的是研究、筹划一项网络工程的安排并使其运行效果最好，如一定资源的最佳分配，从一地到另一地的运输费用最低等。其基本思想则在于人类活动总是趋向于按一定目标选择到达最佳效果的空间位置。在空间网络分析中，路径问题占据重要位置，人们常想知道在地理空间网络的两指定节点间是否存在路径，如果有路径的话，最符合自己需求的是哪条。这种路径问题对于现代物流系统有着重要的意义。例如，在物流配送过程中，有时要找运输费用最小的路径，有时要找两点间配送所需时间最少的路径等。GIS 的网络分析功能可以使物流服务商用最少的时间和最低的成本，将货物及时送到相应的货主手中。

（4）监控导航功能

通过使用显示终端，用户可以查询物流运载的实时状态。如果车辆运行速度缓慢，则判断可能交通阻塞；如果车辆停止前进，则判断车辆可能出现故障或送货员正在卸货。监控中心能与移动目标实时通信，并向移动目标传达调度和控制信息，保证最优化运输，指引司机根据交通情况做相应运输路线的调整。

（5）实时调度功能

每辆运输车上都配有 GPS 接收器，通过接收器返回的信息实时地在系统中精确地显示车辆的具体位置。这样，车辆调度人员可以根据货物的运送地点，结合客户的提货需求，通知离其最近的司机取货或去送货，大大节省了调度时间，提高了客户对货物运送的满意程度。物流企业通过无线通信，GIS/GPS 能够精确地获取运输车辆的信息，再让企业内部人员和客户访问，从而把整个企业的操作、业务变得透明，为协同商务打下基础。

GIS/GPS 系统的应用充分利用了现代化技术，提高了物流硬件技术水平，全程监控物流车辆的行踪，保证货物的安全运输。高度自动化，节省了大量的人力。该系统不需要任何纸质介质来记录运单的信息，全部由系统记录客户的操作，并且完整地保存到数据库中。方便，快捷，客户不需要自己查找哪些线路上可以配货，哪些货物可以配送，只需要轻松简单地选择路线和货物就可以完成配送任务。

集成 GIS 和 GPS 技术实现的物流系统，不仅使地图由传统的静态记录变为信息丰富多样的动态电子地图，实现了时空数据可视化，更为人们提供了对实时空间信息进行分析、处理的强大功能。集成 GIS 和 GPS 技术的物流配送方式使商品流通较传统的物流配送方式更容易实现信息化、自动化、社会化、智能化、简单化，使货畅其流，物尽其用。现代物流系统使空间、时间、属性信息流通畅地到达各类信息终端，令物流运营管理工作变得更加轻松直观，进而通过对时空数据的综合统计和分析，为物流管理决策提供强有力的支持。现代物流系统既起到了减少生产企业库存、加速资金周转、提高物流效率和降低物流成本的作用，又刺激了社会需求，有利于整个社会的宏观调控，也提高了整个社会的经济效益，促进市场经济的健康发展。由此可见，GIS/GPS 技术的引入大大提高了现代物流系统的工作效率。

【本章小结】

本章从 4 个方面论述了电子商务物流技术。首先介绍了条形码识别技术和无线射频识别技术；接着对销售时点信息系统进行了概述；而后分析了 POS 系统的组成及特点、POS 系统的结构和运行，以及移动 POS 系统在物流中的应用；最后介绍了信息追踪定位技术在电子商务物流中的应用。

【课后思考】

(1) 电子商务物流信息技术有哪些？

(2) 条形码识别与 RFID 识别有何不同？

(3) 什么是销售时点信息系统？在电商物流中如何应用？

(4) GPS/GIS 在电商物流中如何应用？

【案例讨论】

亚洲一号的物流信息技术

亚洲一号指的是京东位于上海的亚洲一号现代化物流中心。京东的物流系统分为两大核心。一是，玄武系统，物流中心运作系统，设计多项功能的集成；二是，青龙系统，主要是全国全网的配送运营系统，最早实现可视化的电商自建物流系统；青龙平台 2013 年完成搭建，涉及 14 大核心模块，业务操作、站点管理、各部门协同、强大的数据收集和处理、基于销售数据的 GIS 应用等。这是物流信息处理的核心。

1. 自动化存取技术

（1）多层穿梭车系统

多层穿梭车系统是用于对料箱、货柜和专用托盘进行自动化存取、搬运以实现自动化货到人拣选的技术，目前已成为料箱等自动存取、自动拣选的有效解决方案。多层穿梭车系统完全实现模块化设计，其主要组成包含以下几部分构件。

穿梭车：穿梭运行于货架轨道中，通过 WLAN 接收系统指令到达指定货位，通过货叉或夹爪机构搬运料箱，是该系统的核心设备。穿梭车的数量在一定程度上影响系统作业效率，可根据实际需要配置一台或多台穿梭车在同一层作业。穿梭车常用的供电技术有超级电容、集电轨等。

提升机：提升机高速往复运行，将穿梭车和料箱从货架端部提升到输送机衔接处后，穿梭车再将料箱搬运到输送机上送走。料箱的存入和取出的过程是一个双循环动作。料箱通过拣选环路输送到人工拣选站台，拣选完成后，再通过提升机和穿梭车的协同作业返回到货架中。系统作业能力在一定程度上取决于提升机的作业效率，可根据需要在货架单翼或双翼配置提升机。

穿梭车系统设计可对于订单组合、订单下发、订单排序等进行系统性优化，并可根据优化结果高效地生成和下发拣选任务，从而显著提高拣选作业的效率、准确性及物流中心的生产能力。

（2）自动化立体库系统

自动化托盘立体库系统是可实现托盘自动存取、搬运的系统，堆垛机是立体仓库中最重要的物料搬运设备。堆垛机的主要用途是在立体仓库的巷道间根据系统的指令穿梭运行。"立体库区"库高 24m，利用自动存取系统（AS/RS 系统），实现了自动化高密度的储存和高速的拣货能力。整个过程采用全自动的控制方式，执行系统发出的将位于巷道口的货物存入货格或将货格中的货物取出运送到巷道口等任务。堆垛机由行走电机通过驱动轴带动车轮在下导轨上做水平行走。由提升电机带动起升滚筒及载货台做垂直升降运动，载货台升降导向是依靠货台两侧设置的导向轮，通过堆垛机两根立柱上下运动来实现的。由载货台上的货叉作伸缩运动。通过上述三维运动可精确地将指定货位上的货物取出或将货物送到指定的货位，实现快速、高效以及高成本效益的作业。

2. 自动识别技术

亚洲一号新型作业方式运用大量的自动化设备和一系列的机械化设备来减少商品搬运和人员行走的路线。

入库：验收员用无线设备扫描后，系统会自动进行一系列运算，进行自动分配将货物放到相应的地方。

出库：系统自动完成波次安排，智能定位、任务分配、一键领取，工作人员在智能设备上操作就能完成直到拣货，及库存打包等工作。

库内：如移库盘点等，系统自动运算出对应位置的对应货物缺少情况，做出从二级补货位到一级补货位补货等动作。

亚洲一号无线设备的使用，将 RFID 技术应用于库存管理中，系统能够实时掌握商品的库存信息，从中了解每种商品的需求模式及时进行补货，结合自动补货系统以及供应商管理库存解决方案，提高库存管理能力，降低库存水平。与此同时，企业能够为客户提供准确、实时的物流信息，并能降低运营成本，实现为客户提供个性化服务，大大提高了企业的客户服务水平。

3. RFID 技术

（1）货物信息的采集

向电子标签中写入供应商供应货物的信息，如货物源头、厂商、规格、数量等，建立和管理供应商以及客户的信息；供货前，把货物入库信息发送到库存管理系统，由库存管理系统自动处理，生成预入库信息，进行货位信息更新、系统货物信息更新，这是货物进入仓库的预处理步骤。

（2）入库管理

当安装有电子标签的货物入库时，通过在入库口通道处的 RFID 阅读器，即可将货物相关信息自动输入仓储管理系统。首先，对电子标签身份进行验证，确认为合法标签后再进行后续处理，否则反馈报警信息至仓储管理员并拒绝其入库。其次，获取电子标签信息，并与订货单进行核对，再将检验结果汇报给仓库管理员，如果符合要求，则在相应的托盘电子标签内写入应该摆放的货位，生成入库清单并更新库存信息。最后，库存管理系统按最佳的储存方式指引作业叉车上的射频终端，选择空货位并指引最佳途径，抵达空货位。将货物码放至相应货位后，搬运员通过手持设备向系统反馈信息，随即更新在库托盘信息表和仓库货位信息表。

（3）出库管理

仓库系统收到来自销售部门的订单或者发货通知后，系统根据一定的出库原则计算出库货物的货位，系统通过车载终端提醒工作人员载货，经扫描货物和货位的电子标签，确认拣选货物，同时更新库存。

（4）库存管理

当货物进出门禁系统时，通过对贴在货物上的标签即时扫描，对库存进行实时控制，将相关的货物信息进行汇总。并将比较的损益信息报告给仓库管理员，同时将信息发送至上级部门，上级部门批准损益更改后，系统根据实际盘点信息更新数据库，并保存盘点信息。

4. 拣选技术

京东在"出货分拣区"采用自动化的输送系统和代表目前全球最高水平的分拣系统之前，拣选员往往需要不断行走于不同的货位之间。分拣效率差和分拣准确率低。为了减少浪费时间，亚洲一号采用自动化拣货。拣选流程如下：

①工作人员只需将货物放到机器托盘上，机器就会自动将货物摆放到指定位置。储物区每层楼只需要一名工作人员，当需要发货时，工作人员会收到作业指示，将指定货物从货架取下，扫描二维码后放到自动传送带上。

②自动传输带将货物高速送入打包区，经电脑精密计算，包裹会自动配送到空闲的打包工位。工作人员扫描包裹，机器自动打印出物流配送信息及发票，完成打包。

③完成打包的商品重回流水线，经高低错落的传送轨道最终交叉汇聚至自动分拣系统。

④系统扫描识别配送地点，自动将包裹传送至对应的货道，例如无锡地区的包裹就会传送至标志着"无锡"的轨道，然后由工作人员用自动托运车运走。而无论商品在哪个环节，都会经过一次扫码，让消费者随时随地了解商品的物流配送信息。

为了避免订单库内合流造成不必要的积压，拣货员拣到的商品随着传输带流转到复核台，设备进行自动扫码确认商品，系统根据商品的一系列优先值策略来匹配订单，支持高并发，缩减订单复核等待时间，提高生产效率。

5. 跟踪技术

京东的亚洲一号将后台系统与地图公司的 GPS 系统进行关联，在包裹出库时，每个包裹都有一个条形码，运货的车辆也有相应的条形码。出库时每个包裹都会被扫描，同一辆车上包裹的条形码与这辆车的条形码关联起来。当这辆车在路上运行时，车载 GPS 与地图就形成了实时的位置信息传递，这与车载 GPS 系统是一个道理。当车辆到了分拨站点分配给配送员时，每个配送员在配送时都有一台手持 PDA，而这台手持 PDA 也是一个 GPS，通过扫描每件包裹的条形码，这个包裹又与地图系统关联，而这个适时位置信息与京东商城的后台系统打通之后开放给前台用户，用户就能实时地在在线页面上看到自己的订单从出库到送货的运行轨迹。在提升用户体验的同时，GIS 也提供了对物流队伍的实时监控，和原始数据，提升了整体的物流管理水平。

GIS 系统使物流管理者在后台可以实时看到物流运行情况，同时，车辆位置信息、车辆的停留时间、包裹的分拨时间、配送员与客户的交接时间等都会形成原始的数据。这些数据经过分析之后，可以给管理者提供更多、更有价值的参考，比如，怎么合理安排人员，怎么划分配送服务人员的服务区域，怎么缩短每单票的配送时间等。通过大量的数据分析，以优化整个配送流程。另外，通过对一个区域的发散分析，还可以看到客户的区域构成、客户密度、订单密度等，根据这些数据进行资源上的匹配。

（资料来源：中国物流与采购网 http://www.chinawuliu.com.cn/）

思考：

(1)京东采用了哪些物流信息技术？

(2)京东的电子商务物流系统的组成是怎样的？

Chapter 4

第 4 章

电子商务物流订单

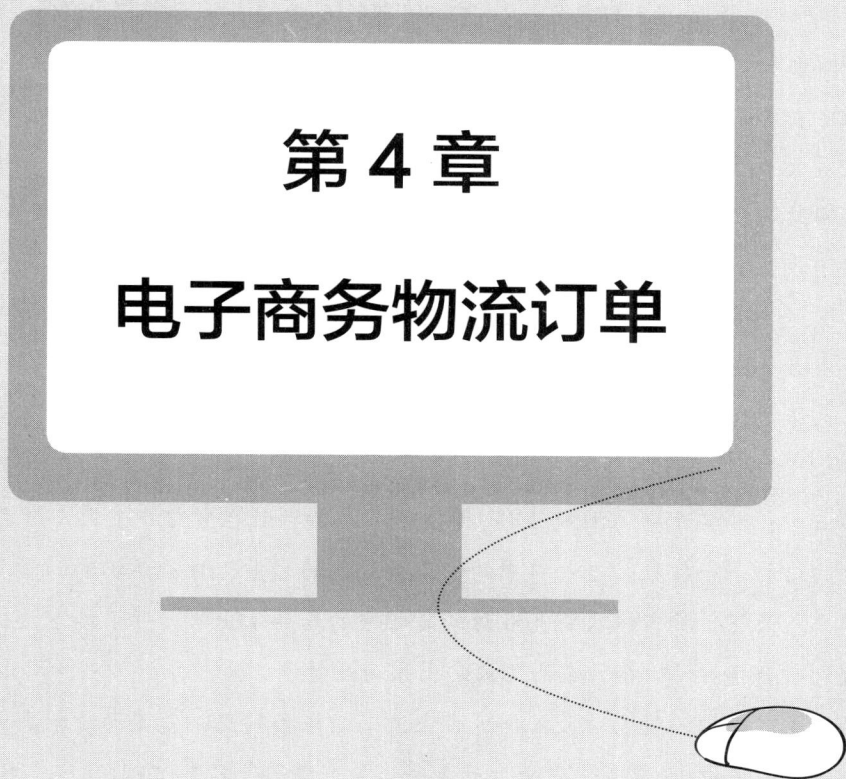

【导入案例】

亚马逊的订单处理流程

亚马逊（Amazon. tom）网站于 1995 年 7 月正式开通。1997 年 5 月在美国纳斯达克市场挂牌上市。1997 年底注册客户为 100 多万人，到 2000 年底则突破了 2000 万人。2010 年 1 月，亚马逊发布了 2009 财年第四季度财报。报告显示，亚马逊 2009 年净销售额为 95.2 亿美元，比去年同期的 67.0 亿美元增长了 42%。亚马逊认识到订单履行对提高客户服务质量的重要性，一方面，推出"一键式"（One. Click）订单服务，freT 订单程序，保障支付安全，并可跟踪或修改订单；另一方面，投入了上亿美元资金建设适合小包装配送的物流仓库。目前已有 5000 万以上的客户在亚马逊网站消费购物，那么亚马逊是怎样有效地履行成千上万份订单的呢？

第一步：当客户在线提交订单的时候，计算机程序便检查物品的位置，以确定公司的配送中心或者是供应商是否能够完成该订单，然后将电子订单传输到最合适的配送中心（比如内华达州费尔雷配送中心）或者供应商处。

第二步：由货运流控制员在配送中心接收所有订单，并且通过电子方式分配给具体员工。

第三步：物品（书、游戏程序、CD 等）一般存放在货柜中，每个货柜都有一盏红色的灯和一个按钮。当订单中的物品被分配的时候，存放该物品的货柜灯就自动亮起来，采货员按行依次将亮红灯的货柜中的物品拿出来，并且按下按钮使灯复位，直到所有亮灯的货柜的东西都被拿出来而且复位。

第四步：选中的货物被放入传送带上流动的板条箱里，箱里的货物则由分布在复杂传送带系统中 15 个不同点的自动或手动条形码阅读器来识别。

第五步：所有的板条箱到达一个显示条形码与订单号相符的中央位置。箱中的货品被卸下，移到斜道，并最终滑入纸板箱里。成熟的技术可以允许多个员工在仓库的不同位置来分拣货品，并到达相同的斜道。

第六步：如果是礼品并需要包装，则由人工来完成。

第七步：箱子被包装、封带、称重、加标签并发送到仓库 40 个卡车站点中的一个。从那里它们将被运往 UPS 或 USPS，其间货品被连续不断地扫描。

通过 Internet 来获取订单可能是 B2C 中最容易的一部分，而订单履行和送货上门是棘手的事情。可以说，大多数 EC 应用的实现需要利用支持服务，订单履行是电子商务最主要的支持服务之一（安全服务、支付、物流等）。亚马逊案例生动地刻画了大型电子零售商订单履行的复杂性。亚马逊过去采用的是无仓库、无库存、无货运业务模型，整个过程包括接收订单、电子收款，然后再让其他企业履行订单。不久，他们就发现这种模式虽然有一定的优越性，但明显不适合大型零售商。亚马逊订单处理系统使得亚马逊可以提供更低的价格并保持竞争力，尤其是当公司成长为一个销售成千上万件货物的巨型在线市场。实际上，客户不只是在网上购买产品，更重要的是购买送达的产品，物流配送已成为继订单处理之后的重要支持服务。

（资料来源：中国物流与采购网 http://www.chinawuliu.com.cn/）

4.1　电子商务物流订单概述

4.1.1　电子商务订单履行概述

由于电子商务发展迅猛，客户很容易在网上找到几乎所有类型货物的"购买"按钮，但却常常找不到相应的"发货"按钮，或发现"发货"按钮不能满足订单履行的要求。据对美国网上零售商的调查发现：①有接近一半（约 43%）的公司在订单上不对送货到达的日期做出承诺，或者承诺后不能按时送达货物；② 85% 的美国电子商务企业因跨国货运的复杂性而不能履行国际电子订单；③ 1/3 的网上订单未能得到准确的履行。

订单履行已成为电子商务竞争的有力武器。大部分电子商务的实施需要支持服务，包括支付、安全、基础设施和技术以及订单履行。网上下订单只是技术问题，是比较容易解决的，但如何组织产品并将产品送到客户手中则是个棘手的问题。

订单履行（order Fulfillment）是指在客户订单下达以后组织产品，并能够按时将客户所订产品配送到其手里，同时还要提供诸如产品安装说明、必要的培训、退换等全部相关的客户服务。订单履行过程如图 4-1 所示。在客户下单并进行支付确认后，企业就开始履行订单。

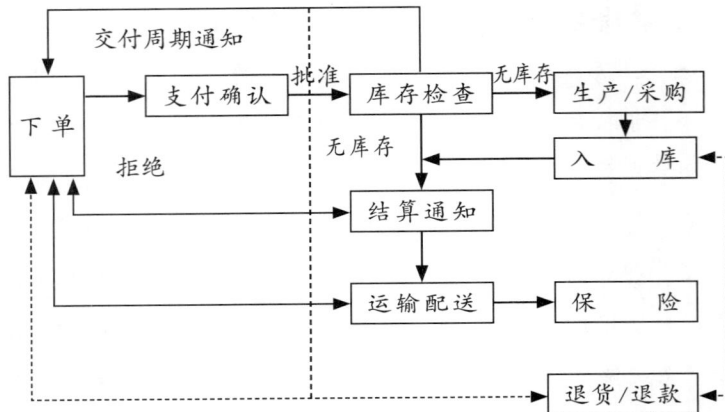

图 4-1　订单履行过程

4.1.2 电子商务订单履行与物流

电子商务在国内外的实践使越来越多的人认识到：电子订单履行是制约电子商务发展的瓶颈，是决定电子商务企业成败的关键。承担电子订单履行职能的物流行业从来没有像现在这样引人注目，特别是使第三方物流得到了空前的发展机遇。2009 年我国社会物流总额约为 117 万亿元，同比增长 21.8％；物流业增加值将达到 2 万亿元，同比增长 10.9％。2010 年中国物流行业的产值达到 1.2 万亿元，全球社会物流总额达 1250 万亿美元以上。

作为物流业的新兴领域，第三方物流在国外的物流市场上已占据了相当可观的份额。目前欧洲使用第三方物流服务的比例约为 76％，美国约为 58％，日本约为80％；同时，欧洲有 24％、美国有 33％的非第三方物流服务用户已积极考虑使用第三方物流；欧洲 62％、美国 72％的第三方物流服务用户认为他们有可能在未来几年内会增加对第三方物流服务的需求。全球物流业务外包将平均每年增长 17％。实践证明，第三方物流服务的营运成本和效率远远优于企业自营物流。

电子商务的物流服务提供商在获得机遇的同时，也感受到电子订单履行正在改变着传统的物流运行模式。电子物流的特点这主要体现在以下方面：

①更好的库存分布可视性。

②需求协同导致更准确的预测与资源计划。

③自动在途合并以减少延迟和产生 TL 运输。

④更快的送货时间要求以保障按订单生产和装配。

⑤承运人、第三方物流等提供新的物流管理。

⑥ ASP 使小的发货人和承运人像大公司一样运行。

⑦最大限度地利用互联网技术来管理动态物流网络，利用所有伙伴的物流设施。

为适应电子订单履行的要求，传统的物流业巨人如 UPS、TNT 等，通过与新型物流服务提供商如 Descartes 的合作，提供一体化的电子物流解决方案，如 UPS E-Logistics、TNTLoop 等。国内的企业，如中国邮政等，也在积极构建电子商务的物流服务平台，希望在激烈的市场竞争中赢得先机。

总之，电子订单履行深刻地影响着物流业的发展，使物流成为商机的和关键。

4.2　电子商务物流订单履行

4.2.1　B2B 的订单履行

B2B，指的是 Business to Business，即商家（泛指企业）对商家的电子商务，也就是企业与企业之间通过互联网进行产品、服务及信息的交换。通俗的说法是指进行电子商务交易的供需双方都是商家（或企业、公司），他们使用因特网技术或各种商务网络平台，完成商务交易过程。这些过程包括：发布供求信息，订货及确认订货，支付过程及票据的签发、传送和接收，确定配送方案并监控配送过程等。

4.2.1.1 电子订单履行的复杂性

与 B2B 电子商务相比，B2C 电子商务只是沧海一粟。从 2009 中国电子商务创新发展高峰论坛上获悉，艾瑞预测的 2009 年电子商务的销售额是 2388 亿元，2011 年达到 5760 亿元；艾瑞预计 2009 年中国 B2B 电子商务交易规模达 37500 亿元。电子商务的发展，也带动了电子物流（E-Logistics）的兴起，运输、仓储与物流服务的网上市场不断涌现。如果说 B2C 电子订单履行尚且是个问题，那么如此多的 B2B 商务涌上互联网，其电子订单履行又会是怎样的呢？实际上，B2B 电子订单履行既是问题又是机遇。因为 B2B 电子订单履行要比 B2C 复杂得多，迄今还没有全面的成功模式。仅以运输为例，B2B 就至少在 6 个方面比 B2C 更复杂：货物的大小、发货频率的不确定性、多个分拨渠道、承运人服务范围的参差不齐、缺少能提供电子商务服务的成熟的承运人、存在多个电子商务交易途径。

如图 4-2 所示，由于三种新型枢纽（Hub）——中立的垂直网上市场（E—Marketplace）、销售商或采购商联盟（如 GM ／ Ford ／ Daimler-Chrysler）和运输网上市场的迅速出现，电子商务的渠道选择变得更加复杂。发货人可能混合使用多个电子渠道，也可能以某一个渠道为主。这种不确定性使许多承运人担心到底谁在控制电子商务的发货，谁得到了其中的价值，不仅是承运人，其他 B2B 订单履行的参与者也都面临着挑战。

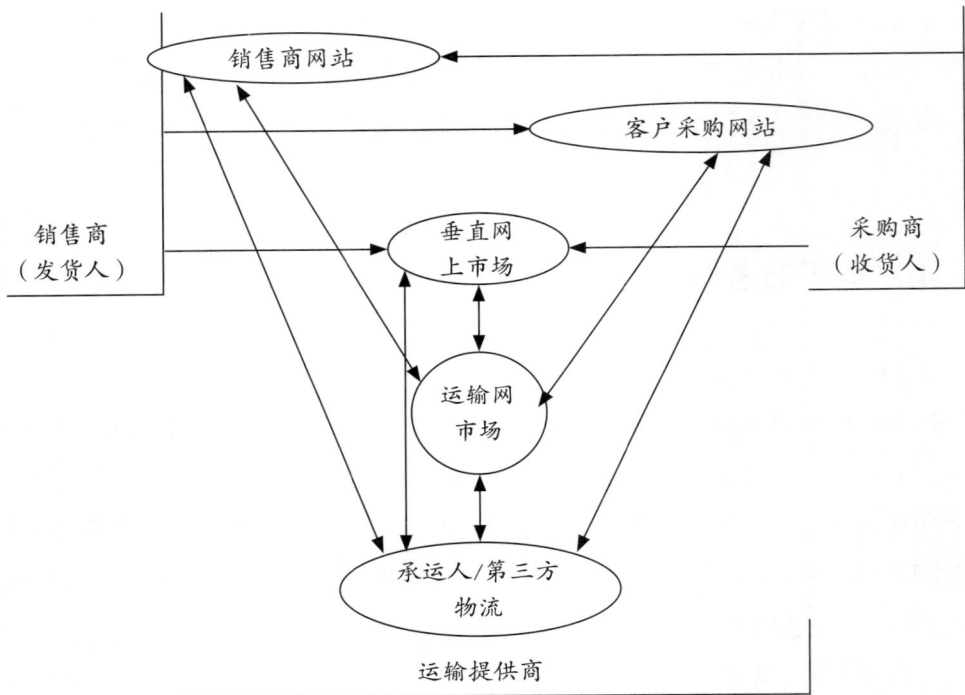

图 4-2　虚拟市场的交易过程

4.2.1.2 库存分布的可视性至关重要

提供对货物整个运送过程的订单可视性是 B2B 电子订单履行的所有参与者共同的目标。可视性一直是供应链管理的重要目标，但是还存在一些传统制度障碍。比如承运人开发出专有的货物跟踪系统，却因其没有兼容性而无法与发货人的信息系统一体化。

网络技术给可视性问题提供了更加一体化、简单化的解决方案，许多新型的物流服务提供商应运而生，他们提供的服务如下：

第 4 章 电子商务物流订单

（1）基于互联网的可视性工具

相当于可以收集供应商、客户、承运人、货运代理、海关代理、仓库等所有供应链参与者信息的物流信息枢纽，不仅能统一跟踪每个订单的状态，而且还提供例外管理系统，迅速找到瓶颈和延迟的货物，以便采取补救行动。

（2）综合解决方案

一些物流软件企业和供应链优化企业正迅速扩大服务范围，以 ASP 乃至网上市场的形式，成为综合的电子订单履行提供商。

（3）虚拟第三方物流

一些第三方物流、货运代理及新创的网络公司正成立"虚拟第三方物流"，结合基于互联网的信息能力和决策工具，为发货人提供下订单、跟踪和管理运输工作流程的"自助式"网上解决方案。

4.2.1.3 垂直网上市场正在建立"发货"按钮

电子商务的新趋势是 B2B 网上市场的迅猛发展，这些网上市场通常专注于某一专门的服务、商品或行业，为众多的供应商和采购商服务。迄今大多数市场都专注于服务，或者以包裹对象投递的产品。面向包裹的 B2B 市场，与 B2C 市场一样，可以依靠已经建立的电子过程，由快递公司来送货。

随着化工、金属、食品、纸张和农产品等行业市场数目的不断增加，订单的货物数量不断增大，对物流的需求也越来越复杂。这些市场提供一种或几种商品买卖的交易方法，从简单的供求信息发布、统一分类的商品目录发布，到拍卖和反向拍卖，以及现实的交易。通过将供应商和采购商在网上联系在一起，这些网上市场希望大幅度降低供应链成本。据估计，网上订单处理成本可比传统方式降低 70%。

尽管美国已有 600 多家垂直网上市场，但一般推测能生存下来的会少得多，而生存者必须能提供清晰的电子物流解决方案。不过迄今为止，只有少数市场将物流功能与其网站一体化，而且主要是与第三方物流合作，有的与一个，有的则与几个合作。实际上，专注于垂直网上市场的承运人和第三方物流也是创新者和冒险者。因为这些网上市场大都是纯粹的新创企业，它们主要是希望通过物流服务迅速增加市场的交易，再通过模式转换和共同运输来提高物流效率。

4.2.1.4 B2B 的网络效应

在网上设定订单发送路线就像孩子的游戏一样简单，但现实的订单履行和物流却难得多，特别是还需要努力降低物流成本。网上市场创建者大都专注于交易量的

· 105 ·

提高，很少想到利用成功的电子物流来创造附加价值。其实通过合并订单和优化供应链两端的供应商与要晌商可 D』丰晕高供府秣的柳塞．巾．就县将 Wzl—Mart 等大公司的供应锌晶件实践，通过百联网工具应用到"多到多"网上市场的小公司上。随着交易量的增加，这些解决方案可以帮助网上市场创建者将托盘货物订单在供应商的发货点合并成整车订单，以及在运输过程中通过不入库转运进行在途合并，将多个供应商的托盘货物合并成整车送达采购商，从而实现以整车的价格运送托盘货物。

4.2.2 B2C 的订单履行

4.2.2.1 B2C 订单履行系统的基本内容

B2C 电子商务网购业务的基本支撑主要是网络和物流。B2C 电子商务的订单履行系统，可以分为订单生成、订单处理、订单分拣、订单配送等几个主要环节，其核心内容仍然是其物流过程。因此，建设现代配送中心成为 B2C 电子商务订单履行的核心内容。

因为下面几件有代表的事件，2010 年被称为中国 B2C 电子商务物流建设元年。

①全年 B2C 网购规模超过 1000 亿元。卓越、当当、京东商城、淘宝商城、凡客、苏宁、新蛋、麦考林、1 号店、橡果国际等企业的销售已经达到相当规模，其中淘宝商城、京东商城更是超过 100 亿元的规模。随之而来的是，作为订单履行关键的物流系统成为其发展的主要制约。

②当当、麦考林等先后在纳斯达克成功上市。

③京东商城、淘宝商城、凡客、当当、新蛋、麦考林等业内诸强，均选择在这一年强势出击，建设自己的大型配送中心。

4.2.2.2 B2C 电子商务订单的特点和难点

B2C 电子商务几乎囊括了所有传统零售行业。但就目前而言，B2C 电子商务的主要领域还集中在 3C 电子、日用百货、图书、服装等。而其中尤其以 3C 电子、图书、服装最为成熟。B2C 电子商务订单的主要特点是订单数量大，但每个订单的订单行少、单个订单配送量小。在过去的 3 年中，国内几家大的 B2C 公司，其订单量均呈现快速增长态势，每年的增加量均超过 100%，有的甚至达到 350%。这种快速增长的业务形态，给未来的准确预测带来困难，也给配送中心的建设带来困难。

对于大多数综合性的 B2C 企业来说，订单处理的主要难点在于订单数量多、分布广，品种多、配送时间短，随机性强等。

（1）订单数

一个成熟的大型综合性 B2C 物流系统，其每天的订单大多在 5 万～ 20 万个之间（今后可能突破到 30 万个以上）。目前，当当、淘宝商城、京东商城、卓越每天的订单数都超过 5 万个，有的已经接近 20 万个。

至于订单的形态，每个行业的情况差异是比较大的。以图书为例，无论是卓越、当当、还是京东商城，其图书的订单结构一般均在 2 ～ 3 行。但 3C 产品差异就很大。此外，如百货，尤其是食品，如我买网的情形，其订单行可能超过 15 行，差异很大。

大量的订单数及订单行，给订单履行带来很大困难。几个大型 B2C 公司，每天处理订单的员工达到数千人。效率低下，差错率高，满足率低，成本高成为目前国内 B2C 订单履行的主要难题。

（2）SKU（最小存货单位）

B2C 物流系统的 SKU 数也是难点问题。一般的 B2B 配送中心，如典型的医药配送中心，SKU 在 10000 个左右，B2C 配送中心 SKU 数与此差异很大。图书一般要求在 50 万个以上。但即使是日用百货，也要求达到 10 万个以上，有的甚至要求达到 20 万个以上。这给配送中心的设计和运营带来巨大挑战。

（3）响应时间

B2C 业务一般要求有较短的响应时间，以满足市场竞争的需求。这种响应时间的紧迫性给订单履行带来很大困难。

一个综合性的 B2C 企业，其业务基本包括本地和外地两个区域。本地配送主要是指城市配送，范围不超过 100km，配送时间一般要求在 24 小时内完成。外地则存在长途运输问题。以目前快递的速度，配送时间在 1 ～ 3 天不等。

客户的响应时间是市场竞争决定的。目前有些企业将"越快越好"作为企业赢得竞争的基础，过度压缩订单履行的时间，这是可以商榷的。比较科学的观点是，客户的响应时间应该符合成本优势和竞争优势，不是越快越好。

为了解决响应时间问题，很多 B2C 企业建立本地化的 RDC 以适应配送时间的要求，其效果是明显的。

（4）随机性

订单的随机性包括几个方面，其中按地域分布的随机性和按时间分布的随机性是关键的两个方面。前者主要体现在各个地区的消费习惯不同，而后者主要是与节日促销、客户下单习惯不同有很大关系。如发生在 2010 年 11 月 11 日的节日促销，导致淘宝网短时间的大量订单堵塞，就是一个例子。这种由随机性产生的订单分布的不均匀性，给系统设计和订单履行带来极大的挑战。要解决这个问题，可能选择延长配送时间比较经济。

4.2.2.3 B2C 电子商务企业的订单履行管理系统

如前所述，B2C 电子商务订单履行管理系统主要分为三个过程：即订单接收及处理，订单拣选和订单配送。订单履行管理系统其实就是对上述过程实施计算机管理的系统。订单接收过程一般通过电子商务网站完成。典型的如京东商城 B2C 网站 www.360buy.com。接收后的订单应经过系统审核，然后形成正式订单。企业 ERP 系统应对所有订单进行管理。包括接收时间、订单明细、处理情况、执行过程等。通过审核的订单将进入配送中心进行预处理。包括将订单分类（按照区域、路线、品类等），组建波次。订单的预处理，尤其是波次处理是订单履行的一个关键环节，是订单调度及拣选优化的基础。目前很多配送中心 WMS 系统缺乏这一功能，导致订单拣选效率低下。在配送中心内部，订单拣选是在 WMS 系统下进行的。通过预处理的订单，在 WMS 系统中完成拣选任务生成、拆零并包运算、订单合并运算等一系列复杂的工作。并将拣选任务以"打包"的形式发送到拣选工具上，如 RF，DPS 等。排队进入拣选程序。拣选过程比较简单，一般通过 RF 完成，可以配合输送系统和 AS/RS 系统进行。操作人员只要按照系统的要求和提示完成相应操作即可。拣选完成后，需要经过拆单（按照并单操作要求进行）、并包（按照订单要求）、复核、打印、包装、分拣、集货等一系列环节，最终完成拣选的库内作业，等待发运。运输过程管理是订单履行管理的重要环节。完成拣选的订单将按照区域进行配送。当委托第三方配送时，拣选完成的订单还需要进入第三方物流公司的仓库等待拼车配送。很多大型 B2C 企业采用直接配送的方式，这样会赢得宝贵的时间，成本也会进一步降低。

订单履行管理还要求将订单的实时状态在网上发布，让客户能实时了解订单的执行情况。随着网络的发展，这一服务已经成为现实。可以说，订单履行管理系统的功能覆盖了订单履行的全部过程，并分别在不同的系统中完成。其中主要包括平台网站、ERP，WMS，TMS 等系统。各系统间通过接口连接，构成整个信息管理系统。

4.2.2.4 B2C 订单履行的主要技术及未来发展方向

B2C 订单履行系统以配送中心系统为支撑，配送中心的建设方式，趋向于建设区域性的 RDC 系统，取代以前的单一 DC 系统。如京东、当当、麦考林等，均在全国主要城市进行布点，并建设自己的 RDC。这一方面是从配送的成本考虑，另一方面还在于提高服务质量，缩短配送时间。其实这也是未来发展的主要方向。在配送中心建设的规模上，目前还处于趋向建设更大型的配送中心的阶段。已经建成的配送中心规模一般在 1 万～ 5 万 m² 之间，处理能力在 1 万～ 5 万个订单之间。未来可望建设 5 万～ 10 万 m² 的配送中心，处理能力在 5 万～ 15 万个订单之间，但更大型的配送中心建设在理论上则没有太大必要。事实上，应避免建设过于庞大的配送中心，避免导致配送效率下降和成本上升，而应随着业务量的增加，建设更多的区域物流中心。

从技术装备看，已经建成运营的 DC/RDC 中，其技术手段主要表现在：

①库房以租赁为主，广泛采用高层货架，配置叉车作业，很少采用自动化立体库技术。

②订单处理主要以时间为顺序进行，很少进行优化，故效率较低。

③拣选以手工拣选为主，部分配送中心配以少量的输送设备和分拣设备，RF 拣选技术已经大量采用。

④大量项目采用先并单拣选，然后再播种的方式。电子标签播种系统已开始应用。

⑤分拣以人工为主，部分开始采用高速分拣设备。

⑥ WMS 系统有趋向于采用成熟的系统的迫切需求，但目前国内外缺乏比较适用的 WMS 系统，这是目前 B2C 订单履行所遇见的难题之一。

⑦配送系统中采用第三方配送居多，但也有采用自己配送的企业。在部分第三方配送企业中，RF 应用已经非常广泛。

4.2.3　C2C 的订单履行

C2C 是指 Consumer to Consumer，意指消费者与消费者之间的电子商务。C2C 电子商务模式就是通过为买卖双方提供一个在线交易平台，使卖方可以主动提供商品上网拍卖，而买方可以自行选择商品进行竞价。从理论上讲，C2C 模式是最能够体现互联网的精神和优势的，数量巨大、地域不同、时间不一的买方和同样规模的卖方通过一个平台找到合适的对家进行交易，在传统领域要实现这样大的工程几乎是不可想象的。同传统的二手市场相比，它不再受到时间和空间限制，节约了大量的市场沟通成本，其价值是显而易见的。

C2C 网站从诞生起就面临着一大突出问题即信任问题，美国联邦贸易委员会接到的最多的投诉标的之一就是在线拍卖欺诈。信任作为 C2C 网站的核心问题，早就被先行者们所重视。EBAY 公司创办者就特别强调信任问题，并将其网上拍卖业务称为是建立在相互信任基础上的电子商务的一次成功实践。一些交易人在交流网上拍卖的切身体会时说，"在 EBAY 公司的网站上我相信别人在买下商品后，会将支票寄来，对方也不会相信我给他的是一箱石头。"对于 C2C 平台来说，做好网上信用服务，确保网上信任的实现，对网站的生存和业务存续至关重要，是其占领更广阔市场，获得蓬勃发展的关键环节。

4.2.3.1 C2C 的配送模式

（1）自建物流模式分析

自建物流配送模式是指由企业自身全权管理自己企业的配送工作，自建物流配送模式下，企业可以自己组织到货源并且拥有产品所有权和支配权，因而具备一定的资源优势。当前有一部分电子商务平台采用这种模式，如京东商城，卓越网等都正在组建自己的物流配送体系。

自建物流的优势分析：①配送的效率高。如卓越网配货中心每天定点可以向配货站发两次货，而凡客诚品的物流系统可以保证客户网上下单后 24 小时内货品送达客户手中。使用第三方物流在遇到大范围促销活动或者春节等节日期间，货物经常会被积压，无法按时配送，甚至出现快递公司不能接单的情况，不但影响了卖家的销量，还影响了电子商务平台的声誉。如果使用自建物流，配送时间基本不受外界环境的影响，可以保证准时发货和准时到货。②配送管理加强。如果利用第三方物流配送，所有的物流配送过程都是由第三方物流公司在运作，电子商务平台无法管理和控制，当前电子商务平台对于物流的管理仅仅是通过合同条款规定顾客投诉的处理办法，而对于实际物流过程的控制与管理根本无法实施。采用自建物流，企业就可以很好地实现对于物流所有过程的控制与管理，提高物流服务水平。③配送服务水平提高。第三方物流在服务态度方面良莠不齐，若使用自建物流，按照统一的服务标准，统一的收费标准，在物流服务水平上将会有一个大的提高。④便于"货到付款"等服务的开展。"货到付款"服务是最受顾客欢迎的一种支付方式，也是吸引新顾客加入的一种有效手段。目前有部分网站就提供这种服务，如当当网。但"货到付款"中，第三方物流返还代收款是许多公司头疼的问题，如第三方物流返还代收款拖延，势必占用电子商务公司的现金流。如果使用自建物流，"货到付款"方式就很容易实施了。另外，采用自建物流方式还方便物流配送的一些增值服务的开展，如产品调试，安装以及售后服务等。

自建物流的劣势分析：①前期投入大、风险高。由于 C2C 电子商务物流具有配送量大，配送范围广等特点。这就要求自建物流的前期都必须要有很大的投入，其面临的风险也是很高的。所以各大电子商务平台在面临是否自建物流平台的选择时，不敢贸然决定。②自建物流的利用率不可控。使用自建物流的前期，对成本核算及经营管理决策带来不便，C2C 电子商务的易变性使得公司无法估算其订单量的大小，也更无法准确估算配送费用的多少。且由于只为自身服务，其物流配送的规模直接受其销售规模的限制，难以形成规模经营。物流设施、设备的利用率低，配送的稳定性也较差。加之目前电子商务基本实行低价位运营，利润本来就低，如果没有一定的订单量作为保证，自建物流用度率过高可能会导致电子商务公司陷入财务危机。

（2）第三方物流配送模式分析

第三方物流配送，是指由物流服务所需的供需双方以外的第三方企业去承担物流业务，包括专门从事商品运输、库存管理，订单管理、包装，配送、流通加工、信息管理等物流活动。第三方物流的基本功能是利用现代物流技术与物流配送网络，按照所签订的物流合同，以最低的物流成本，准确、快速、安全地为客户提供个性化的物流服务。

第三方物流配送的优势分析：①成本节约。对于企业来说，不管是否从事电子商务，自营物流会有很多隐形成本，如果把物流的隐形成本核算出来。把外包与自营的物流总成本加以对比的话，一般来说外包物流的成本是相对低廉的。②有利于企业增强核心竞争力。利用第三方物流配送，省去了企业自建物流系统的各种事务处理，这样可以有利于企业专注于自身的核心业务，提升企业的核心竞争力。

第三方物流配送的劣势分析：①物流配送服务水平低。C2C 电子商务中，买家通常都希望花最低的费用买到产品，这里买家所花的费用是产品的价格和物流费用的总和，物流费用的高低直接影响着买家的购买欲，所以买、卖双方都希望物流费用越低越好。很多卖家在选择物流企业时完全从物流费用角度考虑，而将物流的责任完全撇开，声明送货时间无法由自己控制，不能以此作为评判卖家的标准和理由。而对物流企业来说，卖家才是他们的客户，买家的抱怨对他们影响不大。由于没有制约，导致买家永远不知道自己什么时候能收到货。②验货问题。虽然C2C网站上有说明买家在验货后再签收，但是目前大部分物流快递人员都要求客户先签字再拿货，而后买家才有机会验货，然而一旦买家签字，货物就与物流公司没有关系了。如果货物有损坏或者不符，就会陷入漫长的投诉之路，卖家与物流公司互相推诿，谁都不想承担责任。

（3）物流联盟模式

采取自建物流模式或者是第三方物流模式的策略都存在一些无法避免的缺陷。物流联盟模式是一种介于两者之间的物流组建模式，可以降低前两种模式的风险，且企业更易操作。所谓物流联盟是指为了达到比单独从事物流活动所取得的更好效果，企业间形成的相互信任、共担风险、共享收益的物流伙伴关系。企业之间不完全采取导致自身利益最大化的行为，也不完全采取导致共同利益最大化的行为，只是在物流方面通过契约形成优势互长，要素双向或多实体配送上就必得担当重任。

快递是基于电子商务的壮大而发展起来的，其60%～70%的业务来自电子商务，对于小型快递企业来说，这个比例更是达到90%～100%。2010年基于网络购物业务的快递企业数量达到12310家，国内网络购物快递企业营业收入规模达412.8亿元，可见快递对电子商务也有很强的依赖性。所谓"一荣俱荣，一损俱损"，只有实现快递与电子商务协同化，才能真正体现电子商务供应链一体化，保证两个行业的可持续发展。

4.2.3.2 快递与电子商务协同状况

虽然双方进行了大量合作，但并非"合作无间"，快递送货不及时成为针对电子商务投诉中的一大问题。快递服务质量的不佳将直接影响电子商务的运营，阻挠电子商务供应链一体化的实现。意识到现阶段还无法完全依赖快递企业的现实，阿里巴巴等标杆型电子商务企业涉足物流领域，期待借助自身实力打通供应链，实现末端高效的配送。快递市场无疑将被电子商务企业抢占去一杯羹，而那些主要依靠网购业务的小快递公司则将面临市场大大缩减的生存险境。

快递与电子商务之间所呈现的还只是一种松散的合作关系，在信息共享和资源整合上还存在太多隔阂。本文探讨的快递爆仓从某种程度上来看也是源于双方对于网购业务量即将激增的预测信息没有及时共享，并对可能出现的风险未做共同评估和方案部署。究其原因，还是合作伙伴之间缺乏共同的战略目标，关键性的商业信息无法相互沟通，缺乏相互信任。

4.3　电子商务物流订单处理

订单处理是仓库组织、调度、组织配送活动的前提和依据，是其他各项作业的基础。由于物流配送的业务活动是以客户订单发出的订货信息作为其驱动源，在配送活动开始前应根据订单信息，对客户的分布、所订物品的品名、物品特性和订货数量、送货频率和要求等资料进行汇总和分析，以此确定所要配送的货物种类、规格、数量和配送时间，最后由调度部门发出配送信息（如拣货单、出货单等）。

订单处理是配送服务的第一个环节，也是配送服务质量得以保证的根本。其中，订单的分拣和集合是订单处理过程中的重要环节。订单处理是实现企业顾客服务目标最重要的影响因素。改善订单处理过程，缩短订单处理周期，提高订单满足率和供货的准确率，提高订单处理全程跟踪信息，可以大大提高顾客服务水平与顾客的满意度，同时也能够降低库存水平，降低物流成本，使企业获得竞争优势。一般的，电子商务物流订单处理过程主要包括 5 个部分，即订单准备、订单传递、订单登录、按订单供货、订单处理状态跟踪。如图 4-3 所示。

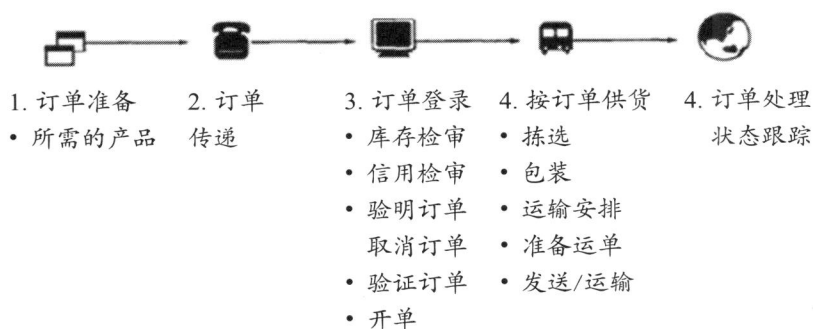

1. 订单准备	2. 订单	3. 订单登录	4. 按订单供货	4. 订单处理
• 所需的产品	传递	• 库存检审	• 拣选	状态跟踪
		• 信用检审	• 包装	
		• 验明订单	• 运输安排	
		取消订单	• 准备运单	
		• 验证订单	• 发送/运输	
		• 开单		

图 4-3　订单处理过程

4.3.1 订单准备并汇总订单

订单准备是指顾客寻找所需产品或服务的相关信息并做出具体的订货决定。具体内容包括选择合适的厂商和品牌，了解产品的价格、功能、售后服务以及厂商的库存可供水平等信息。减少顾客订单准备的时间，降低顾客的搜寻成本，能够显著地增加企业产品的市场份额。

仓库在接收到订货通知后，要在规定的送货截止时间之前将各个用户的订货单进行汇总，以此来确定所要配送的货物的种类、规格、数量和配送时间等。

4.3.2 订货方式与订单传递

接受客户订单的方式分为传统订货方式和电子订货方式。

（1）传统订货方式

传统订货方式包括以下几种。

①厂商铺货。供应商直接将物品放在货车上，一家家去送货，缺多少补多少，适用于周转率快的物品或新上市的物品。

②厂商巡货、隔天送货。供应商派巡货人员前一天先到各客户处调查需补充的物品，隔天再予以补货。可利用巡货人员为商店整理货架、贴标签或提供经营管理意见、市场信息等，也可促销新品。传统的供应商采用这种方式，但成本较高，可能造成零售业者难以管理。

③电话口头订货。订货人员将物品名称及数量以电话口述的方式向厂商订货。由于每天需向许多供应商要货，且需订货的品项可能达数十种，故花费时间长，错误率高。

④传真订货。客户将缺货信息整理成文，利用传真机传给供应商。利用传真机虽然可以快速地传递订货信息，但传送资料的品质不良难以确认。

⑤客户自行取货。客户自行到供应商处看货、补货，此种方式多为传统杂货店因地缘较近而采用。客户自行取货可省去物流中心的配送作业，但个别取货可能影响物流作业的连贯性。

⑥业务员跑单接单。业务员到各客户处去推销产品，而后将订单带回或紧急时用电话先与公司联系，通知客户订货。

上述几种订货方式都需人工输入资料而且经常重复输入、传票重复填写，并且在输入输出间常造成时间耽误及产生错误。

随着市场竞争的日趋加剧，传统的订货方式已无法应付订货的高频率和快速响应需求。于是，新的订货方式便应运而生，这就是电子订货方式。

（2）电子订货方式

这是一种借助计算机信息处理，以取代传统人工书写、输入、传送的订货方式，将订货信息转为电子信息由通信网络传送，故称电子订货系统（EOS）。

电子订货系统的具体做法有以下3种。

　　①订货人员携带订货簿及手持终端机巡视货架，若发现物品缺货就用扫描器扫描订货簿或货架上的物品条形码标签，再输入订货数量。当所有订货资料皆输入完毕后，利用数据机将订货信息传送给供应商或总公司。

　　②客户若有 POS 收银机，则可在物品库存档内设定安全存量。每当销售一笔物品时，电脑自动扣除该物品库存。当库存低于安全存量时，便自动生成订单，经确认后便通过通信网络传送给总公司或供应商。

　　③客户的计算机信息系统里有订单处理系统，可将订货信息通过与供应商约定的共同格式和约定的时间里将订货信息传送出去。

　　订单传递就是把订货信息从顾客传递到产品的供应商处。包括 3 种：手工传输、电话或传真传输、网络传输。一般而言，通过电脑直接连线的方式最快也最准确，而手工传输、电话或传真传输的方式较慢。由于订单传递时间是订货前置时间内的一个因素，其可经由存货水准的调整来影响客户服务及存货成本，因而是一种传递速度快、可靠性及正确性高的订单处理方式，不仅可以大幅提升客户服务水准，而且与存货相关的成本费用也能有效地缩减。由于网络传输方式速度快，运行成本低，可靠性好，准确性高，逐渐成为最重要的订货信息传输方式。

4.3.3 订单的确认

4.3.3.1 订单内容的确认

接受订单后应对订单的内容进行确认，主要包括以下几个方面的确认。

（1）需求品项数量及日期的确认

此项为对订货资料项目的基本检查，即检查品名、数量、送货日期等是否有遗漏、笔误或不符合公司要求的情形。尤其当要求送货时间有问题或出货时间延迟的时候，更需要再与客户确认一遍订单内容或更正期望的运送时间。若采用电子订货方式接单，也需要对订货资料加以检查确认。

（2）客户信用的确认

不论订单以何种方式传至公司，配销系统的第一步骤就是核查客户的财务状况，以确定其是否有能力支付该批订单的账款，检查客户的应收账款是否已超过其信用额度。一般可以通过以下两个途径来核查客户的信用状况。

　　①客户代号或客户名称输入时：当输入客户代号、名称等资料后，系统即加以审核客户的信用状况，当客户应收账款已超过其信用额度时，系统就加以警示，以便输入人员决定是否继续输入其订货资料或拒绝其订货。

②订购品项资料输入时：若客户此次的订购金额加上以前累计的应收账款，超过信用额度，系统将锁定此笔订单资料，以便主管来审核。

原则上顾客的信用调查由销售部门来负责，但有时销售部门往往为了争取订单并不太重视这种核查工作，因而有些公司会授权运销部门来负责客户的信用核查，一旦发现有问题，将订单送回销售部门来处理。

4.3.3.2 订单形态确认

物流中心虽有整合传统批发商的功能以及有效率的物流、信息处理功能，但在面对众多的交易对象时，似乎仍需针对不同的客户需求而又有不同的做法。反映到接受订单业务上，可看出其具有多种订单交易形态。常见的订单形态有一般交易订单、现销式交易订单、间接交易订单、合约式交易订单、寄库式交易、兑换券交易。不同的订单交易形态有不同的订货处理方式，因而接单后必须再对客户订单或订单上的订货品项加以核对，确认其交易形态，以便让系统针对不同形态的订单提供不同的处理功能。

4.3.3.3 订单价格确认

不同的客户（大盘、中盘、零售）、不同的订购量，可能有不同的售价，输入价格时系统应加以检查。若输入的价格不符（输入错误或因业务员降价强接单等），系统应加以锁定，以便主管审核。

4.3.3.4 加工包装确认

客户对于订购的商品，是否有特殊的包装、分装或贴标等要求，或是有关赠品的包装等资料需要详加确认后记录。

4.3.3.5 设定订单号码

每一订单都要有其单独的订单号码，此号码由控制单位或成本单位来指定，除了便于计算成本外，可用于制造、配送等一切有关工作，且所有工作说明及进度报告均应附此号码。

4.3.3.6 建立客户档案

即将客户状况详细登录，以利于日后合作。客户档案的内容应包括客户名称、客户代号、客户等级、客户信用额度、客户销售付款及折扣率的条件、开发或负责此客户的业务员资料、客户配送区域、客户收账地址、客户点配送路径顺序、客户点适合的送货车辆。

4.3.4 订单实时处理

4.3.4.1 交互系统界定

电子商务订单处理包括从电子商务客户选择商品后向电子商务运营商提交订单到电子商务运营商、供货商和第三方物流配送中心安排好各自的服务计划并达到用户满意的整个过程，其中包括电子商务运营商与客户的协商、供货商选择和第三方物流配送商的选择三个功能模块。电子商务订单实时处理系统框架如图 4-4 所示。

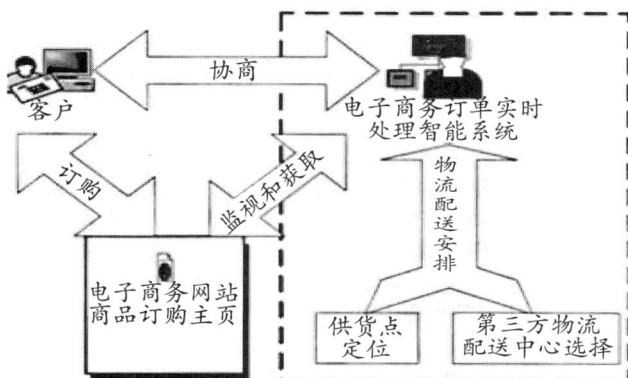

图 4-4　电子商务订单处理系统

其中，供货点定位模块、第三方物流配送中心选择模块、人机对话模块的研究都已取得了丰富的成果。然而目前各功能模块还处于相对分散的状态，不能进行实时交互。本文的电子商务订单实时交互系统是电子商务订单实时处理系统的交互部分，解决功能模块间实时交互问题，是订单处理中各个处理单位的交互支撑系统。

4.3.4.2 功能模块的交互需求

在 B2C 电子商务订单处理中，参与者主要有：电子商务运营商、供货商和第三方物流配送中心。现有的研究工作中，电子商务运营商的需求实现为人机对话模块，供货商选择的需求实现为供货商选择模块，第三方物流配送中心选择的需求实现为第三方物流中心选择模块，这三个功能模块对于交互的需求存在以下特点。

（1）人机对话模块

当用户提交订单后，可以实时地对客户的订单进行预处理，区分客户订单中与供货商和第三方物流配送中心相关的内容，然后把订单即时地传递给第三方物流配送中心；能够实时地获得订单处理结果，告诉客户目前订单能够被满足的情况，建立较好的客户信任度。

（2）供货商选择模块

需要实时地获得电子商务运营商处理后的订单，并且根据自身的情况并参照第三方物流中心的情况对供货计划进行安排，在平衡供货商利益和客户满意的情况下最大限度地满足客户订单需要。

（3）第三方物流配送中心选择模块

需要实时地获得供货商处理后的订单，并且根据自身的情况和供货商的计划安排情况对配送计划进行安排，在平衡第三方物流配送中心的利益和客户满意的情况下最大限度地满足客户订单需要。

电子商务参与各方的对于交互的需求集中在两方面：订单处理的实时性和订单处理过程中各个方面的独立性和信息的共享性。一方面，参与各方需要根据自身情况完成订单处理任务，而不受其他模块的直接控制；另一方面，当处理模块需要其他模块的信息时，可以通过交互向其他模块发出信息请求并得到其他模块的处理结果。对于系统中各个模块，图4-4的订单处理系统满足以下需求。

①人机对话部分可以解析订单的内容并把订单通过交互传递到供货商选择模块和第三方物流中心选择模块；在交互过程中获得动态的订单处理结果和其他两个模块对订单的满足程度并与客户协商。

②供货商选择模块和物流配送选择模块处理的独立性和交互性。两部分能够根据供货商和物流配送中心的情况独立制订订单满足计划，而且可以并行运行以减少响应时间；能够在需要其他模块信息时发出请求并与其他模块交互获得处理需要的信息。

4.3.4.3 电子商务订单实时处理的交互流程分析

一般地，电子商务订单处理的交互过程如图4-5所示。

采用电子商务订单实时处理交互系统的电子商务订货的整体过程主要分为以下几步。

（1）订单生成

用户进入电子商务网站，通过购物车选购商品，在确定选购商品后，把订单提交给人机对话模块，人机对话模块得到订单后，把订单信息分为供货商订单信息和第三方物流配送订单信息。

（2）订单处理

订单的处理分为预选订单处理和协商订单处理两个阶段。在预选订单处理阶段，人机对话模块把用户首次形成的订单信息发送给供货商选择模块和物流配送中心选择模块。这两个模块接到订单信息后，对订单进行并行处理，根据自身的能力和处理逻辑处理订单，然后把处理结果返馈给人机对话模块；在协商订单处理阶段，人机对话模块把用户经过协商后的订单发送给供货商选择模块和物流配送中心选择模块，两个模块根据协商订单的处理规则对订单进行处理，并在处理过程中彼此交互，获得需要的信息来完成合作。

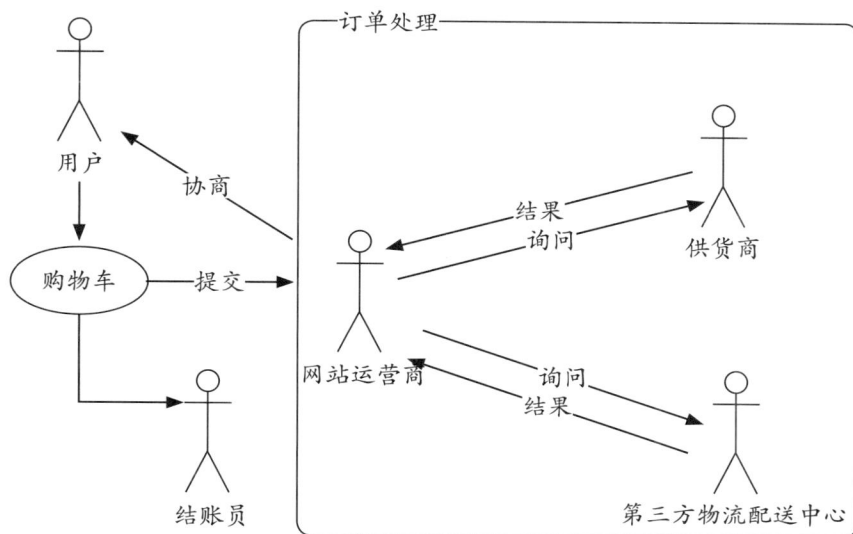

图 4-5　电子商务订单处理的交互流程

（3）订单确认

人机对话模块与用户就当前订单达成一致后，人机对话模块向供货商选择模块和物流配送中心选择模块发出确认信息，确认本次订单的安排计划有效，使供货商选择模块和物流配送中心选择模块可以把订单满足计划作为有效计划实施。

4.3.5　订单处理方法

4.3.5.1 实时智能处理流程

在电子商务环境下，电子商务订单处理的重点是如何结合城区的物流配送安排情况确定客户订购满足情况，最终决定接收或放弃客户订购。电子商务订单实时智能处理过程中结合人工处理电子商务订单的供货点定位、第三方物流配送中心选择以及与客户对话运用的经验和知识，实现基于经验和规则的处理。客户订单实时智能处理过程如图 4-6 所示，主要包括获取信息、解析信息、供货点定位、第三方物流配送中心选择以及与客户协商。

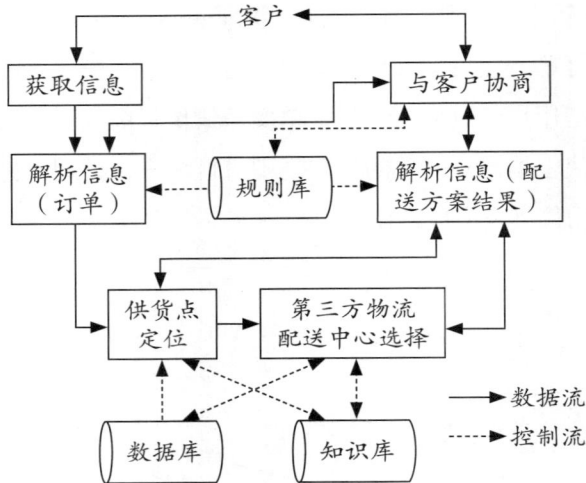

图 4-6　电子商务实时智能处理流程

在此处理流程中，对电子商务订单中的信息解析，提供为客户订购商品进行物流配送安排的数据、知识或事实；供货点定位处理基于数据、知识和规则。根据获取的供货处理请求信息，确定是否具备供货能力，并在能够满足客户订购供货的情况下明确客户订购商品具体的供货点，提出进一步处理的请求；第三方物流配送中心选择处理同样基于数据、知识和规则，确定是否具备配送能力，并在确定有配送能力为客户订购进行配送服务的情况下明确具体负责配送的第三方物流配送中心，提出进一步处理的请求。与客户协商是电子商务订单智能实时处理与客户交互的窗口，协商的内容主要为供货能力或第三方物流配送中心配送能力不能够满足客户要求时，与客户协商是否可以接受电子商务网站根据配送能力情况对客户订购要求的变更等。这样，电子商务网站针对客户的订购要求，结合物流配送能力判定满足情况，提高了处理的智能性和科学性，提高了客户订购的透明度。

在电子商务订单智能实时处理流程中存在以下 4 个关键的处理：

①信息解析；

②供货点定位；

③第三方物流配送中心选择；

④与客户协商。

每个处理任务不同，处理的方式也不同。为此电子商务订单智能实时处理需要的处理和实现方式不同，采用怎样的结构和方法组织电子商务订单智能实时处理中基于知识或规则的处理任务，是解决问题的核心。

4.3.5.2 智能实时处理 blackboard 结构

电子商务订单智能实时处理一方面涉及多种复杂知识和规则的处理，另一方面还要求处理的实时性。因此，结合人工智能的黑板 blackboard 结构和方法，设计处理过程中涉及基于 blackboard 结构的电子商务订单处理的结构，实现电子商务订单智能处理，并满足处理的实时性。

针对电子商务订单智能实时处理流程的 4 个关键处理以及各环节之间的关系，设计两级 blackboard 结构如图 4-7 所示，一级 blackboard 结构为管理和调度电子商务订单智能实时处理的 4 个子任务。在一级 blackboard 中，获取到任务处理请求后，根据任务调度规则调度相应的任务。在处理中关键任务调度控制的设计是一级 blackboard 处理的核心，有助于将复杂问题分解为相对简单的子问题，并控制子任务的激活和调度。

两级 blackboard 结构的第二级 blackboard 结构是各子任务处理的结构，控制子任务处理中知识源的调度与任务处理过程的控制。处理的核心是控制机制中的知识源调度，用以解决子任务处理中的方法以及该方法相关的知识源的调度。

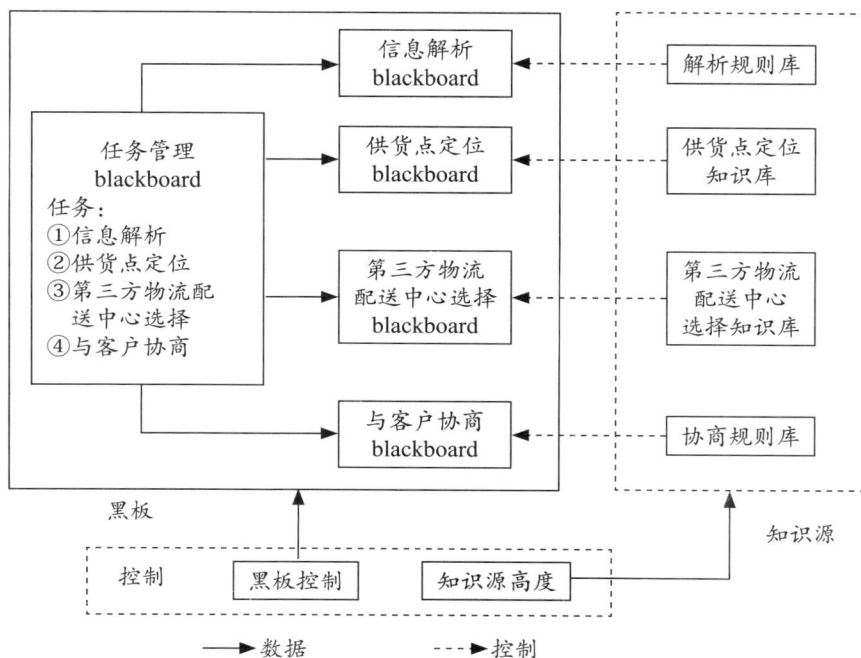

图 4-7　电子商务订单实时智能处理 blackboard 结构

4.4 电子商务物流订单处理流程

借助于流程通道（pipeline）以及连接器（connector）的事务处理的逻辑组织模式概念，将上述订单处理的各个逻辑步骤理解为订单处理流程通道进程的若干个连接器。如图 4-8 所示。

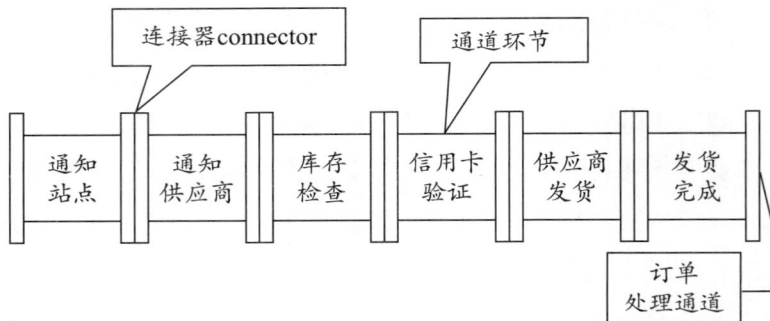

图 4-8　订单处理流程通道进程的连接器

若干通道环节（也即通道的分段：代表处理流程的各个步骤）经过串联从而组成流程通道，各个通道环节之间的结合部分是连接器（也即通道分段之间的交接阀门）。订单进入第一个通道环节即宣告订单处理的流程开始执行。在流程通道的每一个环节交接部，连接器通过返回"是"或者"否"指明前一个处理步骤执行成功与否，并且引导订单的下一步操作："是"允许订单直接进入下一个处理环节；反之，"否"指示订单的处理进程重新进行前一个环节的执行（或者前一个环节之前的某一个环节），直到取得预期的条件和结果。依据订单处理流程通道结构，将其分解为以下 5 个基础环节（此后的程序设计，将依据这些基础环节创建相应的订单处理对象模型）。

①通过电子邮件的发送（发向站点 east@orient.corn.cn）通知：一份新签订单正在等候处理；同时，也向客户发送一封电子邮件进行订单的核收工作：站点已经确认其订单的收讫。

②通过电子邮件通知供应商，一份订单新近签订。

③等候供应商的信息反馈，以确定订单是否进行处理；同时更新数据库，及时反映订单状态。

④向信用卡处理流程发送支付信息；同时更新数据库的记录，及时反映订单

状态。

⑤通过电子邮件通知供应商是否发出货物；同时更新数据库，及时反映订单状态。

【本章小结】

订单履行（order Fulfillment）是指在客户订单下达以后组织产品，并能够按时将客户所订产品配送到其手里，同时还要提供诸如产品安装说明、必要的培训、退换等全部相关的客户服务。

电子商务的物流服务提供商在获得机遇的同时，也感受到电子订单履行正在改变着传统的物流运行模式，使其逐渐显现出电子物流的特点。电子商务物流订单的履行分别根据 B2B、B2C、C2C 三种模式进行。一般的，电子商务物流订单处理过程主要包括 5 个部分，即订单准备、订单传递、订单登录、按订单供货、订单处理状态跟踪。

【课后思考】

(1)什么是电子商务物流订单履行？

(2)电子商务订单与物流之间有何关系？

(3)B2B、B2C、C2C 三种模式下的订单履行有何区别与联系？

(4)电子商务物流订单如何履行？

(5)电子商务物流订单有哪些处理方法？

(6)电子商务物流订单处理流程是怎样的？

【案例讨论】

亚马逊的订单处理系统

随着社会的发展，技术在不断的改善，消费者对快递服务的要求也越来越高，订单量也在高速增长。亚马逊要怎样履行订单，既要保证高效率的处理订单，保证快速配送到消费者的手中，保证消费者的高满意度，减少退货量，又要保证运营成本不至于失控。在订单生成后，难免会遇到某些商品在附近仓库缺货、无货的情况，那么亚马逊是怎样有效地履行成千上万份订单的呢？

目前，有超过200万个第三方卖家使用亚马逊的仓储中心存放商品。通过一个名为亚马逊物流的项目，该在线零售巨头不仅允许第三方在其网站上出售商品，还允许它们外包配送业务。第三方的产品就像其他的存货那样送进亚马逊的仓储中心，并放置于与亚马逊自营商品相同的货架。接着，它们也跟亚马逊自营商品那样配送出去。卖家甚至可以选择通过Prime提供免费的两天送达服务。

在2009年，亚马逊只经营着18个物流中心，且全部分布于二线州市，如华盛顿州、印第安纳州、肯塔基州、堪萨斯州和特拉华州等。而如今，亚马逊已拥有近100座巨型物流中心，并分散在全国各地，覆盖了几乎所有的主要人口聚集城市。2012年3月，亚马逊收购了自动化机器人公司Kiva Systems。亚马逊使用了Kiva机器人自动搬运的货到人（Goods to Person）的拣选技术，将Kiva Robots技术封存并精心打造独家使用，机器人能在仓库中快速灵活地穿梭，抓取移动货架和装货箱，加快订单履行速度。

亚马逊的订单处理系统主要分为三个过程，即订单接收及处理、订单拣选、订单配送。

（1）订单接收及处理

订单接收过程一般通过电子商务网站完成。接收后的订单应经过系统审核，然后形成正式订单。亚马逊的ERP系统应对所有订单进行管理，包括接收时间、订单明细、处理情况、执行过程等。通过审核的订单将进入配送中心进行预处理。

当顾客在亚马逊的网站上确认订单后，就可以立即看到亚马逊销售系统根据顾客所订商品发出的是否有现货，以及选择的发运方式、估计的发货日期和送货日期等信息。订单接收成功后，订单会传到员工的手持扫描仪上，这款设备可指引工作人员到达货物所在的位置。对货物进行扫描后，工作人员可将其放在手提包中，然后再对手提包扫描，最后放到传送带上准备出货。物流中心的传送带非常快，在肯塔基州 Campbellsive 物流中心的传送带，每秒钟可处理 426 份订单。

（2）订单拣选

在配送中心内部，通过预处理的订单，在仓库管理系统中完成拣选任务生成，并将拣选任务发送到拣选工具上。操作人员只要按照系统的要求和提示完成相应操作即可。拣选完成后，需要经过拆单（按照并单操作要求进行）、并包（按照订单要求）、复核、打印、包装、分拣、集货等一系列环节，最终完成拣选的库内作业，等待发运。

货到人拣选作业，作业人员边侧是 Kiva 机器人载货料架到达拣选站，正面是双层输送机线，上层积放式输送线供应空料箱，下层输送线输送拣货后的订单箱。之前人到货架区的拣货方式每天要行走 20km 左右的路程，现在货到人的方式，作业人员只需在拣选区几平方米的区域作业活动，而且作业区域敷设防疲劳脚垫，可移动爬梯用于拣选料架上层的商品。

Kiva 机器人载着料架进入站台时，显示屏即自动显示要拣选商品的信息，显示屏左边显示需拣选商品在料架上的货位格子代码如 1A，中间图片显示商品照片，右上角大号数字显示需拣选的数量，让作业人员轻松准确地拣货。

阁楼三层拣选商品后的料箱向二层输送，和二层拣选后的料箱进入汇流输送机，并排的积放辊道机将料箱汇总到一条主线上，准备进入滑块分拣线。

滑块分拣机将拣选商品的料箱分拣进入各包装区。从滑块分拣机过来的批次拣选（Batch Picking）商品料箱，经二次投放分播墙后再拣选包装，包装后的纸箱集中向包裹分拣区输送。无链条驱动的滑块分拣机可以实现箱子间无间隙分拣，高峰时段处理效率达 400 件 / 分。

包装作业区上层辊子输送机将拣选好商品的黄色料箱送到各包装工位，作业人员将料箱从辊道机上拖入到工作台，逐一扫描料箱中的货物，确认订单信息后系统会提示包装盒的尺寸和打印商品条形码标签，将多件商品包装在纸盒中，贴好标签后将包装箱放入下层皮带输送机，此处包装线全部处理一个订单一个包装件。包装箱在输送线上贴标签、扫描和分流。

（3）订单配送

运输与配送过程管理是订单履行管理的重要环节。完成拣选的订单将按照区域进行配送。

　　亚马逊根据商品类别建立不同的配送中心，所以顾客订购的不同商品是从位于美国不同地点的不同的配送中心发出的。由于亚马逊的配送中心只保持少量的库存，所以在接到顾客订货后，亚马逊需要查询配送中心的库存，如果配送中心没有现货，就要向供应商订货。因此会造成同一张订单上商品有的可以立即发货，有的则需要等待。为了节省顾客等待的时间，亚马逊建议顾客在订货时不要将需要等待的商品和有现货的商品放在同一张订单中。这样在发运时，承运人就可以将来自不同顾客、相同类别，而且配送中心也有现货的商品配装在同一货车内发运，从而缩短顾客订货后的等待时间，也扩大了运输批量，提高了运输效率，降低了运输成本。

　　订单履行管理还将订单的实时状态在网上发布，让客户能实时了解订单的执行情况。因此，在其网站上，顾客可以得到以下信息：拍卖商品的发运、送货时间的估算、免费的超级节约发运、店内拣货、需要特殊装卸和搬运的商品、包装物的回收、发运的特殊要求、发运费率、发运限制、订货跟踪等。

（资料来源：中国物流与采购网 http：//www.chinawuliu.com.cn/）

　　思考：

　　(1)亚马逊的电子商务订单处理流程是怎样的？

　　(2)亚马逊的电子商务订单处理系统有何特点？

Chapter 5

第 5 章

电子商务物流仓储

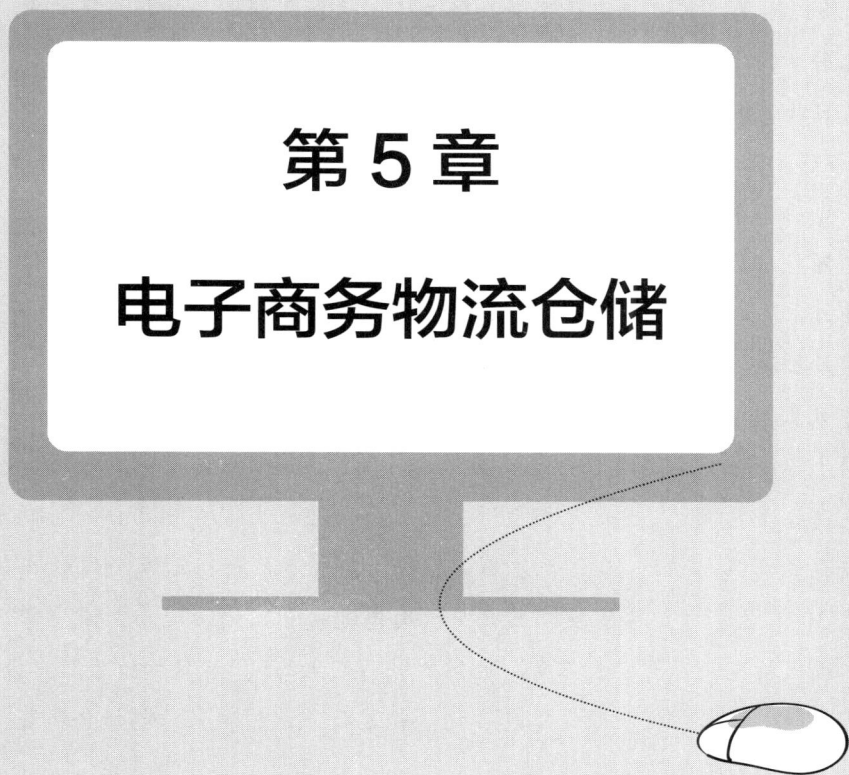

【导入案例】

富日物流的仓储服务

　　杭州富日物流有限公司于 2001 年 9 月正式投入运营，注册资本为 5000 万元。富日物流拥有杭州市最大的城市快速消费品配送仓。它在杭州市下沙路旁租用的 300 亩土地上建造了 140000m² 现代化常温月台库房，并正在九堡镇建造规模更大的 600 亩物流园区。富日物流已经是众多快速流通民用消费品的华东区总仓，其影响力和辐射半径还在扩大中。

　　富日物流的主要客户包括大型家用电器厂商（科龙、小天鹅、伊莱克斯、上海夏普、LG、三洋等）、酒类生产企业（五粮液的若干子品牌、金六福等）、方便食品生产企业（康师傅、统一等）和其他快速消费品厂商（金光纸业、维达纸业等）。国美电器、永乐家电等连锁销售企业和华润万佳等连锁超市也与富日物流达成了战略合作关系。

　　富日物流的商业模式就是基于配送的仓储服务。制造商或大批发商通过干线运输等方式大批量地把货品存放在富日物流的仓库里，然后根据终端店面的销售需求，用小车小批量配送到零售店或消费地。目前，富日物流公司为各客户单位每天储存的商品量总额达 2.5 亿元。最近，这家公司还扩大了 60000m² 的仓储容量，使每天储存的商品总值达 10 亿元左右。按每月流转 3 次计，这家公司的每月物流量金额达 30 亿元左右，其总经理王卫安运用先进的管理经营理念，使得富日物流成为浙江现代物流业乃至"长三角"地区的一匹"黑马"。富日物流为客户提供仓储、配送、装卸、加工、代收款、信息咨询等物流服务，利润来源包括仓租费、物流配送费、流通加工服务费等。

　　富日物流的仓库全都是平面仓。部分采用托盘和叉车进行库内搬运，少量采用手工搬运。月台设计很有特色，适合于大型货柜车、平板车、小型箱式配送车的快速装卸作业。

　　与业务发展蒸蒸日上不同的是，富日物流的信息化一直处于比较原始的阶段，只有简单的单机订单管理系统，仍然以手工处理单据为主。以富日物流目前的仓库发展趋势和管理能力，以及为客户提供更多的增值服务的要求，其物流信息化的瓶颈严重制约了富日物流的业务发展。直到最近开始开发符合其自身业务特点的物流信息化管理系统。富日物流在业务和客户源上已经形成了良性循环。如何迅速扩充仓储面积，提高配送订单的处理能力，进一步提高区域影响力已经成了富日物流公司决策层所要考虑的重点。

富日物流已经开始密切关注客户的需求，并为客户规划出多种增值服务，期盼从典型的仓储型配送中心开始向第三方物流企业发展。从简单的操作模式迈上科学管理的新台阶，富日物流的管理层开始意识到仅仅依靠决策层的先进思路是不够的，此时导入全面质量管理的管理理念和实施 ISO 9000 质量管理体系，保证所有层次的管理人员和基层人员能够严格地按照全面质量管理的要求，并且在信息系统的帮助下开展物流活动，才能使富日物流的管理体系上到一个科学管理的新高度。

（资料来源：中国物流与采购网 http://www.chinawuliu.com.cn/）

5.1　电子商务物流仓储管理

5.1.1　仓储概述

5.1.1.1　仓储的概念

在物流系统中，仓储（Warehousing）是一个不可或缺的构成要素。仓储是商品流通的重要环节之一，也是物流活动的重要支柱。在社会分工和专业化生产的条件下，为保持社会再生产过程的顺利进行，必须储存一定量的物品，以满足一定时期内社会生产和消费的需要。

"仓"也称为仓库（Warehouse），是存放物品的建筑物和场地，它可以是房屋建筑、大型容器、洞穴或者特定的场地等，具有存放和保护物品的功能；"储"表示收存以备使用，具有收存、保管、交付使用的意思，当适用有形物品时也称为储存（Storing）。"仓储"则为利用仓库存放、储存未即时使用物品的行为。简言之，仓储就是在特定的场所储存物品的行为。

仓储的形成是因为产品不能被即时消耗掉，需要专门场所存放，这时就产生了静态仓储。而将物品存入仓库以及对存放在仓库里的物品进行保管、控制、加工、配送等的管理，便形成了动态仓储。现代仓储管理主要研究动态仓储的一系列管理活动。

综上所述，所谓仓储，是以改变"物"的时间状态为目的的活动，通过仓库或特定的场所对有形物品进行保管、控制等管理，从克服产需之间的时间差异中获得更好的效用。

5.1.1.2 仓储在物流中的地位和作用

仓储是随着社会化分工和商品交换而逐步产生和发展起来的。随着生产的发展，专业化程度不断提高，社会分工越来越细，仓储存在于社会再生产的各环节之中，提供社会再生产各环节之间的"物"的停滞，构成了上一步活动和下一步活动联系的必要条件。

（1）调整生产和消费在时间上的间隔

由于许多商品生产和消费都存在着时间间隔与地域差异，因此为了更好地促进商品的流通与贸易，必须设置仓库将这些商品储存在其中，使其发挥时间效应的作用。

（2）保证进入市场的商品质量

在商品从生产领域进入流通领域的过程中，通过仓储环节，对即将进入市场的商品在仓库进行检验，可以防止质量不合格的伪劣商品混入市场。待入库商品应满足仓储要求，在仓库保管期间，商品处于相对静止状态应使其不发生物理、化学变化，以保证储存商品的数量和质量。

（3）加速商品周转和流通

随着仓储业的发展，仓储本身不仅具有储存货物的功能，而且越来越多地承担着具有生产特性的加工业务。例如，分拣、挑选、整理、加工、简单地装配、包装、加标签、备货等活动，使仓储过程与生产过程更有机地结合在一起，从而增加了商品的价值。随着流通领域物流业的发展，仓储业可在货物储存过程中为物流活动提供更多的服务项目，可为商品进入市场缩短后续环节的作业过程和时间，从而为加快商品的销售发挥更多的功能和作用。

（4）调节运输工具运载能力的不平衡

在各种运输工具中，由于其运载能力差别很大，容易出现极其不平衡的状态。此外，在商品运输过程中，在车、船等运输工具的衔接上，由于在时间上不可能完全一致，也产生了在途商品对车站、码头流转性仓库的储存要求。

（5）减少货损货差

在货物进出口过程中，无论是港口还是机场的库场在接收承运、保管时，都需要检查货物及其包装，并根据货物性质、包装进行配载、成组装盘（板），有的货物还需要在库场灌包、捆绑。进口货物入库前，还需进行分票、点数、分拨。一旦发生因海关、检验检疫手续的延误，或因气象原因而延迟装船、交付、疏运等，货物可暂存库场，避免货损发生。在货物装卸过程中，若发现货物标志不清、混装等，则可入库整理，这时库场又可提供暂时堆存、分票、包装等方面的业务。

5.1.1.3　仓储的功能

随着现代经济的发展，物流在社会经济活动中扮演着越来越重要的角色。仓库的功能也从传统的存储功能中解放出来，并逐渐转变，增加了如发货、配送等功能，以此来提高物品周转效率。从物流角度看，仓储功能可以按照经济利益和服务利益加以分类。经济利益包括堆存、拼装、分类和交叉、加工；服务利益包括现场储备、配送分类、组合、生产支持、市场形象。具体说明如下。

（1）储存功能

现代社会生产的一个重要特征就是专业化和规模化生产，劳动生产率极高，产量巨大，绝大多数产品都不能被及时消费，需要经过仓储手段进行储存，这样才能避免生产过程堵塞，保证生产过程能够继续进行。对于生产过程来说，适当的原材料、半成品的储存，可以防止因缺货造成的生产停顿。而对于销售过程来说，储存尤其是季节性储存可以为企业的市场营销创造良机。适当的储存是市场营销的一种战略，它为市场营销中特别的商品需求提供了缓冲和有力的支持。

（2）保管功能

生产出的产品在消费之前必须保持其使用价值，否则将会被废弃。这项任务就需要由仓储来承担，在仓储过程中对产品进行保护、管理，防止其损坏而丧失价值。如，水泥受潮易结块，使其使用价值降低。因此在保管过程中就要选择合适的储存场所，采取合适的养护措施。

（3）加工功能

根据存货人或客户的要求对保管物的外观、形状、成分构成、尺度等进行加工，使仓储物发生所期望的变化。加工提供了两个基本经济利益：第一，风险最小化，因为最后的包装要等到敲定具体的订购标签和收到包装材料时才完成；第二，通过对基本产品使用各种标签和包装配置，可以降低存货水平。于是，降低风险与降低库存水平相结合，往往能降低物流系统的总成本，即使在仓库包装成本要比制造商的工厂处包装更贵。

（4）整合功能

整合是仓储活动的一个经济功能（图5-1）。通过这种功能，仓库可以将来自于多个制造企业的产品或原材料整合成一个单元，进行一票装运。其好处是有可能实现最低的运输成本，也可以减少由多个供应商向同一客户进行供货带来的拥挤和不便。为了能有效地发挥仓储整合功能，每一个制造企业都必须把仓库作为货运储备地点，或用作产品分类和组装的场所。这是因为，整合装运的最大好处就是能够把来自不同制造商的小批量货物集中起来形成规模运输，使每一位客户都能享受到低于其单独运输成本的服务。

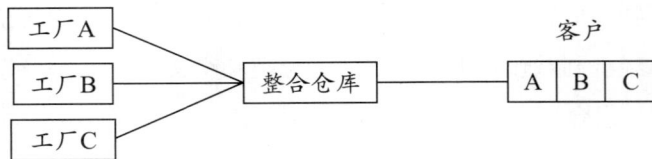

图 5-1 仓储的整合功能

（5）分类和转运功能

分类就是将来自制造商的组合订货分类或分割成个别订货，然后安排适当的运力运送到制造商指定的个别客户（图5-2）。

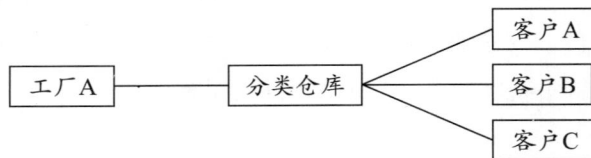

图 5-2 仓储的分类功能

转运就是仓库从多个制造商处运来整车的货物，在收到货物后，如果货物有标签，就按客户要求进行分类；如果没有标签就按地点分类，然后货物不在仓库停留，直接装到运输车辆上，装满后运往指定的零售店（图5-3）。同时，由于货物不需要在仓库内进行储存，因而降低了仓库的搬运费用，最大限度地发挥了仓库装卸设施的功能。

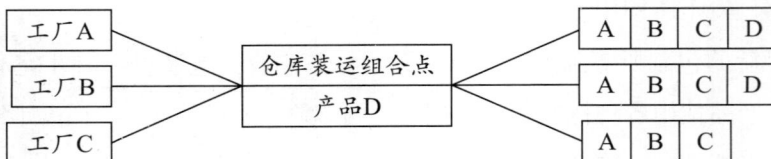

图 5-3 仓储的转运功能

（6）支持市场形象的功能

尽管市场形象的功能所带来的利益不像前面几个功能所带来的利益那样明显，但对于一个企业的营销主管来说，仍有必要重视仓储活动。因为从满足需求的角度看，从一个距离较近的仓库供货远比从生产厂商处供货方便得多，同时，仓库也能提供更为快捷的递送服务。这样会在供货的方便性、快捷性以及对市场需求的快速反应方面，为企业树立一个良好的市场形象。

（7）市场信息的传感器

任何产品的生产都必须满足社会的需要，生产者都需要把握市场需求的动向。社会仓储产品的变化是了解市场需求极为重要的途径。仓储量减少，周转量加大，表明社会需求旺盛；反之则为需求不足。厂家存货增加，表明其产品需求减少或者竞争力降低，或者生产规模不合适。仓储环节所获得的市场信息虽然比销售信息滞后，但更为准确和集中，且信息成本较低。现代物流管理特别重视仓储信息的收集和反映，将仓储量的变化作为决定生产的依据之一。

5.1.2　仓储管理

仓储管理（Warehousing Management）就是对仓库及仓库内储存的物品所进行的管理，是仓储机构为了充分利用所拥有的仓储资源，提供仓储服务所进行的计划、组织、控制和协调过程。具体来说，仓储管理包括仓储资源的获得、仓库管理、经营决策、商务管理、作业管理、仓储保管、安全管理、劳动人事管理、财务管理等一系列计划、组织、指挥、控制与协调工作。

5.1.2.1　仓储管理的内容

仓储管理研究的是商品流通过程中货物储存环节的经营和管理。即研究商品流通过程中货物储存环节的业务经营活动，以及为提高经营效益而进行的计划、组织、指挥、监督以及调节活动。仓储管理主要是从整个商品流通过程的购、销、储、运各个环节的相互关系中，研究货物的收、管、发和与之相关的加工经营活动，以及围绕货物储存业务所开展的对人、财、物的运用与管理。

仓储管理的对象是仓库及库存物品，具体管理内容包括如下几个方面。

（1）仓库的选址与建设

即合理规划仓储设施网络。例如，仓库的选址原则、仓库建筑面积的确定、库内运输道路与作业区域的布置等。它影响到仓库的服务水平和综合成本，必须提到战略层面来考虑。

（2）仓库机械作业的选择与配置

即合理选择仓储设施、设备，以提高货品流通的顺畅性和保障货物在流通过程中的质量。例如，如何根据仓库作业特点和所储存物品的种类以及其理化特性、选择机械装备以及应配备的数量、如何对这些机械进行管理等。

（3）仓库的业务管理

例如，如何组织物品出入库；如何对在库物品进行储存、保管与养护。

（4）仓库的库存管理

例如，如何根据企业生产需求状况，储存合理数量的物品，既不会因储存数量过少导致生产中断而造成损失，又不会因储存数量过多而占用过多的流动资金等。

此外，仓库业务的考核，新技术、新方法在仓库管理中的应用，仓库安全与消防等，也是仓储管理所涉及的内容。

5.1.2.2 仓储管理的基本原则

（1）服务原则

仓储活动是以为社会提供服务为内容。服务是贯穿仓储活动的一条主线。仓储的定位、仓储的具体操作、对储存货物的控制都以服务为中心而展开。仓储管理就需要围绕服务来定位。例如，提供什么服务、如何提高服务质量、改善服务管理等。仓储服务水平与仓储经营成本两者之间有密切联系，两者呈反比。服务好，成本高，收费也高。仓储服务管理就是要在降低成本和提高（保持）服务水平之间保持平衡。

（2）效率原则

效率是指在一定劳动要素投入时的产品产出量。高效率就是指以较少的劳动要素投入产出较多的产品。高效率就意味着单位劳动产出大。劳动要素利用高效率是现代生产的基本要求。仓储的效率表现在货物周转率、仓容利用率、进出库时间、装卸车时间等指标上。高效率仓储体现出"快进、快出、多储存、保管好"的特点。

仓储的生产管理以效率管理为核心，实现最少的劳动投入，获得最大的产品产出。劳动的投入包括劳动力的数量、生产工具以及它们的作业时间和使用时间。效率是所有仓储管理工作的基础，没有生产的效率，就不会有经营的效益，更不可能有优质的服务。

高效率的实现是管理艺术的体现，通过准确地核算，科学地组织，妥善地安排场所和空间、机械设备与员工之间的合理配合及部门与部门、人员与人员、设备与设备、人员与设备之间的默契配合，才能使生产作业有条不紊地进行。

高效率需要有效管理过程作为保证，包括现场的组织、督促，标准化、制度化的操作管理，严格的质量责任制的约束。而现场作业混乱、操作随意、作业质量差，甚至出现作业事故等显然不可能有效率。

（3）效益原则

企业生产经营的目的，就是要获得最大的经济效益，而利润是经济效益的表现形式。利润大，经济效益就好；反之，经济效益就差。从下面的公式就可以看出：

利润＝经营收入－经营成本－税金

要实现利润最大化就需要实现经营收入最大化和经营成本最小化。

社会主义市场经济不排除为了追求利益最大化的动机，作为参与市场经济活动主体之一的仓储企业，也应该围绕着获得最大经济效益目的开展和组织经营。同时，企业也向社会承担一定的责任，如维护社会安定，履行环境保护的义务，满足社会不断增长的需要等。

5.2　电子商务物流仓储设施与设备

仓储设施与设备是储存的实体，是实现储存功能的重要保证。仓储设施主要是指用于仓储的库场建筑物，它由主体建筑、辅助建筑和附属设施构成。仓储设备是指仓储业务所需要的所有技术装置与机具，即仓库进行生产作业或辅助生产作业以及保证仓库及作业安全所必需的各种机械设备的总称。其分类如图 5-4 所示。

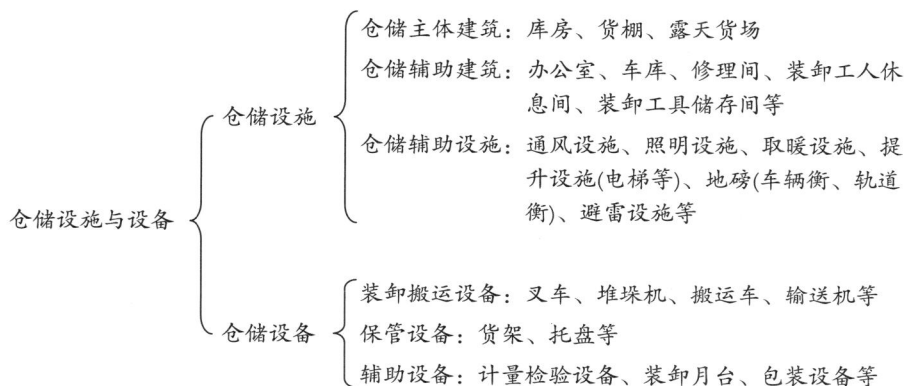

图 5-4　仓储设施与设备分类

5.2.1 仓储设施

5.2.1.1 仓库的分类

仓库是保管、储存物品的建筑物和场所的总称。由于各种仓库所处的地位不同，所承担的任务不同，其储存物的品种规格繁多、性能各异，因此仓库的种类也就很多。根据不同的分类标准，可以将仓库分为不同的类型。

（1）根据使用范围分类

①自用仓库。指生产或流通企业为本企业经营需要而修建的附属仓库，完全用于储存本企业的原材料、燃料、产成品等货物。

②营业仓库。指一些企业专门为了经营储运业务的修建的仓库。

③公用仓库。指由国家或某个主管部门修建的为社会服务的仓库，如机场、港口、铁路的货场、库房等。

④出口监管仓库。指经海关批准，在海关监管下存放已按规定领取了出口货物许可证或批件，已对外买断结汇并向海关办完全部出口海关手续的货物的专用仓库。

⑤保税仓库。指经海关批准，在海关监管下专供存放未办理关税手续而入境或过境货物的场所。

（2）根据保管物品种类的多少分类

①综合库。指用于存放多种不同属性物品的仓库。

②专业库。指用于存放一种或某一大类物品的仓库。

（3）根据仓库保管条件分类

①普通仓库。指用于存放无特殊保管要求的物品的仓库。

②保温、冷藏、恒湿恒温库。指用于存放要求保温、冷藏或恒湿恒温的物品的仓库。

③特种仓库。通常是指用于存放易燃、易爆、有毒、有腐蚀性或有辐射性的物品的仓库。

④气调仓库。指用于存放要求控制库内氧气和二氧化碳浓度的物品的仓库。

（4）根据建筑物结构类型分类

①平房仓库。平房仓库的构造比较简单，建筑费用便宜，人工操作比较方便。

②楼房仓库。楼房仓库是指二层楼以上的仓库，它可以减少土地占用面积，进出库作业可采用机械化或半机械化。

③高层货架仓库。在作业方面，高层货架仓库主要使用电子计算机控制，能实现机械化和自动化操作。

④罐式仓库。罐式仓库的构造特殊，呈球形或柱形，主要是用来储存石油、天然气和液体化工品等。

⑤简易仓库。简易仓库的构造简单、造价低廉，一般是在仓库不足而又不能及时建库的情况下采用的临时代用办法，包括一些固定或活动的简易货棚等。

5.2.1.2 仓库的组成

（1）主体建筑

仓库的主体建筑包括库房、货棚和露天堆场等。

库房是仓库中用于存储货物的主要建筑，多采用封闭方式。它可以提供良好的储存和养护条件。一般用于储存怕风吹、雨淋、日晒，对保管条件要求较高的物品。库房主要由以下建筑结构组成：库房基础、地坪、墙壁、库门、库窗、柱、站台、雨棚等。

货棚是一种简易的仓库，为半封闭式建筑，适宜储存对温湿度要求不高，入出库频繁的物品以及怕雨淋，但不怕风吹日晒的物品。货棚的建筑形式分为有墙和无墙两种。前者只有顶棚和支柱，没有围墙；后者除有顶棚和支柱外，还在货棚两端或三面筑有围墙。货棚的保管条件不如封闭式仓库，但入出库作业比较方便，且建造成本较低。

露天堆场也称货场，是用于存放货物的露天场地，适宜存放经得起风吹、雨淋、日晒，经过苫垫堆垛的货物或散装货物。货场装卸作业方便，建造成本低廉，但对储存的品种有一定的局限性。

（2）辅助建筑

仓库辅助建筑是指办公室、车库、修理间、装卸工人休息间、装卸工具储存间等建筑。这些建筑一般设在生活区，并与存货区保持一定的安全间隔。

（3）辅助设施

仓库辅助设施主要包括通风设施、照明设施、取暖设施、提升设施（电梯等）地磅（车辆衡、轨道衡）以及避雷设施等。

5.2.2 仓储设备

5.2.2.1 装卸搬运设备

（1）叉车

叉车是一种无轨、轮胎行走式装卸搬运车辆，如图 5-5 所示。主要用于车站、码头、仓库和货场的装卸、堆垛、拆垛、短途搬运等作业，既可以进行水平运输，也可以进行垂直堆码。

叉车的特点如下。

①通用性。叉车在物流的各个领域都有所应用。它与托盘配合，扩大了应用范围，同时也可以提高作业效率。

②机械化程度高。叉车是装卸与搬运一体化的设备。

③机动灵活。它将两种作业合二为一。叉车外形尺寸小，轮距较小，掉头转向比较容易，能在其他机械难以到达的作业区域内使用。

④节约劳动。叉车仅仅依靠驾驶员就能完成对货物的系列作业，无需装卸工人的辅助劳动。

图 5-5　叉车

（2）堆垛机

堆垛机是自动化立体仓库中专用的装卸搬运设备，它在高层货架之间的巷道内来回穿梭运行，将位于巷道口的货物存入货格；或者相反，取出货格内的货物运送到巷道口。如图 5-6 所示。

图 5-6　堆垛机

堆垛机的额定载重量一般为几十千克到几吨，其中 0.5t 的堆垛机使用得较多。它的行走速度一般为 4 ～ 120m/min，升降速度一般为 3 ～ 30m/min。

（3）搬运车

搬运车是为了改变货物的存放状态和空间位置而使用的小型车辆的总称。如图 5-7 所示。

图 5-7　搬运车

搬运车主要包括以下几种类型。

①手推车。手推车指依靠人力驱动，在路面上水平运输货物的小型搬运车。其搬运作业距离一般小于 25m，承载能力一般在 500kg 以下。其特点是轻巧灵活、易操作、转弯半径小，是输送较小、较轻物品的一种方便而经济的短距离运输工具。

手推车的构造形式多种多样，适应于不同的货物种类、性质、重量、形状和道路条件。手推车的选用首先应考虑货物的形状和性质。当搬运多品种货物时，应选用通用手推车；搬运单一品种货物应选用专用手推车，以提高搬运效率。

②牵引车。牵引车俗称拖头，用来牵引挂车，本身没有承载货物的平台，不能单独运输货物。牵引车只在牵引时才与挂车连在一起，把挂车拖到指定地点。装卸货物时，牵引车与挂车脱开，再去牵引其他挂车，从而提高设备的利用率。

③电瓶搬运车。电瓶搬运车有固定的载货平台，可载重运输，也可用作牵引。电瓶搬运车车体小而轻，动作灵活，使用时清洁卫生。电瓶搬运车宜在平坦的路面上行驶，以减轻蓄电池的震动。由于没有防爆装置，电瓶搬运车不宜在有易燃易爆物品的场所内工作。

（4）输送机

仓储用输送机主要用于输送托盘、箱包件或其他有固定尺寸的集装单元货物，如图 5-8 所示，也有用于输送散料的，但不多见。

图 5-8　输送机

输送机可分为重力式和动力式两类。重力式输送机因滚动体的不同，可分为滚轮式、滚筒式和滚珠式 3 种形式。动力输送机以电动机为动力，根据驱动介质的不同可以分为辊子输送机、皮带输送机、链条式输送机和悬挂式输送机等。

输送机在运输中，货物的装和卸均在输送过程不停顿的情况下进行，不需要经常起动和制动。输送机的结构比较简单，造价较低。可选用多台输送机构成输送系统，从而实现物流的行动化。

5.2.2.2 保管设备

（1）货架

在仓储设备中，货架是指专门用于存放成件货物的保管设备，由立柱片、横梁和斜撑等构件组成。以下介绍几种常见的货架。

①层架。层架是由主柱、横梁和层板构成，分为数层，层间用于存放货物。如图 5-9 所示。层架具有结构简单、省料，适用性强等特点，便于货物的收发，但存放物品数量有限，是人工作业仓库主要的储存设备。轻型层架用于小批量、零星收发的小件物品的储存。中型和重型层架要配合叉车等工具储存大件、重型物品，所以其应用领域广泛。

②托盘货架。此种货架是存放装有货物托盘的货架，应用最为广泛。如图 5-10 所示其结构是货架沿仓库的宽度方向分成若干排，排与排之间有巷道，供堆垛起重机或叉车运行。每排货架沿仓库纵向分成若干列，在垂直方向又分为若干层，从而形成大量货格。托盘货架的每一块托盘均能单独存入或取出，不需移动其他托盘。横梁的高度可根据货物的尺寸做相应的调整，适用于存放各种类型的货物。配套设备简单，能快速地安装和拆卸，货物装卸迅速，能提高仓库的空间利用率。托盘货架配合堆垛起重机和叉车进行存取作业，可提高劳动生产率，便于使用计算机进行库存管理和控制，是仓储管理机械化和自动化的基础。

图 5-9 层架

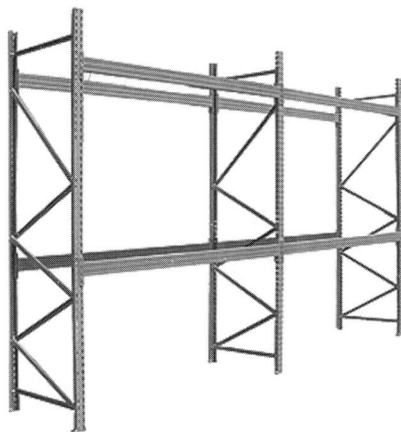

图 5-10 托盘货架

③抽屉式货架。如图 5-11 所示抽屉式货架与层架相似，区别在于层格中有抽屉。它属于封闭式货架，具有防尘、防潮、避光的作用，用于比较贵重的小件物品

的存放，或用于怕尘土、怕潮湿等贵重物品，如刀具、量具、精密仪器、药品等的存放。

④悬臂式货架。如图5-12所示悬臂式货架又称树枝形货架，由中间立柱向单侧或双侧伸出悬臂而成。悬壁可以是固定的，也可以是调节的，结构轻巧，载重能力好。一般用于储存长条形材料或不规则货物，如圆钢、型钢、木板等。此种货架可采用起重机起吊作业，也可采用侧面叉车和长料堆垛机作业。

图5-11　抽屉式货架

图5-12　悬臂式货架

⑤驶入式货架。又称进车式货架，如图5-13所示。它采用钢质结构，钢柱上有向外伸出的水平突出构件。当托盘送入时，突出的构件将托盘底部的两个边托住，使托盘本身起架子横梁的作用。当架子没有放托盘货物时，货架正面便成了无横梁状态，这时就形成了若干通道，可方便地出入叉车等作业车辆。驶入式货架是高密度存放货物的货架，库容利用率可达90%以上。但是，由于叉车只能从正面驶入，库存货物很难实现先进先出，因此，每一巷道只宜保管同一种且不受保管时间限制的货物。

⑥移动式货架。又叫动力式货架，如图5-14所示。其底部安装有运行车轮，通过电动机驱动，可在水平导轨上直线移动，为叉车存取货物提供作业通道。移动式货架使仓库储存密度大大增加，单位面积储存量是托盘式货架的2倍左右，而且可直接存取每一件货物，不受先进先出的限制。这种货架的缺点是成本高，施工慢。

除上述6种货架外，常用的还有重力式货架、U形架、阁楼式货架、旋转式货架等。

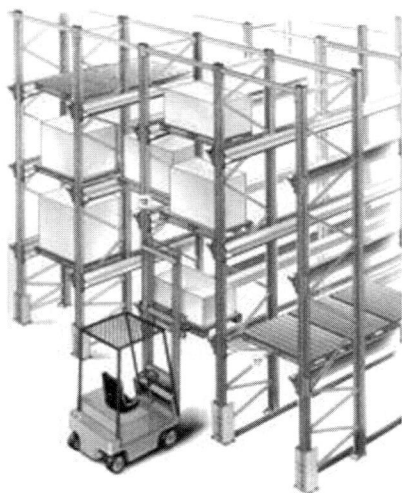

图 5-13　驶入式货架

图 5-14　移动式货架

（2）托盘

托盘是为了便于装卸、运输、保管货物，由可以承载单位数量物品的负荷面和叉车插口构成的装卸用垫板，如图 5-15 所示。托盘是一种随着装卸机械化而发展起来的重要集装器具，叉车与托盘配合使用形成有效的装卸系统，大大提高了装卸的机械化水平。目前，托盘作为实现单元化货物装载运输的重要工具，正在被各行各业所认识和接纳，应用也越来越广泛。

图 5-15　托盘

国际上托盘尺寸现有 4 个系列，即 1200 系列（1200mm×800mm 和 1200mm×1000mm）、1100 系列（1100mm×1100mm、1140 系列（1140mm×1140mm）、1219 系列（1219mm×1016mm）。我国国家标准规定的托盘尺寸共有 800mm×1200mm、800mm×l000mm 和 1000mm×1200mm 三种。

5.2.2.3 辅助设备

（1）计重计量设备

计重计量设备主要用于对商品进出时的计量、点数，以及货存期间的盘点、检查等，计重计量的装置有地磅、轨道衡、电子秤、电子计数器、流量仪、皮带秤、天平仪以及较原始的磅秤、转尺等。计重计量设备要求有4个主要方面：即准确性、灵敏性、稳定性、不变性。

电子秤是以传感器为感应元件，以电子电路放大、运算及显示面板为一体的计重装置，按工作方式可分为台式和吊秤式。电子吊秤是一种挂钩式称重装置（也称拉力计式），一般用于单元化集装货物的计重计量场所。计重范围较宽，大吨位计重一般与起重机配合使用，由于装置处于高空计量不便于读数，其计量数据可采用无线发送到显示终端。

电子汽车衡作为称量车装货物的设备，由于其具有称量快、准确度高、数字显示、数据可传输、操作维护方便等特点，已完全取代了旧式机械地磅，广泛使用在货场、仓库、码头、建筑等批量物料的称重计量场合。

现在称重技术进步很快，还有不停车称量的动态电子汽车衡和物流分拣系统中的传送带式动态电子计重衡，均能在短时间内实现运动物体的准确称重。

（2）检验设备

检验设备是指商品进入仓库验收和在库内测试、化验以及防止商品变质、失效的机具、仪器，如温度仪、测潮仪、吸潮器、烘干箱、风幕（设在库门处，隔内外温差）、空气调节器、商品质量化验仪器等。在规模较大的仓库里这类设备使用较多。

（3）装卸月台

月台的基本功能是：车辆依靠处，装卸货物处，货物暂存处，利用月台能方便地将货物装车或卸车，实现物流网络中线与节点的衔接转换。

月台的主要形式有高月台和低月台。高月台是指月台高度与车辆货台高度基本保持一致。车辆停靠时，车辆货台与月台处于同一作业平面，有利于使用车辆进行水平装卸，使装卸合理化。低月台是指月台与仓库地面处于同一高度，有利于在月台与仓库之间进行搬运。低月台的装卸车作业不如高月台方便，可以在车辆和仓库之间安装输送机，使输送机的载货平面与车辆货台保持同等高度。此外，低月台也有利于叉车作业。

（4）包装设备

物流过程中频繁进行装卸、搬运、运输和堆码等物理性活动，为了保护物料和提高效率，需要适当地采取包装和集装措施。包装是指采用打包、装箱、灌装和捆扎等操作技术，使用箱、包、袋、盒等适当的容器、材料和辅助物等将物品包封并予以适当标志的工作。它是包装物和包装操作的总称。

物流包装设备是指完成全部或部分包装过程机器的总称。类别有裹包包装机械、充填包装机械、灌装包装机械、封口机械、贴标机械、捆扎机械、热成型包装机械、真空包装机械、收缩包装机械和其他包装机械等。

5.2.2.4　自动化设备

（1）高层货架

高层货架有多种类型。按照建筑材料的不同，可分为钢结构货架、钢筋混凝土结构货架等；按照货架的结构特点，可分为固定式货架和可组装、可拆卸的组合式货架；按照货架的高度分，小于 5m 的为低层货架，5 ~ 15m 的为中层货架，15m以上的为高层货架。自动化立体仓库货架一般是由钢材或钢筋混凝土制作的高层货架。

（2）自动化输送设备

常用的搬运输送设备有各种堆垛起重机、高架叉车、辊子或链式输送机、巷道转移台车、升降机、自动导引车等。

巷道堆垛起重机是自动立体仓库的主要搬运取送设备，它主要由立柱、载货台、贷叉、运行机构、卷扬机构和控制机构组成。

液压升降台、辊式输送机、台车、叉车、托盘等是自动化立体仓库的主要运输设备。它们与堆垛超重机相互配合，构成完整的装卸搬运系统。

（3）控制系统

控制系统控制堆垛起重机和各种搬运输送设备的运行、货物存入与拣出，是自动化主体仓库的"指挥部"和"神经中枢"。自动化立体仓库的控制形式有手动自动控制、随机自动控制、远距离控制和计算机全自动控制 4 种形式。计算机全自动控制又分为脱机、联机和实时联机 3 种形式。随着物流自动化和智能化的发展，电子计算机在仓库控制中发挥着越来越重要的作用。

5.3 电子商务物流仓储作业

仓储作业包括入库、保管和出库三大过程。其中，入库过程包括接运、验收和入库；出库过程包括出库和交付，如图 5-16 所示。

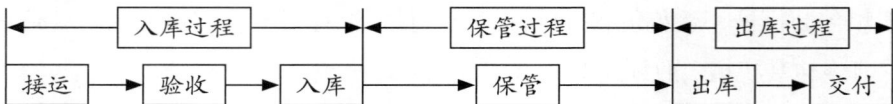

图 5-16　仓储作业流程

5.3.1 入库作业

入库管理，是根据物品入库凭证，在接收入库物品时对卸货、查点、验收、办理入库手续等各项业务活动的计划和组织，如图 5-17 所示。

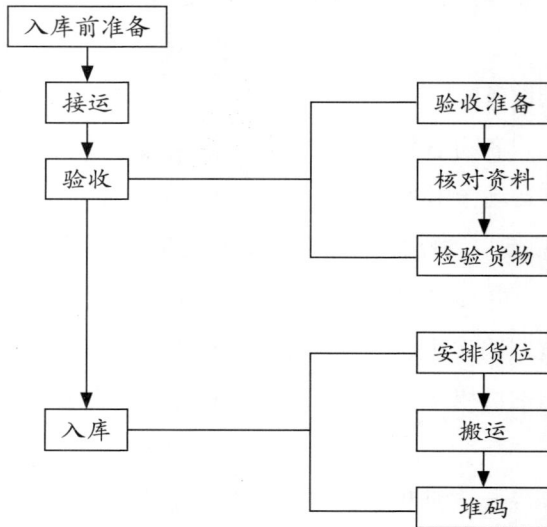

图 5-17　入库步骤

5.3.1.1 物品接运

（1）入库前的准备

仓库应根据仓储合同或者入库单、入库计划，及时进行库场准备，以便货物能按时入库，保证入库过程的顺利进行。入库准备需要由仓库的业务部门、仓库管理部门、设备作业部门分工协作，共同完成。

（2）物品接运方式

物品接运的主要任务是向托运者或承运者办清业务交接手续，及时将货物安全接运回库。物品接运人员要熟悉各交通运输部门及有关供货单位的制度和要求，根据不同的接运方式，处理接运中的各种问题。入库物品的接运主要有以下几种方式：专用线接运，车站、码头提货，入库交接。

5.3.1.2 物品入库

（1）物品入库验收

物品入库验收，是仓储工作的起点，是分清仓库与货主或运输部门责任的界线，并为保管养护打下基础。物品入库的验收工作，主要包括数量验收、质量验收和包装验收 3 个方面。在数量和质量验收方面应分别按商品的性质、到货情况，来确定验收的标准和方法。

（2）物品入库

安排货位。安排货位时，必须将安全、方便、节约的思想放在首位，使货位合理化。货物因自身的自然属性不同而具有不同的性质，有的怕冻，有的怕热，有的怕潮，有的怕蛀虫等。如果货位不能适应储存货物的特性，就会影响货物质量，发生霉腐、锈蚀、融化、干裂、挥发等变化；为了方便出入库业务，要尽可能缩短收、发货作业时间，以最少的仓容，储存最大限量的货物，提高仓容的使用效能。

搬运。经过充分的入库准备及货位安排后，搬运人员就可以把在验收场地上经过点验合格的入库货物，按每批入库单开制的数量和相同的品唛集中起来，分批送到预先安排的货位，要做到进一批、消一批，严格防止品唛互串和数量溢缺。分类工作应力争送货单位的配合，在装车启运前，就做到数量准、批次清。对于批次多和批量小的入库货物，分类工作一般可由保管收货人员在单货核对、清点件数过程中同时进行；也可将分类工作结合在搬运时一起进行。在搬运过程中要尽量做到"一次连续搬运到位"，力求避免入库货物在搬运途中的停顿和重复劳动。对有些批量大、包装整齐，送货单位又具备机械操作条件的入库货物，要争取送货单位的配合，利用托盘实行定额装载，往返厂库之间，从而提高计数准确率，缩短卸车时间，加快货物的入库速度。

堆码。货物堆码是指货物入库存放的操作方法和方式，它直接影响着货物保管的安全，清点数量的便利，以及仓库容量利用率的提高。

办理入库手续。验收合格的物品，应及时办理入库手续，建立各种资料及给货主签回验收单。

5.3.2 保管作业

5.3.2.1 理货

仓库理货是指仓库在接收入库货物时，根据入库通知单、运输单据和仓储合同，对货物进行清点数量、分类分拣、数量接收的交接工作。仓库理货是仓库管理人员货物入库现场的管理工作，其工作内容不只是狭义的理货工作，还包括货物入库的一系列现场管理工作。

（1）清点货物件数

对于件装货物，包括有包装的货物、裸装货物、捆扎货物，根据合同约定的计数方法，点算完整货物的件数。如果合同没有约定则仅限在点算运输包装件数（又称大数点收）。合同约定计件方法为约定细数以及需要在仓库拆除包装的货物，则需要点算最小独立（装潢包装）的件数，包括捆内细数、箱内小件数等；对于件数和单重同时要确定的货物，一般只点算运输包装件数。对入库拆箱的集装箱则要在理货时开箱点数。

（2）查验货物单重、尺寸

货物单重是指每一运输包装的货物的重量。单重确定了包装内货物的含量，分为净重和毛重。对于需要拆除包装的货物需要核定净重。货物单重一般通过称重的方式核定，按照数量检验方法确定称重程度。对于以长度或者面积、体积进行交易的商品，入库时必须要对货物的尺寸进行丈量，以确定入库货物数量；丈量的项目（长、宽、高、厚等）根据约定或者根据货物的特性确定，通过使用合法的标准量器，如卡尺、直尺、卷尺等进行丈量。同时货物丈量还是区分大多数货物规格的方法，如管材、木材的直径，铜材的厚度等。

（3）查验货物重量

查验货物重量是指对入库货物的整体重量进行查验。对于计重货物（如散装货物）、件重并计（如有包装的散货、液体）的货物，需要衡定货物重量。货物的重量分为净重和毛重，毛重减净重为皮重。根据约定或具体情况确定毛重或净重。

（4）检验货物表面状态

理货时应对每一件货物的外表进行感官检验，查检货物外表状态，以接收货物外表状态良好的货物。外表检验是仓库的基本质量检验要求，通过它可确定货物有无包装破损、内容外泄、变质、油污、散落、标志不当、结块、变形等不良质量状况。

5.3.2.2　堆垛

物品堆垛又称为堆码和码垛。它是根据物品的包装形状、重量和性能特点，结合地面负荷、储存时间，按照一定的要求将物品在库房、物料棚、货场内堆码成各种垛形的操作。

（1）堆垛商品要求

①物品已验收，已查清其数量、质量和规格等。未验收或已验未收（验收中发现问题）的物品不能正式堆垛。

②包装完好，标志清晰。包装破损、标志不清或标志不全的物品不能正式堆垛。

③物品外表若有污渍或其他杂物必须清除，并且在清除过程中确保对物品质量没有产生负面影响。

④物品受潮、锈蚀甚至出现某种质量变化，必须进行养护处理，经过处理后能恢复原状并对质量无影响的货物方可堆垛。

⑤为便于机械化操作，金属材料等应该打捆的已经打捆，机电产品和仪器仪表等可集中装箱的已经装入合用的包装箱。

（2）堆垛场地要求

①库内堆垛：垛应该在墙基线和柱基线以外，垛底需要垫高。

②物料棚堆垛：物料棚需要防止雨雪渗透，物料棚内的两侧或者四周必须有排水沟或管道。物料棚内的地坪应该高于棚外的地面，最好铺垫沙石并夯实。堆垛时要垫垛，一般应该垫高 30 ～ 40cm。

③露天堆垛：堆垛场地应该坚实、平坦、干燥、无积水以及杂草，场地必须高于四周地面，垛底还应该垫高 40cm，四周必须排水畅通。

（3）堆垛的原则

①分类存放。分类存放是仓库储存规划的基本要求，是保证物品质量的重要手段，因此也是堆码需要遵循的基本原则。其具体内容包括：不同类别的物品分类存放，甚至需要分区分库存放；不同规格、不同批次的物品也要分位、分堆存放；残损物品要与原物品分开；对于需要分拣的物品，在分拣之后，应分位存放，以免混串。此外，分类存放还包括对不同流向物品及不同经营方式物品的分类分存。

②选择适当的搬运活性，摆放整齐。为了减少作业时间、次数，提高仓库周转速度，根据货物作业的要求，合理选择货物的搬运活性。对选用搬运活性高的入库存放货物，也应注意摆放整齐，以免堵塞通道、浪费仓容。

③尽可能码高，货垛稳固。为了充分利用仓容，存放的货物要尽可能码高，使货物占用地面最少面积。尽可能码高，包括采用码垛码高和使用货架在高处存放，充分利用空间。货物堆垛必须稳固，避免倒垛、散垛，要求叠垛整齐，放位准确，必要时采用稳固方法，如垛边、垛头采用纵横交叉叠垛，使用固定物料加固等。注意只有在货垛稳固的情况下才能码高。

（4）堆码方法

堆码作业依靠堆垛机、叉车等设备与人工相结合，按照信息管理系统的指导进行运作。堆码方法随货物种类、包装形式、码放场所而不同，并从方便现代物流信息系统的规范化管理与监控来适当选用，通常有下列几种堆码方法。

①五五化堆码法（图5-18）。根据各种物料的特性和开头做到"五五成行，五五成方，五五成串，五五成堆，五五成层"使物料叠放整齐，便于点数、盘点和取送。此方法适用于产品外形较大，外形规则的货物。

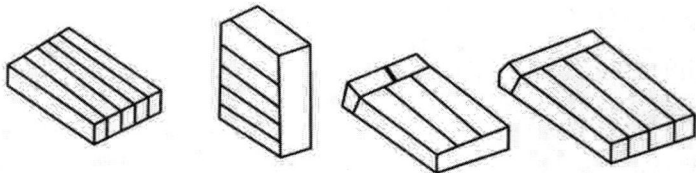

图5-18 五五化堆码法

②鱼鳞式堆码法（图5-19）。将环形货物半卧，其一小半压在另一件货物上，依次排列。第一件和最后一件直立堆成柱形；码第二层时的方法与码第一层时相同，但排列方向相反。此法对轮胎、钢圈、电缆等货物的码放非常适用。

图5-19 鱼鳞式堆码法

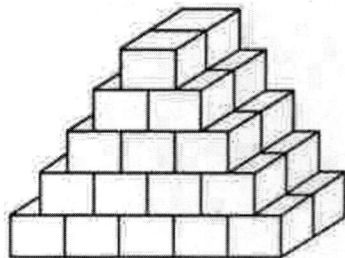

图5-20 压缝式方垛和圆形垛码

③行列式堆码法。采用平放，排列成行，组成行列式垛形，宜用于体积大而重，外形特殊或需经常查看四周的货物的堆码，如汽车、大型工程机械、大功率变压器等。

④衬垫式堆码法。在每层垫入与货物相适应的衬垫物，然后再向上堆码。宜用于四面不规则的货物的堆码，如电动机、减速器等。

⑤压缝式方垛和圆形垛码。将底层并排摆放成方形、长方形、圆形或环形，然后层层起脊压缝上码（图 5-20）多用于断面是圆形的货物，如桶装货品和盘圆等。

⑥串联式堆码法。利用货物中间的孔隙，用绳索将一定数量的货物串联起来逐层向上堆码。

⑦通风式堆码。物品在堆码时，任意两件相邻的物品之间都留有空隙，以便通风（图 5-21）。层与层之间采用压缝式或者纵横交错式。形体较小的物品多采用"非"字形、"示"字形、"漩涡型"和"井"字形通风结构。对大宗的木板材则通常采用重叠、衬垫相结合的通风堆码方式。通风式堆码可以用于所有箱装、桶装以及裸装物品堆码，起到通风防潮、散湿散热的作用。

⑧直升式堆码法。是排列整齐，由下往上按规定的垛宽和高度，相互紧靠的堆码方法，宜用于袋装货物，如石英砂、大米等物品的堆码。

⑨栽柱式堆码。在货垛的两旁栽上两三根木柱或钢棒，然后将材料平铺在柱间，每层或间隔几层在两侧相对应的柱子上用铁丝拉紧，以防倒塌（图 5-22），这种方法多用于金属材料中的长条形材料，如圆钢、中空钢，适宜于机械堆码，采用较为普遍。

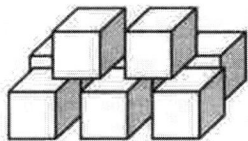

图 5-21　通风式堆码　　　　　图 5-22　栽柱式堆码

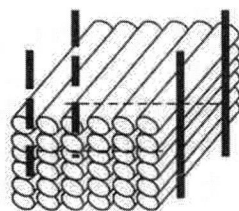

5.3.2.3 垫垛

垫垛是指在货物码垛前，在预定的货位地面位置，使用衬垫进行铺垫。常见的衬垫物有：枕木、废钢轨、货板架、木板、帆布、芦苇、钢板等。垫垛的目的是使地面平整，堆垛货物与地面隔离，防止地面潮气或积水浸湿货物。通过强度较大的衬垫物使重物的压力分散，避免损害地坪；地面杂物、尘土与货物隔离；形成垛底通风层，有利于货垛通风排湿；货物的泄漏物留存在衬垫之内，不会流动扩散，便于收集和处理。

垫垛尺寸一般为：库房内下垫厚度为 20 ~ 30cm；露天货场下垫厚度为 30 ~ 50cm，台式货场不用下垫。主要下垫材料为：枕木、方木、石块、水泥墩、油毡、苇席、垫板等。

垫垛的要求地面要夯实、铺平，应能承受货物堆放重量，下垫材料更应适应负重要求，严防倒塌、倾斜。木料作垫料时要经过防潮、防虫处理。货场存放货物的货区四周应有排水沟，并保证排水流畅，不被阻塞，下暴雨时不泡垛。

5.3.2.4 苫盖

苫盖也是为了防止货物受潮，所谓"下垫上盖"，均为配套性防潮措施。苫盖后的货垛应稳固、严密、不渗漏雨雪。如图 5-23 所示。苫盖材料常选用雨布、铁皮、油毡、帆布、芦苇等。

图 5-23 苫盖

（1）苫盖要求

选择合适的苫盖材料：选用符合防火、无害的安全苫盖材料；苫盖材料不会对货物产生不利影响；成本低廉，不易损坏，能重复使用；没有破损和霉烂。

苫盖要牢固：每张苫盖材料都需要牢牢固定，必要时在苫盖物外用绳索、绳网绑扎或者采用重物镇压，确保刮风揭不开。

苫盖接口要紧密：苫盖的接口要有一定深度的互相叠盖，不能迎风叠口或留空隙；苫盖必须拉挺、平整，不得有折叠和凹陷，防止积水。

苫盖的底部与垫垛平齐：苫盖不腾空或拖地，并牢固地绑扎在垫垛外侧或地面的绳桩上，衬垫材料不露出垛外，以防雨水顺延渗入垛内。

要注意材质和季节：使用旧的苫盖物或雨水丰沛季节，垛顶或者风口需要加层苫盖，确保雨淋不透。

（2）苫盖方法

简易苫盖法：根据货物堆码外形，把苫盖物直接敷盖在货物上面，适用于大件包装货物和屋脊形货垛的苫盖。

鱼鳞式苫盖法：用苫盖物沿货垛底逐层向上苫盖。

棚架式苫盖法：根据堆码的垛形，用苫盖骨架与苫盖物合装成房屋状，用以苫盖货垛。

5.3.3　盘点作业

5.3.3.1 盘点概述

盘点就是定期或不定期地对店内的货品进行全部或部分的清点，以确实掌握该期间内的经营业绩，并加以改善，是为了确实掌握货物的"进（进货）、销（销货）、存（存货）"，避免货物囤积太多或缺货，对于计算成本及损失是不可或缺的数据。盘点工作往往容易被企业所忽略，虽说这是件很简单的事，但是它直接影响到库存数据的准确性和及时性，也会影响到仓储管理的质量。

5.3.3.2 盘点作业的目的

（1）确定库存量，并修改料账不符产生的误差

盘点可以查清实际库存数量，并通过盈亏调整使库存账面数量与实际库存数量一致。账面库存数量与实际存货数量不符的主要原因通常是收发作业中产生的误差，如记录库存数量时多记、误记、漏记；作业中导致的损失、遗失；验收与出货时清点有误；盘点时误盘、重盘、漏盘等。通过盘点清查实际库存数量与账面库存数量，发现问题并查明原因，及时调整。

（2）帮助企业计算资产损益

对企业来讲，库存商品总金额直接反映企业流动资产的使用情况，库存量过高，流动资金的正常运转将受到威胁。而库存金额又与库存量及其单价呈正比，因此为了能准确地计算出企业的实际损益，必须进行盘点。

（3）发现仓库管理中存在的问题

通过盘点查明盈亏的原因，发现作业与管理中存在的问题，并通过解决问题来改善作业流程和作业方式，提高人员素质和企业的管理水平。

5.3.3.3 盘点作业的步骤

（1）盘点前的准备

盘点作业的事先准备工作是否充分，关系着盘点作业进行的顺利程度。为了利用有限的人力在短时间内迅速准确地完成盘点，必须事先做好相应的准备工作：明确建立盘点的程序方法；配合财务进行盘点。盘点、复盘、监盘人员必须经过培训；经过培训的人员必熟悉盘点用的表单；盘点用的表格必须事先印制完成；库存资料必须已经结清。

（2）盘点时间的确定

一般来说、为保证货账相符，盘点次数愈多愈好，但因每次进行盘点要投入人力、物力、财力，成本很大，故很难经常进行盘点。事实上，导致盘点误差的关键主要是在货物的出入库过程，可能是因出入库作业单据的输入，检查点数的错误，或是出入库搬运造成的损失。因此一旦出入库作业次数多时，误差也会随之增加。所以，就一般生产企业而言，因其货品流动速度不快，半年至一年实施一次盘点即可。但物流中心货品流动的速度较快，我们既要防止过久盘点对公司造成的损失，又要考虑可用资源的限制，最好能根据物流中必备货品的性质制定不同的盘点时间。例如，在已建立商品 ABC 分类管理的企业，一般建议 A 类主要货品每天或每周盘点一次，B 类货品每两三周盘点一次，C 类较不重要货品每月盘点一次即可。

未实施商品 ABC 分类管理的企业，至少也应对较容易损耗毁坏及高单价货品增加盘点次数。另外需要注意的是，当实施盘点作业时，时间应尽可能短，以在 2～3 天内完成为宜。至于日期一般会选择在：

①财务决算前夕。因便于决算损益以及查清财务状况。

②在淡季进行。因淡季储货量少，盘点容易，需要的人力较少，且调动人力较为便利。

（3）确定盘点方式

因为不同现场对盘点的要求不同，盘点的方式也会有所差异。为了尽可能快速准确地完成盘点作业，必须根据实际需要确定盘点方式。

（4）盘点人员的培训和组织

为使盘点工作得以顺利进行，盘点时必须增派人员协助进行，由各部门增援的人员必须组织化，并且施以短期培训，使每位参与盘点的人员充分发挥其作用。人员的培训分为两部分：第一，针对所有人员进行盘点方法的培训；第二，针对复盘与监盘人员进行认识货品的培训。

（5）清理盘点现场

盘点现场也就是仓库或配送中心的保管现场，所以盘点作业开始之前必须对其进行整理，以提高盘点作业的效率和盘点结果的准确性。清理作业主要包括以下几方面的内容。

①在盘点前，对厂商交来的物料必须明确其所有数，如已验收完成，应及时整理归库；若尚未完成验收程序，同厂商应划分清楚，避免混淆。

②储存场所在关闭前应通知各需求部门预领所需的物品。

③储存场所整理整顿完成，以便计数盘点。

④预先鉴定呆料、废品、不良品，以便盘点。

⑤账卡、单据、资料均应整理后加以结清。

⑥储存场所的管理人员在盘点前应自行预盘。

（6）盘点的指导与监督

盘点时，因工作单调琐碎，人员较难持之以恒，为确保盘点的正确性，除对人员加强培训外，工作进行期间还应加强指导与监督。

（7）查清盘点差异的原因

当盘点结束后，发现所得数据与账本不符时，应追查差异的主因。其产生的原因可能是：因记账员素质不高，导致货品数目登记错误；因料账处理制度的不完善，导致货品数目无法登记；因盘点制度的不完善，导致货账不符；盘点所得数据与账本的差异是否在容许误差内；盘点人员是否尽责；是否产生漏盘、重盘、错盘等情况；盘点的差异是否可事先预防，是否可以降低料账差异的程度。

（8）盘盈、盘亏的处理

差异原因追查后，应针对主要原因进行适当的调整与处理，至于呆废品、不良品减价的部分则需与盘亏一并处理。货品除了盘点时产生数量的盈亏外，有些货品在价格上会产生增减，这些变更在经主管审核后必须利用货品盘点盈亏及价目增减更正表修改。

盘点的具体步骤及流程如图 5-24 所示。

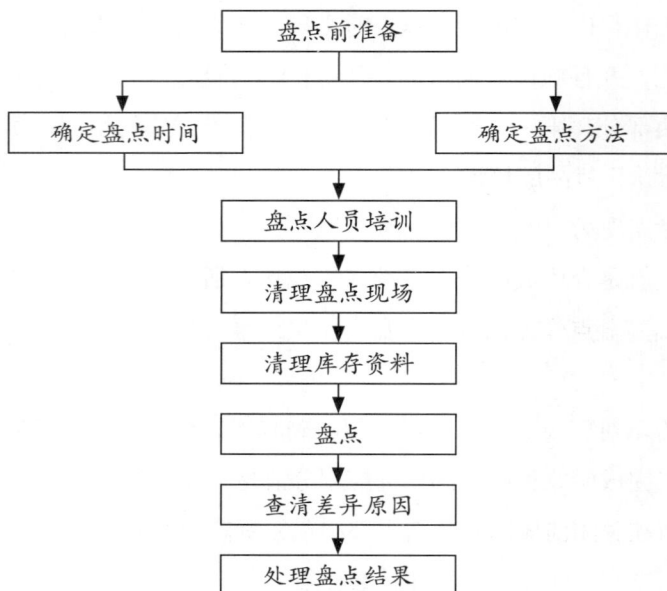

```
          ┌─────────────┐
          │  盘点前准备  │
          └─────────────┘
         ↓               ↓
┌───────────────┐  ┌───────────────┐
│  确定盘点时间  │  │  确定盘点方法  │
└───────────────┘  └───────────────┘
         ↓               ↓
          ┌─────────────┐
          │  盘点人员培训 │
          └─────────────┘
                ↓
          ┌─────────────┐
          │  清理盘点现场 │
          └─────────────┘
                ↓
          ┌─────────────┐
          │  清理库存资料 │
          └─────────────┘
                ↓
          ┌─────────────┐
          │     盘点     │
          └─────────────┘
                ↓
          ┌─────────────┐
          │  查清差异原因 │
          └─────────────┘
                ↓
          ┌─────────────┐
          │  处理盘点结果 │
          └─────────────┘
```

图 5-24　盘点作业步骤

5.3.3.4 盘点的种类

与账面库存和现货库存一样，盘点也分为账面盘点及现货盘点。所谓账面盘点，就是把每天入库及出库货品的数量及单价记录在电脑或账簿上，然后不断地累计加总算出账面上的库存量及库存金额。现货盘点亦称为实地盘点或实盘，也就是实际去点数调查仓库内的库存数，再依货品单价计算出实际库存金额的方法。

因此，要得到最正确的库存情况并确保盘点无误，最直接的做法就是账面盘点与现货盘点相结合，得出完全一致的结果。一旦出现差异，即产生料账不符的现象，须查清错误原因，得出正确结果及分清责任归属。

5.3.3.5 盘点的方法

①账面盘点法。账面盘点法是将每一种货品分别设账，仔细记载每一种货品的入库与出库情况，不必实地盘点即能随时从电脑或账册上查询货品存量。通常量少而单价高的货品较适合采用此方法。

②现货盘点法。现货盘点依其盘点时间频度的不同又分为期末盘点和循环盘点。期末盘点是指在期末一起清点所有货品数量的方法；而循环盘点则是在每天、每周即进行少种少量的盘点，到了月末或期末则每项货品至少完成一次盘点的方法（表 5-1）。

表 5-1　期末盘点和循环盘点的比较

盘点方式比较内容	期末盘点	循环盘点
时间	期末、每年仅数次	平常、每天或每周一次
所需时间	长	短
所需人员	全体人员	专门人员
盘差情况	多且发现得晚	少且发现得早
对营运的影响	须停止作业数天	无
对货品的管理	平等	A类重要货品：仔细管理； C类不重要的货品：稍微管理
查清盘差原因	不易	容易

由于期末盘点是将所有货品一次盘完，因而必须要全体员工一起出动，采取分组的方式进行盘点。一般来说，每组盘点人员至少要 3 人，以便能互相核对减少错误，同时也能彼此制约避免流于形式。其盘点过程包括：将全公司员工进行分组；由一人先清点所负责区域的货品，将清点结果填入各货品的盘存单上半部；由第二人复点，填入盘存单的下半部；由第三人核对，检查前二人之记录是否相同且正确；将盘存单交给会计部门，合计货品库存总量；等所有盘点结束后，再与电脑或账册进行对照。

循环盘点是将每天或每周作为一个盘点周期，其目的除了减少过多的损失外，对于不同货品施以不同管理亦是主要原因，就如同前述商品 ABC 分类管理法，价格越高或越重要的货品，盘点次数越多，价格越低越不重要的货品，就尽量减少盘点次数。循环盘点因一次只进行少量盘点，因而只需专门人员负责即可。

5.3.4　出库作业

物品出库，是仓库根据业务部门或存货单位开具的出库凭证，经过审核出库凭证、备料、拣货、分货等业务直到把物品点交给要货单位或发运部门的一系列作业过程。它是物品仓储作业过程的最后一个环节，也是仓储部门对外的窗口。其业务水平，工作质量在一定程度上反映仓储企业形象，直接影响到企业的经济效益和社会效益。因此及时准确地做好出库业务工作，是仓储管理的一项重要内容。

5.3.4.1　出库的要求

（1）凭证发货

物品出库必须依据一定格式的正式凭证进行。货主的出库通知或出库请求的格式不尽相同，不论采用何种格式，都必须是符合财务制度要求的有法律效力的凭证，要坚决杜绝凭信誉或无正式手续的发货。任何情况下，仓库都不得擅自动用、外借货主的库存物品。

（2）先进先出

在保证物品使用价值不变的前提下，坚持"先进先出"的出库原则。同时要做到保管条件差的先出，包装简易的先出，容易变质的先出，有保管期限的先出。仓库管理人员必须经常注意物品的安全保管期限等，对已经变质、过期失效、失去原使用价值的物品，不允许出库。

（3）及时记账

物品发出后，应随即在物品保管账簿上核销，并保存好发放凭证，同时调整卡吊牌。

（4）保证安全

物品出库作业，要注意安全操作，防止损坏包装和震坏、压坏、摔坏物品。同时，还要保证运输安全，做到物品包装完整，捆扎牢固，标志正确清楚，性能不互相抵触，避免运输差错和损坏物品的事故发生。

5.3.4.2 物品出库的方式

（1）送货

仓库根据货主单位的出库通知或出库请求，通过发货作业把应发物品交由运输部门送达收货单位或使用仓库自有车辆把物品运送到收货地点的发货形式，就是通常所称的送货制。

仓库实行送货具有多方面的好处：仓库可预先安排作业，缩短发货时间；收货单位可避免因人力、车辆等不便而发生的取货困难；在运输上，可合理使用运输工具，减少运费。

（2）托运

托运就是由货主开出提货单，通过在物品流通环节内部传递，将提货单送到仓库，仓库按单发货。托运是普遍采用的一种物品发运方式。它适用于距离远、数量大的商品。采用这种方式，应注意加强同运输单位的联系和衔接。

（3）提货

提货是由收货单位或受委托前来提货的单位，持货主所开的提货单到仓库直接提货。实行提货制的物品出库交接手续应在仓库内办理完毕。提货制一般用于有自备车辆的单位，适合提货量少、运输距离短的物品。

（4）过户

过户是一种就地划拨的形式，物品实物并未出库，但是所有权已从原货主转移到新货主的账户上。仓库必须根据原货主开出的正式过户凭证，才予以办理过户手续。

（5）取样

货主由于商检或样品陈列等的需要，到仓库提取货样（通常要开箱拆包、分别抽取样本）。仓库必须根据正式取样凭证发出样品，并做好账务记载。

（6）转仓

转仓是指货主为了业务方便或改变储存条件，将某批库存自甲库转移到乙库。仓库也必须根据货主单位开出的正式转仓单，办理转仓手续。

5.3.4.3 出库作业流程

出库作业流程是出库工作能够顺利进行的基本保证。为防止出库工作失误，在进行出库作业时必须严格履行规定的出库业务工作流程，使出库有序进行。货物出库的流程主要包括货物出库前准备、审核出库凭证、出库信息处理、拣货、分货、包装、刷唛、点交清理等，如图 5-25 所示。

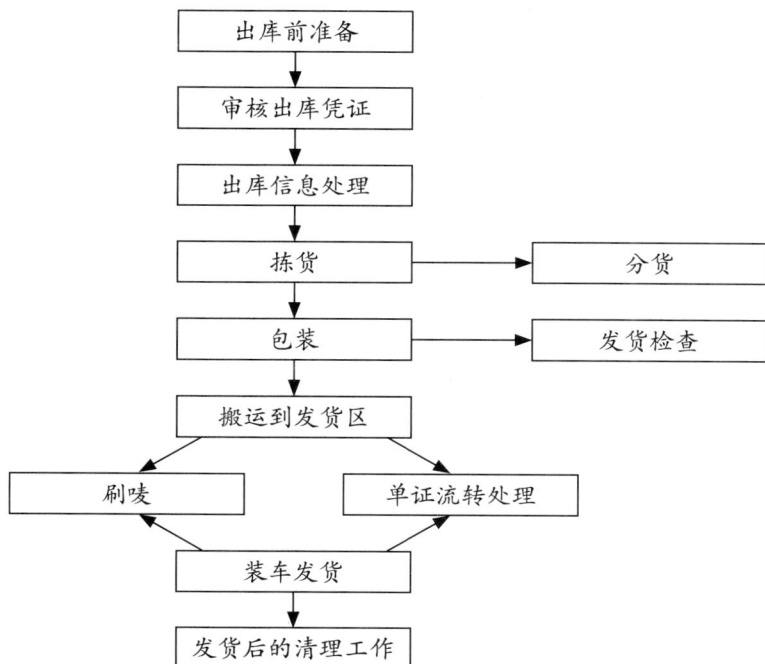

图 5-25　出库作业流程

【本章小结】

仓储是商品流通的重要环节之一，也是物流活动的重要支柱。仓储的功能可以按照经济利益和服务利益加以分类。其中经济利益包括堆存、拼装、分类和交叉、加工；服务利益包括现场储备、配送分类、组合、生产支持、市场形象。仓储管理就是对仓库及仓库内储存的物品所进行的管理，是仓储机构为了充分利用所拥有的仓储资源，提供仓储服务所进行的计划、组织、控制和协调过程。仓储作业包括入库、保管和出库三大过程。其中，入库过程包括接运、验收和入库；出库过程包括出库和交付。

【课后思考】

(1)电子商务物流仓储管理有何特点？

(2)电子商务物流仓储设施有哪些？

(3)电子商务物流仓储设备有哪些？

(4)简述电子商务物流仓储作业流程。

【案例讨论】

亚洲一号的仓储管理

京东上海嘉定的亚洲一号一期定位为中件商品仓库，是百货仓储。总建筑面积约为 $10 \times 10^4 m^2$，分为 4 个区域——存储备货区、多层阁楼拣货区、生产作业区和出货分拣区。

（1）存储备货区

主体采用自动化立体仓库，由立体货架、有轨巷道堆垛机、出入库托盘输送机系统、尺寸检测条形码阅读系统、通信系统、自动控制系统、计算机监控系统、计算机管理系统以及其他如电线电缆桥架配电柜、托盘、调节平台、钢结构平台等辅助设备组成的复杂的自动化系统。运用一流的集成化物流理念，采用先进的控制、总线、通信和信息技术，通过以上设备的协调动作进行出入库作业。

（2）多层阁楼拣货区

采用各种现代化设备，实现了自动补货、快速拣货、多重复核手段及多层阁楼自动输送能力，实现了京东巨量SKU的高密度存储和快速准确的拣货和输送能力。

（3）生产作业区

京东亚洲一号的"生产作业区"采用京东自主开发的任务分配系统和自动化的输送设备，实现了每一个生产岗位任务分配的自动化和合理化，保证了每一个生产岗位的满负荷运转，避免了任务分配不均的情况，极大地提高了劳动效率。

（4）出货分拣区

物流中心的作业瓶颈很多时候是在出货分拣区，特别是在分波次拆单作业，最后合单打包物流的时候。这是考验后台 IT 系统与前台作业系统协同顺畅与否的关键。速度方面，京东已经实现了 16000 件／小时快速分拣（国内最快的电商流水线中联网仓 12000 件／小时），客观地说，京东实现了国内同业水平的一次超越。

亚洲一号新型作业方式运用大量的自动化设备，一系列的机械化设备，来减少商品搬运和人员行走的路线。

1. 入库

（1）快速收货操作流程

①供应商使用电话或预约系统进行预约。

②供应商到货后必须先提取上次送货中发现的问题商品，之后入库员方可进行本次收货。

③供应商进行到货登记和打印验收单操作。

④供应商在指定区域卸货，对不同订单以及同一订单的不同 SKU 进行物理区分。

⑤卸货完成后将托盘移至验收区。

⑥收货员检查外包装箱的包装质量，外包装严重破损、潮湿等对该箱做拒收处理。

⑦收货员确认各 SKU 实际到货的箱数与发货单上各 SKU 的箱数是否一致，收货员在验收单上注明实际签收的箱数，双方签字确认，写明年／月／日等信息，并由库房人员盖上"包裹签收章"。

⑧供应商拿到盖有"包裹签收章"的验收单后即可离开库房。

⑨收货员按照《普通商品入库验收标准》验收商品，验收过程将发现的破损、错货、多货、条形码异常等问题商品统一放置在入库暂存区，并邮件告知采销及集团仓储，包括订单号、SKU、异常数量、原因、验收日期、验收人员等信息。

⑩系统录入正常商品的实收量，完成系统收货和后续的上架操作。

（2）上架

使仓库里的货品都拥有唯一的身份识别码：条形码。在入库阶段，对于那些条形码不符合京东仓储管理规范的商品都要贴上京东的条形码，然后再进行上架。整票货物送至传送带，红外线扫描托盘号及货号后，由系统根据预先配置及上架动线指引上架。

（3）货物存储

电商销售的SKU要更多更全面些，京东就有几百万个SKU。但因为仓储空间不可能无限扩大，如何在有限的仓储空间里摆放更多的SKU，就需要每个SKU的备货量少些。因此，电商仓储物流里的存储单元，以箱为主，而不是传统的以托盘为主。从选择存储设备上来看，主要选择箱式货架，如搁板货架或者中型货架，而不是托盘式货架。作业策略方面，大多数存储和拣货合一，少数量大的SKU分别分配存储和拣选空间，存在从存储到拣货的补货作业。

2. 库内

①采用循环盘点、静态盘点、动态盘点等多种盘点方式。

②系统自动运算出对应位置的对应货物缺少情况，自动补货。

立库拣选位低于安全量，自动触发紧急移库。空托盘转移后，自动触发保管至拣选的全自动主动补货。考虑到堆垛机设备任务执行特性，通过策略控制，实现立体库区一级保管至立体库区拣选的全自动背靠背补货。针对小件商品零散补货特点，启用拆零补货，目的托盘满拖自动出库，源托盘自动回库。

3. 出库

系统自动完成波次安排，智能定位、任务分配、一键领取，工作人员在智能设备上操作就能完成直到拣货及库存打包等。

（1）拣货

每天3~4次波次拣货。"立体库区"利用自动存取系统（AS/RS系统），实现了自动化高密度的储存和高速的拣货能力。

（2）包装打包

传送带将货物送至复核工位，工人按实际选取不同尺寸材料打包，打印并粘贴货签。储物区每层楼只需要一名工作人员，当需要发货时，工人会收到作业指示，将指定货物从货架取下，扫码后放到自动传送带上。自动传送带将货物高速送入打包区，经电脑精密计算，包裹会自动配送到空闲的打包工位。工人扫描包裹，机器自动打印出物流配送信息及发票，完成打包。

（3）分拣

完成打包的商品重回流水线，经高低错落的传送轨道最终交叉汇聚至自动分拣系统。首先系统扫描识别配送地点；然后自动将包裹传送至对应的货道，例如，无锡地区的包裹就会传送至标志着"无锡"的轨道；最后由工人用自动托运车运走。

货件通过全自动分拣系统（360° 红外线扫描货号），按目的地分至不同滑道，装入代表不同区域的笼车。京东商城每个拣货员都配备 RF 扫描枪和 PDA 设备。他们在扫描完集合单的批次号后，会逐一拣出订单上的货品。他们不需要自己去寻找货位，系统会根据订单商品的货位优化出一条最优路线，拣货员只需要按 PDA 上设计好的路线将货品拣出即可。

（资料来源：万联网资讯中心 http：//info.10000link.com/）

思考：

(1)亚洲一号的仓储作业流程是怎样的？

(2)亚洲一号的仓储管理有何特点？

Chapter 6

第 6 章

电子商务物流配送

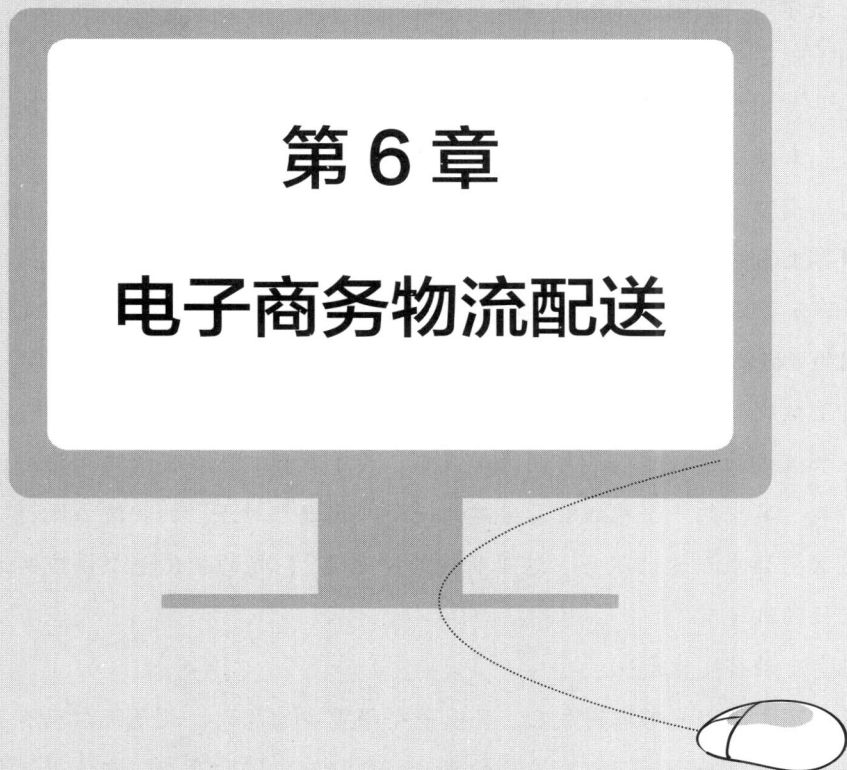

【导入案例】

沃尔玛的配送体系

沃尔玛素以精确把握市场、快速传递商品和最好地满足客户需要而著称。它之所以能取得如此辉煌的业绩，其中一个极为重要的因素就是沃尔玛拥有自己庞大的配送系统，并实施了严格有效的配送管理制度。

1. 沃尔玛物流配送体系的运作

（1）注重与第三方物流公司形成合作伙伴关系

在美国本土，沃尔玛做自己的物流和配送，拥有自己的卡车运输车队，使用自己的后勤和物流团队。但是在国际上的其他地方，沃尔玛就只能求助于专门的物流服务提供商了，飞驰公司就是其中之一。飞驰公司是一家专门提供物流服务的公司。它在世界上的其他地方为沃尔玛提供物流方面的支持。飞驰成为了沃尔玛大家庭的一员，并百分之百投身于沃尔玛的事业。飞驰公司同沃尔玛是一种合作伙伴的关系，它们共同的目标就是努力做到最好。

（2）挑战"无缝点对点"物流系统，为顾客提供快速服务

在物流方面，沃尔玛尽可能降低成本。为了做到这一点，沃尔玛给自己提出了一些挑战。其中的一个挑战就是要建立一个"无缝点对点"的物流系统，能够为商店和顾客提供最迅速的服务。这里所说的"无缝"，指的是使整个供应链达到一种非常顺畅的链接。

（3）自动补发货系统

沃尔玛之所以能够取得成功，还有一个很重要的原因，就是沃尔玛有一个自动补发货系统。每一个商店都有这样的系统，包括在中国的商店。它使得沃尔玛在任何一个时间点都可以知道，目前某个商店中有多少货物，有多少货物正在运输过程中，有多少货物是在配送中心等。同时补发货系统也使沃尔玛可以了解某种货物上周卖了多少，去年卖了多少，而且可以预测将来的销售情况。

（4）零售链接系统

沃尔玛还有一个非常有效的系统，叫做零售链接系统，它可以允许供货商们直接进入到沃尔玛的系统。任何一个供货商都可以进入这个零售链接系统中来了解自己的产品卖得怎么样，昨天、今天、上一周、上个月和去年卖得怎么样，而且可以在24小时内就可以进行数据的更新。供货商们可以在沃尔玛公司的每一个店当中，及时了解到有关情况。

2. 沃尔玛配送体系的特色

（1）设立运作高效的配送中心

从建立沃尔玛折扣百货公司之初，沃尔玛公司就意识到有效的商品配送是保证公司达到最大销售量和最低成本的存货周转及费用的核心。而唯一使公司获得可靠供货保证及提高效率的途径就是建立自己的配送组织，包括送货车队和仓库。配送中心的好处不仅使公司可以大量进货，而且还要求供应商将商品集中送到配送中心，再由公司统一接收、检验、配货、送货。

（2）采用先进的配送作业方式

沃尔玛在配送运作时，大宗商品通常经铁路送达配送中心，再由公司卡车送达商店。每店每周收到1～3辆卡车货物，60%的卡车在返回配送中心的途中又捎回沿途从供应商处购买的商品，这样的集中配送为公司节约了大量的资金。

（3）实现配送中心自动化运行及管理

沃尔玛配送中心的运行完全实现了自动化。每种商品都有条形码，通过几十公里长的传送带传送商品，利用激光扫描器和计算机网络系统追踪每件商品的储存位置及运送情况，每天能处理20万箱的货物配送。沃尔玛公司具有完善的配送组织结构，为了更好地进行配送工作，沃尔玛非常注意从自己企业的配送组织上加以完善。其中一个重要的举措便是公司建立了自己的车队进行货物的配送，以保持灵活性和为一线商店提供最好的服务。这使得沃尔玛享有极大的竞争优势，其运输成本也总是低于竞争对手。

（资料来源：中国物流与采购网 http://www.chinawuliu.com.cn/）

6.1 电子商务物流配送概述

6.1.1 配送概念

"配送"最早来源于日本对 delivery 的意译，但各国根据物流领域配送的发展状况，都对配送赋予了不同的定义。

我国国家标准《物流术语》中对配送的定义是：在经济合理区域范围内，根据客户要求，对物品进行拣选、加工、包装、分割、组配等作业，并按时送达指定地点的物流活动。

从物流来讲，配送几乎包括了所有的物流功能要素，是物流的一个缩影或在某个范围内物流全部活动的体现。一般的配送集装卸、包装、保管、运输于一身，通过这一系列的活动完成将货物送达的目的；特殊的配送则还要以加工活动为支撑，所以包括的方面更广。但是，配送的主体活动与一般物流却有不同。一般物流是运输及保管，而配送则是运输及分拣配货。分拣配货是配送的独特要求，也是配送中有特点的活动，以送货为目的的运输则是最后实现配送的主要手段。

从商流来讲，配送和物流不同之处在于，物流是商物分离的产物，而配送则是商物合一的产物。配送本身就是一种商业形式。虽然配送在具体实施时，也有以商物分离形式实现的，但从配送的发展趋势看，商流与物流越来越紧密的结合，是配送成功的重要保障。

具体来讲，配送包含了以下 5 个内容。

①整个概念描述了接近用户资源配置的全过程。

②配送实质是送货。配送是一种送货，但与一般概念上的送货有区别：一般概念上的送货可以是一种偶然的行为，而配送却是一种固定的形态，甚至是一种有确定组织、确定渠道，有一套装备和管理力量、技术力量，有一套制度的体制形式。所以，配送是一种高水平的送货形式。

③配送是"配"与"送"的有机结合。所谓"合理地配"，是指在送货活动之前必须依据顾客需求对其进行合理的组织与计划。只有"有组织有计划"地"配"，才能实现现代物流管理中所谓的"低成本、快速度"地"送"，进而有效满足顾客的需求。

④配送是一种"中转"形式。配送是从物流节点至用户的一种特殊送货形式。

从送货功能看，其特殊性表现为：从事送货的是专职流通企业，而不是生产企业；配送是"中转"型送货，而一般送货尤其从工厂至用户的送货往往是直达型。一般送货是生产什么，有什么送什么；配送则是企业需要什么送什么。所以，要做到需要什么送什么，就必须在一定中转环节筹集这种需要，从而使配送必然以中转的形式出现。

⑤配送以用户要求为出发点。在配送定义中强调"按用户的订货要求"明确了用户的主导地位。配送是从用户利益出发，按用户要求进行的一种活动。因此，在观念上必须明确"用户第一"、"质量第一"，配送企业的地位是服务地位而不是主导地位，不能从本企业利益出发而应从用户利益出发，在满足用户利益基础上取得本企业的利益。更重要的是，不能利用配送损伤或控制用户，不能利用配送作为部门分割、行业分割、割据市场的手段。

6.1.2　配送分类

6.1.2.1 按配送组织者分类

（1）商店配送

组织者是商业或物资的门市网点。这些网点主要承担零售，规模一般不大，但经营品种较齐全。除日常零售业务外，还可根据用户的需求将商店经营的品种配齐，或代用户外订外购一部分商店平时不经营的商品，与商店经营的品种一起配齐送给用户。这种配送组织者实力很有限，往往只是小量、零星商品的配送。对于商品种类繁多且需用量不大，有些商品只是偶尔需要而很难与大配送中心建立计划配送关系的用户，可以利用小零售网点从事此项工作。商业及物资零售网点数量较多，配送路经较短，所以更为灵活机动，可承担生产企业重要货物的配送和对消费者个人的配送，它们对配送系统的完善起着较重要的作用。这种配送是配送中心配送的辅助及补充形式。

（2）配送中心

配送组织者是专职从事配送的配送中心。规模较大，可按配送需要储存各种商品，储存量也较大。配送中心专业性强，与用户建立固定的配送关系，一般实行计划配送，所以，需配送的商品往往都有自己的库存，很少超越自己经营的范围。配送中心的建设及工艺流程是根据配送需要专门设计的，所以配送能力强，配送距离较远，配送品种多，配送数量大。可以承担工业企业生产用主要物资的配送，零售商店需补充商品的配送，向配送商店实行补充性配送等。配送中心配送是配送的重要形式。

（3）仓库配送

仓库配送是以库房、货场作为物流据点组织的配送。它可以把仓库完全改造成配送中心，也可以在保持仓库原功能的前提下，增加一部分配送职能。由于原仓库并不是按配送中心专门设计和建立的，因此仓库配送的规模较小，配送的专业化较差。仓库配送是开展中等规模的配送可以选择的形式，同时也是较为容易利用现有条件而不需大量投资的形式。

（4）生产企业配送

生产企业配送的组织者是生产企业，尤其是进行多品种生产的生产企业，可以直接由企业配送，而不需要将产品送到配送中心。由于减少了一次物流中转，所以有其一定的优势。

生产企业配送需要有较为完善的配送网络和较高的配送管理水平，适用于生产地方性较强产品的生产企业，如食品、饮料、百货等。某些不适用于中转的化工产品及地方建材也常常采用这种形式。

6.1.2.2 按配送商品种类及数量分类

（1）单（少）品种大批量配送

工业企业需要量较大的商品，单独一个品种或仅少数品种就可达到较大输送量，可实行整车运输。这种商品往往不需要再与其他商品搭配，可由专业性很强的配送中心实行这种配送。由于配送量大，可使车辆满载并使用大吨位车辆，在配送中心中，内部设置也不需太复杂，组织、计划等工作也较简单，因而配送成本较低。单品种大批量配送优势范围较窄，当可用汽车、火车、船舶从生产企业将这种商品直抵用户，同时又不致使用户库存效益变坏时，采用直送方式往往有更好的效果。

（2）多品种少批量配送

各工业生产企业所需的重要原材料、零部件一般需要量大，要求也较均衡，采取直送或单品种大批量配送方式可以收到好的效果。但是，现代企业生产的所需，除了少数几种重要物资外，从种类数来看，处于 B、C 类的物资种类数远高于 A 类重要物资，这些种类品种数多，单种需要量不大，采取直送或大批量配送方式由于必须加大一次进货批量，必然造成用户库存增大，库存周期拉长，库存损失严重，

· 170 ·

必然困死大量资金。所以，不能采取直送或大批量配送方式。类似情况也出现在向零售商店补充配送，国外开展的向家庭的配送也是如此。这些情况适合采用的方式便是多品种少批量配送。多品种少批量配送是按用户要求，将所需的各种物品（每种需要量不大）配备齐全，凑整装车后由配送据点送达用户。这种配送对配货作业的水平要求较高，配送中心设备较复杂，制订配送计划较困难，要有高水平的组织工作作保证和配合，是一种高水平、高技术的配送方式。配送的特殊成效，主要反映在多品种、少批量的配送中。这种方式也正切合现代"消费多样化"、"需求多样化"的新观念，所以，是许多发达国家物流配送的主要形式。

（3）配套成套配送

指按企业生产需要，尤其是装配型企业生产需要，将生产所需的全部零部件配齐，按生产节奏定时送达生产企业，生产企业随即可将此成套零部件送入生产线装配产品。采取这种配送方式，配送企业实际承担了生产企业的大部分供应工作。

6.1.2.3 按配送时间及数量分类

（1）定时配送（准时配送）

按规定的时间间隔配送，如几天一次、几小时一次等，每次配送的品种及数量可以事前拟订长期计划，规定每次多大的量，也可以配送时日之前以商定的联络方式（如电话、计算机终端输入等）通知配送品种及数量。这种方式对于配送中心来讲，由于时间固定，易于安排工作计划、易于计划使用车辆；对于用户来讲，也易于安排接货力量（如人员、设备等）。但由于备货的要求下达较晚，集货、配货、配装难度较大，在要求配送数量变化较大时，也会使配送运力安排出现困难。

（2）定量配送

按规定的批量进行配送，但不严格确定时间，只是规定在一个指定的时间范围内配送。这种方式由于数量固定，备货工作较为简单，用不着经常改变配货备货的数量，可以按托盘、集装箱及车辆的装载能力规定配送的定量，这就能有效利用托盘、集装箱等集装方式，也可做到整车配送，所以配送效率较高。由于时间不严格限定，可以将不同用户所需物品凑整车后配送，运力利用也较好。对用户来讲，每次接货都处理同等数量的货物，有利于准备人力和设备能力。

（3）定时定量配送

按规定准确的配送时间和固定的配送数量进行配送。这种方式在用户较为固定，又都有长期的稳定计划时，采用起来有较大优势。有定时、定量两种方式的优点。这种方式特殊性强，计划难度大，适合采用的对象不多，虽较理想，但不是一种普遍采用的配送方式。

（4）定时、定路线配送

在确定的运行路线上制定到达的时间表，按运行时间表配送，用户可在规定路线站及规定时间接货，可按规定路线及时间表提出配送要求，合理选择。采用这种方式有利于计划安排车辆及驾驶人员。对配送中心来讲，在配送用户较多的地区，也可以免去过分复杂的配送要求造成的配送计划、组织工作、配货工作及车辆安排的困难；对用户来讲，既可以在一定路线、一定时间进行选择，又可以有计划地安排接货力量，有其便利性。但这种方式应用领域也是有限的，不是一种普遍采用的配送方式。

（5）即时配送

完全按用户要求的时间、数量进行配送。这种方式是以某天的任务为目标，在充分掌握了这一天需要地、需要量及种类的前提下，即时安排最优的配送路线并安排相应的配送车辆，并实施配送。这种配送方式可以避免上述两种方式的不足，做到每天配送都能实现最优的安排，因而是一种水平较高的配送方式。采用即时配送方式，可以在期初按预测的结果制订计划，以便统筹安排一个时期的任务，并准备相应的力量，实际的配送实施计划则可以在配送前一两天根据任务书做出。

6.1.3 配送的意义和作用

6.1.3.1 提高了末端物流的效益

采用配送方式，通过增大经济批量来达到经济地进货，又通过将各种商品用户集中一起进行一次发货，代替分别向不同用户小批量发货来达到经济地发货，使末端物流经济效益提高。

6.1.3.2 通过集中库存使企业实现低库存或零库存

实现了高水平的配送之后，尤其是采取准时配送方式之后，生产企业可以完全依靠配送中心的准时配送而无须保持自己的库存。或者，生产企业只需保持少量保险储备而不必留有经常储备，这就可以实现生产企业多年追求的"零库存"目标，将企业从库存的包袱中解脱出来，同时解放出大量的储备资金，从而改善企业的财务状况。实行集中库存后，库存的总量远低于不实行集中库存时各企业分散库存之总量。同时增加了调节能力，也提高了社会经济效益。此外，采用集中库存是利用了规模经济的优势，使单位存货成本下降。

6.1.3.3 简化事务，方便用户

采用配送方式，用户只需向一处订购，或与一个进货单位联系就可订购到以往需去许多地方才能订到的货物，只需组织对一个配送单位的接货便可代替现有的高频率接货，因而大大减轻了用户的工作量和负担，也节省了事务开支。

6.1.3.4 提高供应保证程度

用生产企业自己保持的库存维持生产，其供应保证程度很难提高（受到库存费用的制约），而采取配送方式，配送中心可以比任何单位企业的储备量更大，因而对每个企业而言，中断供应、影响生产的风险便相对缩小，使用户免去短缺之忧。

6.1.4　配送中心

6.1.4.1 配送中心的概念

根据中华人民共和国的国家标准《物流术语》，配送中心的定义为：从事配送业务的物流场所或组织，应基本符合下列要求：①主要为特定的客户服务；②配送功能健全；③辐射范围小；④多品种、小批量、多批次、短周期；⑤主要为末端客户提供配送服务。

配送中心是接受生产厂家等供货商多批次、小批量的货物，按照多家需求者的订货要求，迅速、准确、低成本、高效率地将商品配送到需求场所的物流节点设施。

一般来说，为了提高物流服务水平，降低物流成本，从工厂等供货场所到配送中心实施低成本、高效率的大批量运输，配送中心在分拣后，向区域内的需求者进行配送。在配送过程中，配送中心根据需要还可以在接近用户的地方设置末端配点，从这里向小需求量用户配送商品。

6.1.4.2 配送中心与物流中心的关系

（1）物流中心的概念

物流中心是物流作业集中的场所，分为综合物流中心和专业物流中心，包括运输中心 TC（Transfer Center）、配送中心 DC（Distribution Center）、储存中心 SC（Stock Center）、加工中心 PC（Process Center）4 种类型。

（2）配送中心与物流中心的关系

二者的共同点：①物流中心的外延比配送中心大，包括配送中心，配送中心属于物流中心，所以配送中心可以称为物流中心；②二者都是物流作业，如运输、储存、包装、流通加工、物流信息等集中的地方。

两者的区别见表 6-1。

表 6-1　配送中心与物流中心的区别

区别点	配送中心	物流中心
与服务对象的联系	上游可以为生产企业也可以是物流中心，下游为服务客户	其上游为生产企业，下游为配送中心或服务客户
服务对象	主要面向特定用户服务	面向更广的全社会服务
功能	要求具有配送核心作业等功能	要求物流功能健全
辐射范围	相对小	大
配送特点	多品种、小批量、高频率	少品种、大批量
经营特点	以配送为主，储存为辅	储存、吞吐能力强

6.1.4.3 配送中心的分类

（1）按照配送中心的内部特性分类

①储存型配送中心。指有很强储存功能的配送中心。一般来讲，在买方市场下，企业的产品销售需要有较大库存支持，其配送中心可能有较强储存功能；在卖方市场下，企业原材料，零部件供应需要有较大库存支持，这种供应配送中心也有较强的储存功能。大范围配送的配送中心，需要有较大库存，也可能是储存型配送中心。我国目前拟建的一些配送中心，都采用集中库存形式，库存量较大，多为储存型配送中心。瑞士 GIBA-GEIGY 公司的配送中心拥有世界上规模居于前列的储存库，可储存 4 万个托盘；美国赫马克配送中心拥有一个有 163000 个货位的储存区，存储能力之大可见一斑。

②流通型配送中心。指基本上没有长期储存功能，仅以暂存或随进随出方式进行配货、送货的配送中心。这种配送中心的典型方式是，大量货物整进并按一定批量零出，采用大型分货机，进货时直接进入分货机传送带，分送到各用户货位或直接分送到配送汽车上，货物在配送中心里仅做少许停滞。日本的阪神配送中心，中心内只有暂存，大量储存则依靠一个大型补给仓库。

③加工配送中心。指配送中心具有加工职能，可以根据用户的需要或者市场竞争的需要，对配送物进行加工之后再进行配送的配送中心。在这种配送中心内，有分装、包装、初级加工、集中下料、组装产品等加工活动。世界著名连锁服务店肯德基和麦当劳的配送中心，就是属于这种类型的配送中心。在工业、建筑领域，生混凝土搅拌企业的配送中心也是属于这种类型的配送中心。

（2）按照配送中心承担的流通职能分类

①供应配送中心。指配送中心执行供应的职能，专门为某个或某些用户（例如连锁店、联合公司）组织供应的配送中心。例如，为大型连锁超级市场组织供应的配送中心；代替零件加工厂送货的零件配送中心，使零件加工厂对装配厂的供应合理化。供应配送中心的主要特点是，配送的用户有限并且稳定，用户的配送要求范围也比较确定，属于企业型用户。因此，配送中心集中库存的品种比较固定，配送中心的进货渠道也比较稳固，同时，可以采用效率比较高的分货式工艺。

②销售配送中心。指配送中心执行销售的职能，以销售经营为目的，以配送为手段的配送中心。销售配送中心大体有两种类型：一种是生产企业为自家产品直接销售给消费者的配送中心，在国外，这种类型的配送中心很多；另一种是流通企业作为本身经营的一种方式，建立配送中心以扩大销售。我国目前拟建的配送中心大多属于这种类型，国外的例证也很多。销售配送中心的用户一般是不确定的，而且用户的数量很大，每一个用户购买的数量又较少，属于消费者型用户。这种配送中心很难像供应配送中心一样，实行计划配送，计划性较差。销售配送中心集中库存的库存结构也比较复杂，一般采用拣选式配送工艺。销售配送中心往往采用共同配送方式才能够取得比较好的经营效果。

（3）按照配送区域的范围分类

①城市配送中心。指以城市范围为配送区域的配送中心。由于城市范围一般处于汽车运输的经济里程，这种配送中心可直接配送到最终用户，且采用汽车进行配送。所以，这种配送中心往往与零售经营相结合。由于运距短，反应能力强，因而从事多品种、少批量、多用户的配送较有优势。"仙台批发商共同配送中心"便是属于这种类型。我国已建的"北京食品配送中心"也属于这种类型。

②区域配送中心。指以较强的辐射能力和库存准备，向省（州）际、全国乃至国际范围的用户配送的配送中心。这种配送中心的配送规模较大。一般而言，用户也较多，配送批量也较大，而且，往往是配送给下一级的城市配送中心，也配送给营业所、商店、批发商和企业用户。虽然也从事零星的配送，但不是主体形式。这种类型的配送中心在国外十分普遍，《国外物资管理》杂志曾介绍过的阪神配送中心，美国马特公司的配送中心，蒙克斯帕配送中心等都属于这种类型的配送中心。

（4）按照配送货物种类分类

根据配送货物的属性，可以分为食品配送中心、日用品配送中心、医药品配送中心、化妆品配送中心、家用电器配送中心、电子（3C）产品配送中心、书籍产品配送中心、服饰产品配送中心、汽车零件配送中心以及生鲜品处理中心等。

6.1.4.4 配送中心的功能

（1）集货功能

为了满足门店"多品种、小批量"的要货和消费者要求在任何时间都能买到所需的商品，配送中心必须从众多的供应商那里按需要的品种较大批量地进货，以备齐所需商品，规模备货，从生产企业取得种类、数量繁多的货物。这是配送中心的基础功能。

（2）储存功能

配送依靠集中库存来实现对多个用户的服务，储存可形成配送的资源保证，是配送中心必不可少的支撑功能。

（3）分拣、理货功能

为了将多种货物向多个用户按不同要求、种类、规格、数量进行配送，配送中心必须有效地将储存货物按用户的要求分拣出来，并能在分拣的基础上，按配送计划进行理货。这是配送中心的核心功能。

（4）配货、分放功能

配送通常是在商品集结地，将各用户所需要的多种货物，在配货区有效的组合起来，形成向用户方便发送的配载。这也是配送中心的核心功能。

（5）倒装、分装功能

不同规模的货载在配送中心应能高效地分解组合，形成新的装运组合或装运形态，从而符合用户的特定要求，达到有效的载运负荷。这是配送中心的重要功能。

（6）装卸搬运功能

配送中心的集货、理货、装货、加工都需要辅之以装卸搬运，有效的装卸能大大提高配送中心的水平。可以这样说：装卸搬运工作是物流能否顺利展开的最基本的保证。这是配送中心的基础性功能。

（7）送货功能

虽然送货已经超出配送中心的范畴，但配送中心还是要对送货工作的指挥管理起决定性作用。送货属于配送中心的末端功能，配送中心的难点是如何组合形成高效的最佳配送路线及如何使配送与路线最搭配。

（8）流通加工功能

这项功能是指物品在从生产领域向消费领域流动的过程中，为了促进销售、维护产品质量和提高物流效率，而对物品进行的加工。

（9）信息处理功能

配送中心在干线物流与末端物流之间起衔接作用。这种衔接不但靠实物的配送，也靠情报信息的衔接。配送中心的情报活动是全物流系统中重要的一环。配送中心有相当完整的信息处理系统，能有效地为整个流通过程的控制、决策和运转提供依据。

6.2　电子商务物流配送流程与模式

6.2.1　配送流程

6.2.1.1 配送作业的基本环节

配送作业是按照用户的要求，把货物分拣出来，按时按量发送到指定地点的过程。从总体上讲，配送是由备货、理货和送货三个基本环节组成的。其中每个环节又包含若干项具体的、枝节性的活动。

（1）备货

备货是指准备货物的系列活动，它是配送的基础环节。严格来说，备货包括两项具体活动：筹集货物和存储货物。

（2）理货

理货是配送的一项重要内容，也是配送区别于一般送货的重要标志。理货包括货物分拣、配货和包装等经济活动，其中分拣是指采用适当的方式和手段，从储存的货物中选出用户所需货物的活动。分拣货物一般采取两种方式来操作：其一是摘取式，其二是播种式。

（3）送货

送货是配送活动的核心，也是备货和理货工序的延伸。在物流活动中，送货实际上就是货物的运输。在送货前，常常要进行三种选择：运输方式、运输路线和运输工具。

6.2.1.2 配送作业的一般流程

配送作业是配送企业或部门运作的核心内容，因而配送作业流程的合理性，以及配送作业效率的高低都会直接影响整个物流系统的正常运行。配送作业的一般流程如图 6-1 所示。

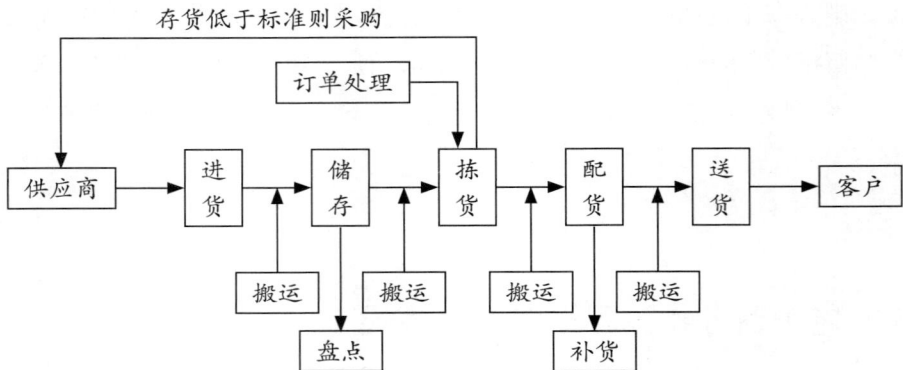

图 6-1 配送作业的一般流程

当收到用户订单后，首先将订单按其性质进行"订单处理"，之后根据处理后的订单信息，进行从仓库中取出用户所需货品的拣货作业。拣货完成后，一旦发现拣货区所剩余的存货量过低时，则必须由储存区进行补货作业。如果储存区的存货量低于规定标准时，便向供应商采购订货。从仓库拣选出的货品经过整理之后即可准备发货，等到一切发货准备就绪，司机便可将货品装在配送车上，向用户送货。另外，在所有作业进行中，可以发现只要涉及物的流动作业，其间的过程就一定有搬运作业。

6.2.1.3 进货作业和进货信息处理

（1）进货作业

进货作业是指从货车上把货物卸下、开箱，检查其数量、质量，然后将必要的信息进行书面化的记载。

进货作业流程包括以下主要环节。

①进货作业计划。物流中心的进货作业计划制定的主要基础和依据是需求订单。进货作业的制定必须依据订单所反映的信息，掌握商品到达的时间、品类、数量及到货方式，尽可能准确预测出到货时间，以尽早做出卸货、储位、人力、物力等方面的计划和安排。进货作业计划的制订有利于保证整个进货流程的顺利进行，同时有利于提高作业效率，降低作业成本。

②进货前的准备。在商品到达物流中心之前，必须根据进货作业计划，在掌握入库商品的品种、数量和到库日期等具体情况的基础上做好进货准备。做好入库前的准备，是保证商品入库稳中有序的重要条件。准备工作的主要内容有：储位准备，人员准备，搬运工具准备，相关文件准备。

③接运与卸货。有些商品通过铁路、公路、水路等公共运输方式转运到达，需物流中心从相应站港接运商品，而对直接送达物流中心的商品，必须及时组织卸货入库。

④分类与标示。在对商品进行初步清点的基础上，需按储放地点、包装和标志进行分类并做出标记。在这一阶段，要注意根据有关单据和信息，对商品进行初步清理验收，以便及时发现问题，查清原因，明确责任。

⑤核对单据。进货商品通常会具备下列单据或相关信息：送货单，采购订单、采购进货通知，供应方开具的出仓单、发票、磅码单、发货明细表等；除此之外，有些商品还有随货同行的商品质量保证说明书、检疫合格证、装箱单等；对由承运企业转运的货物，接运时还需审核运单，核对货物与单据反映的信息是否相符。

⑥入库验收。入库验收是对即将入库的商品，按规定的程序和手续进行数量和质量的检验，也是保证库存质量的第一个重要的工作环节。商品的检验方式有全检和抽检两种方式。一般由供货方和接货方双方通过签订协议或在合同中明确规定。商品验收的内容包括质量验收、包装验收、数量验收、交货期检验。

（2）进货信息的处理

①商品信息的登录。到达物流中心的商品，经验收确认后一般应填写"入库验收单"，单据的格式根据商品及业务形式的不同而有所差异，但一般包括供应商信息、商品信息、订单信息等内容。

②作业辅助信息的收集与整理。在进货通道、站台、库房布局等硬件设施的设计与布局中，需要考虑许多相关因素，才能达到既能控制适当的规模，节省投资，又能满足作业需要的目的。这些信息将决定进货工作量的大小、装卸货方式及设备的选择、库内外卸货站台的空间大小、进货验收对人员及设备等方面的需求，进货作业活动所需场地和空间的大小、车辆等运输工具的安排。进货辅助信息主要来自于进货作业过程中发生的相关信息，因此，必须注意收集与整理，以便为管理决策提供重要的参考数据。

6.2.1.4. 订单处理

从接到客户订单开始到着手准备拣货之间的作业阶段，称为订单处理。通常包括订单资料确认、存货查询、单据处理等内容。

订单处理分人工处理和计算机处理两种形式。人工处理具有较大的弹性，但只适合少量的订单处理。计算机处理则速度快、效率高、成本低，适合大量的订单处理，因此目前主要采取后一种形式。订单处理的步骤如图 6-2 所示。

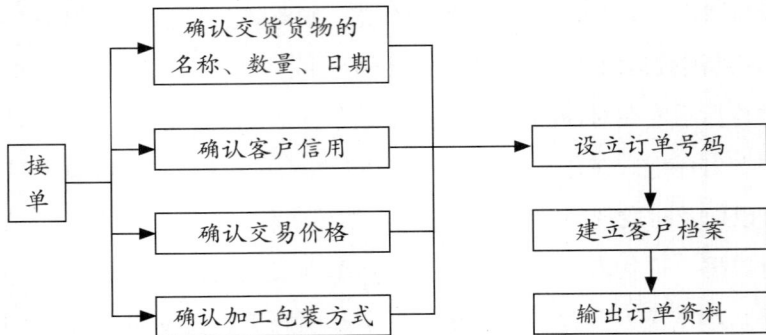

图 6-2　订单处理的基本内容及步骤

6.2.1.5 拣货作业和补货作业

（1）拣货作业

拣货作业是依据顾客的订货要求或配送中心的送货计划，尽可能迅速、准确地将商品从其储位或其他区域拣取出来，并按一定的方式进行分类、集中、等待配装送货的作业。

拣货作业的基本过程包括如下 4 个环节。

①拣货信息的形成。拣货作业开始前，指示拣货作业的单据或信息必须先行处理完成。虽然一些配送中心直接利用顾客订单或公司交货单作为拣货指示，但此类传票容易在拣货过程中受到污损而产生错误，所以多数拣货方式仍需将原始传票转换成拣货单或电子信号，使拣货员或自动拣取设备进行更有效的拣货作业。但这种转换仍是拣货作业中的一大瓶颈。因此，利用 EOS（Electric 0rdering System）、POT 直接将订货资讯通过计算机及时准确地转换成拣货单或电子信号是现代配送中心必须解决的问题。

②行走与搬运。拣货时，拣货作业人员或机器必须直接接触并拿取货物，这样就形成了拣货过程中的行走与货物的搬运。这一过程有两种完成方式：人—物方式，即拣货人员以步行或搭乘拣货车辆方式到达货物储位；物—人方式，与第一种方式相反，拣货人员在固定位置作业，而货物保持动态的储存方式。

③拣货。无论是人工或机械拣取货物都必须首先确认被拣货物的品名、规格、数量等内容是否与拣货信息传递的指示一致。这种确认既可以通过人工目视读取信息，也可以利用无线传输终端机读取条码，由电脑进行对比，后一种方式可以大幅度降低拣货的错误率。拣货信息被确认后，拣取的过程可以由人工或自动化设备完成。

④分类与集中。配送中心在收到多个客户的订单后，可以形成批量拣取，然后再根据不同的客户或送货路线分类集中。有些需要进行流通加工的商品还需根据加工方法进行分类，加工完毕再按一定方式分类出货。多品种分货的工艺过程较复杂，难度也大，容易发生错误，必须在统筹安排形成规模效应的基础上提高作业的精确性。分类完成后，经过查对、包装便可以出货了。

（2）补货作业

补货作业是将货物从仓库保管区域搬运到拣货区的工作，其目的是确保商品能保质保量按时送到指定的拣货区。

补货作业主要包括：确定所需补充的货物；领取商品；做好上架前的各种打理、准备工作；补货上架。

补货作业方式主要有以下几种。

①整箱补货。由货架保管区补货到流动货架的拣货区。这种补货方式的保管区为料架储放区，动管拣货区为两面开放式的流动棚拣货区。拣货员拣货之后把货物放入输送机并运到发货区，当动管区的存货低于设定标准时，则进行补货作业。这种补货方式由作业员到货架保管区取货箱，用手推车载箱至拣货区。较适合于体积小且少量多样出货的货品。

②托盘补货。这种补货方式是以托盘为单位进行补货。托盘由地板堆放保管区运到地板堆放动管区，拣货时把托盘上的货箱置于中央输送机送到发货区。当存货量低于设定标准时，立即补货，使用堆垛机把托盘由保管区运到拣货动管区，也可把托盘运到货架动管区进行补货。这种补货方式适合于体积大或出货量多的货品。

③货架上层—货架下层的补货方式。此种补贷方式保管区与动管区属于同一货架，也就是将同一货架上的中下层作为动管区，上层作为保管区，而进货时则将动管区放不下的多余货箱放到上层保管区。当动管区的存货低于设定标准时，利用堆垛机将上层保管区的货物搬至下层动管区。这种补货方式适合于体积不大、存货量不高，且多为中小量出货的物品。

6.2.1.6 配货作业和送货作业

（1）配货作业

配货作业是指把拣取分类完成的货品经过配货检查过程后，装入容器并做好标示，再运到配货准备区，待装车后发送。配货作业既可采用人工作业方式，也可采用人机作业方式，还可采用自动化作业方式，但组织方式有一定区别。其作业流程如图 6-3 所示。

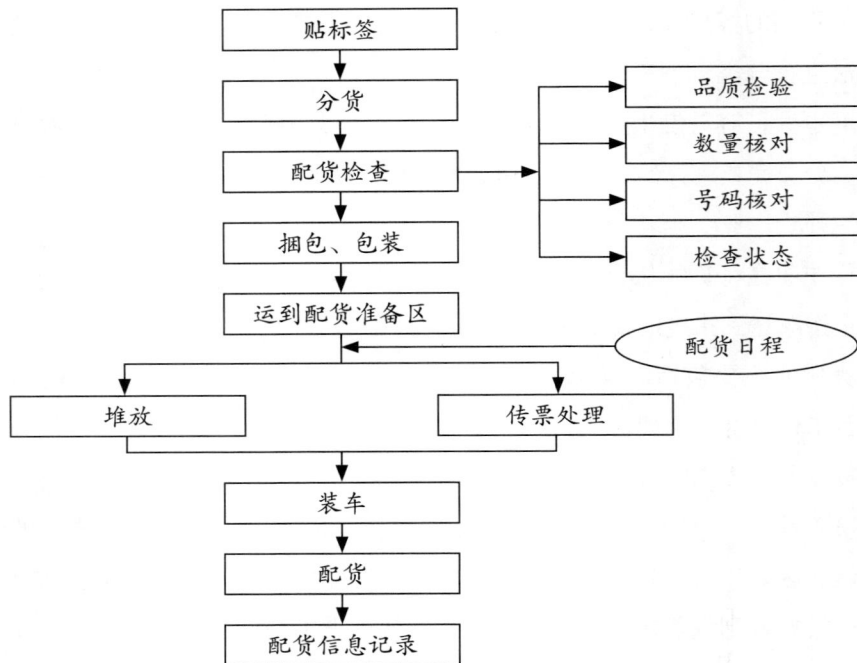

图 6-3　配货作业流程

（2）送货作业

送货作业是利用配送车辆把用户订购的物品从制造厂、生产基地、批发商、经销商或配送中心，送到用户手中的过程。送货通常是一种短距离、小批量、高频率的运输形式，它以服务为目标，以尽可能满足客户需求为宗旨。

送货作业的一般业务流程如图 6-4 所示。在各阶段的操作过程中，需要注意的要点是：明确订单内容，掌握货物的性质，明确具体配送地点，适当选择配送车辆，选择最优的配送线路及充分考虑各作业点装卸货的时间。

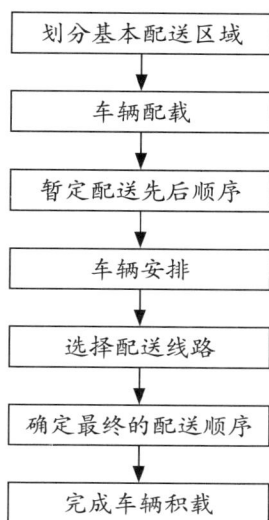

图 6-4　送货作业流程

6.2.1.7 退调作业和信息处理

（1）退调作业

退调作业涉及退货商品的接收和退货商品的处理。而退货商品的处理，还包含着退货商品的分类、整理（部分商品可重新入库）、退供货商或报废销毁以及账务处理。

（2）信息处理

在配送中心的运营中，信息系统起着中枢神经的作用，其对外与生产商、批发商、连锁商场及其他客户等联网，对内向各子系统传递信息，把收货、储存、拣选、流通加工、分拣、配送等物流活动整合起来，协调一致，指挥、控制各种物流设备和设施高效率运转。在配送中心的运营中包含着三种"流"，即物流、资金流和信息流。

6.2.2　配送模式

6.2.2.1 配送模式的种类

（1）自营配送模式

自营配送模式是指企业物流配送的各个环节由企业自身筹建并组织管理，实现对企业内部及外部货物配送的模式，是目前生产流通或综合性企业（集团）所广泛采用的一种配送模式。企业（集团）通过独立组建配送中心，实现内部各部门、场、店的物品供应的配送。这种配送模式因为糅合了传统的"自给自足"的"小农意识",形成了新型的"大而全"、"小而多",从而造成了社会资源的浪费。但是这种配送模式有利于企业供应、生产和销售的一体化作业,系统化程度相对较高,既可满足企业内部原材料、半成品及成品的配送需要,又可满足企业对外进行市场拓展的需求。

较典型的企业(集团)内自营配送模式,就是连锁企业的配送。许多连锁公司或集团基本上都是通过组建自己的配送中心,来完成对内部各场、店的统一采购、统一配送和统一结算的。

(2)共同配送模式

共同配送是物流配送企业之间为了提高配送效率以及实现配送合理化所建立的一种功能互补的配送联合体,是一种物流配送经营企业之间为实现整体配送合理化,以互惠互利为原则,互相提供便利的物流配送服务的协作型配送模式,也是电子商务发展到目前为止最优的物流配送模式。这种配送模式包括配送的共同化、物流资源利用共同化、物流设施设备利用共同化以及物流管理共同化。共同配送模式是合理化配送的有效措施之一,是企业保持优势常在的至关重要的法宝,是企业横向联合、集约协调、求同存异和效益共享,发挥集团型竞争优势的一种现代管理方法。

在实际运作中,由于共同配送联合体的合作形式、所处环境、条件以及客户要求的服务存在差异,因此,共同配送的运作过程也存在较大的差异。共同配送的一般运作过程如图6-5所示。

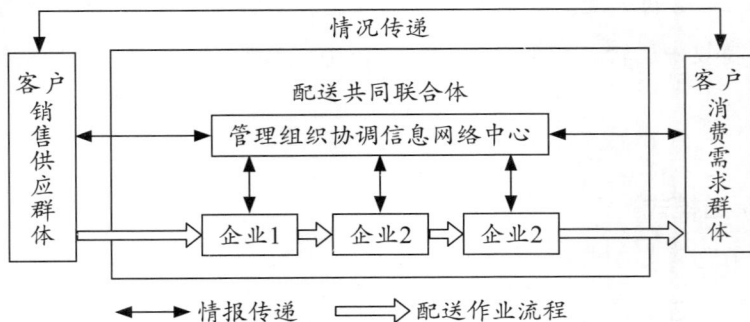

图6-5 共同配送的一般流程

(3)第三方配送模式

随着物流产业的不断发展以及第三方配送体系的不断完善,第三方配送模式成为工商企业和电子商务网站进行货物配送的首选模式和方向。第三方配送模式的运作方式如图 6-6 所示。

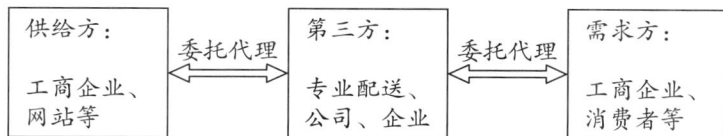

图 6-6　第三方配送模式的运作方式

第三方配送模式作为有着较新物流理念的产业正在逐步形成，在对企业的服务中逐步形成了一种战略关系。随着 JIT 管理方式的普及，无论是制造企业还是商业企业逐渐把配送业务交由相对独立的第三方进行管理。第三方配送企业根据采购方的小批量和多批次的要求，按照地域分布密集情况，决定供应方的取货顺序，并应用一系列的信息技术和物流技术，保证 JIT 取货和配货。与其他配送模式不同的是，这种新型的物流配送模式主要有以下特点。

①拉动式（响应为基础）的经营模式。

②小批量、多批次取货。

③提高生产保障率，减少待料时间。

④减少中间仓储搬运环节，做到"门对门"的服务，节约仓储费用和人力、物力。

⑤产生最佳经济批量，从而降低运输成本。

⑥通过 GPS 全球定位系统及信息反馈系统，保证 JIT 运输及运输安全。

6.2.2.2 配送模式的选择

选择何种配送模式，主要取决于以下几方面的因素：配送对企业的重要性，企业的配送能力，市场规模与地理范围，保证的服务及配送成本等。一般来说，企业配送模式的选择方法主要有矩阵图决策法、比较选择法等。在这里我们介绍矩阵图决策法。

矩阵图决策法主要是通过两个不同因素的组合，利用矩阵图来选择配送模式的一种决策方法。其基本思路是选择决策因素，然后通过其组合形成不同区域或象限再进行决策。在这里我们主要围绕配送对企业的重要性和企业配送的能力来进行分析，如图 6-7 所示。

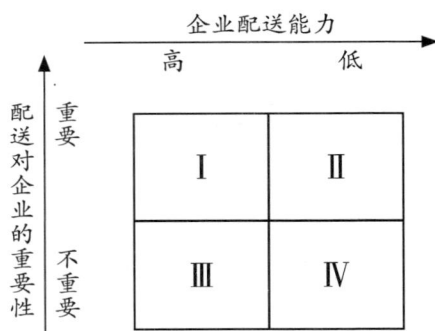

图 6-7　矩阵图决策法

在实际经营过程中，企业根据自身的配送能力和配送对企业的重要性组成了上述区域，一般来说，企业可按下列思路来进行选择和决策。

在状态 I 下，配送对企业的重要性程度较大，企业也有较强的配送能力，在配送成本较低和地理区域较小但市场相对集中的情况下，企业可采取自营配送模式，以提高顾客的满意度和配送效率，与营销保持一致。

在状态 II 下，配送虽对企业的重要程度较大，但企业的配送能力较低，此时，企业可采取的策略是寻求配送伙伴来弥补自身在配送能力上的不足。可供选择的模式有三种：第一种是加大投入，完善配送系统，提高配送能力，采用自营配送模式；第二种是进行一些投入，强化配送能力，采用共同配送模式；第三种是采取第三方配送模式，将配送业务完全委托给专业性的配送企业来进行。一般来说，在市场规模较大，且相对集中及投资量较小的情况下，企业可采取自营配送模式，若情况相反，则可采取第三方配送模式。

在状态 III 下，配送在企业战略中不占据主要地位，但企业却有较强的配送能力，此时，企业可向外拓展配送业务，以提高资金和设备的利用能力，即可以采取共同配送的模式，也可以采用互用配送模式。若企业在该方面具有较大竞争优势时，也可适当地调整业务方向，向社会化的方向发展，成为专业的配送企业。

在状态 IV 下，配送在企业战略中不重要，且企业的配送能力较低，此时，企业宜采取第三方配送模式，将企业的配送业务完全或部分委托给专业的配送企业去完成，而将主要精力放在企业最为擅长的生产经营方面，精益求精，获得更大的收益。

6.3　电子商务物流配送的合理化

6.3.1　不合理配送的表现形式

对于配送合理与否，不能简单判定，也很难有一个绝对的标准。例如，企业效益是配送的重要衡量标志，但是，在决策时常常考虑各个因素，有时要做赔本买卖。所以，配送的决策是全面、综合性决策。在决策时要避免由于不合理的配送所造成的损失，但有时某些不合理现象是伴生的，要追求大的合理，就可能派生小的不合理，所以，虽然这里只单独论述不合理配送的表现形式，但要防止绝对化。

6.3.1.1　资源筹措不合理

配送是利用较大批量来筹措资源，通过筹措资源达到规模效益来降低资源筹措成本，使配送资源筹措成本低于用户自己筹措资源成本，从而取得优势。如果不是集中多个用户需要进行批量筹措资源，而仅仅是为某一两户代购代筹，对用户来讲，就不仅不能降低资源筹措费，相反却要多支付一笔配送企业的代筹代办费，因而是不合理的。资源筹措不合理还有其他的表现形式，如配送量计划不准，资源筹措过多或过少，在资源筹措时不考虑建立与资源供应者之间长期稳定的供需关系等。

6.3.1.2　库存决策不合理

配送应充分利用集中库存总量低于各用户分散库存总量的特点，从而大大节约社会财富，同时降低用户实际平均分摊库存费用。因此，配送企业必须依靠科学管理来实现一个低总量的库存，否则就会出现仅仅是库存转移，而未取得库存总量降低的效果。配送企业库存决策不合理还表现在储存量不足，不能保证随机需求，失去了应有的市场。

6.3.1.3　价格不合理

总的来讲，配送的价格应低于不实行配送时用户自己进货时产品购买价格加上自己提货、运输、进货之成本总和，这样才会使用户有利可图。有时候，由于配送有较高的服务水平，价格稍高，用户也是可以接受的，但这不是普遍的原则。如果配送价格普遍高于用户自己进货价格，损伤了用户利益，就是一种不合理表现。价格过低，使配送企业处于无利或亏损状态下运行，会损伤配送企业，这也是不合理的。

6.3.1.4 配送与直达的决策不合理

一般的配送总是增加了环节，但是这个环节的增加，可降低用户平均库存水平，以此不但抵消了增加环节的支出，而且还能取得剩余效益。但是如果用户使用批量大，可以直接通过社会物流系统均衡批量进货，较之通过配送中转送货物则可能更节约费用，所以，在这种情况下，不直接进货而通过配送，就属于不合理范畴。

6.3.1.5 送货中的运输不合理

配送与用户自提比较，尤其对于多个小用户来讲，可以集中配装一车送几家，这比一家一户自提，可大大节省运力和运费。如果不能利用这一优势，仍然是一户一送，而车辆达不到满载（即时配送过多、过频时会出现这种情况），则就属于不合理。

此外，不合理运输若干表现形式，在配送中都可能出现，会使配送变得不合理。

6.3.1.6 经营观念不合理

在配送实施中，有许多是经营观念不合理，使配送优势无从发挥，相反却损坏了配送的形象。这是开展配送时尤其需要注意克服的不合理现象。例如，配送企业利用配送手段，向用户转嫁资金和库存困难；在库存过大时，强迫用户接货，以缓解自己库存压力；在资金紧张时，长期占用用户资金；在资源紧张时，将用户委托的资源挪作他用获利等。

6.3.2 配送合理化的判断标志

对于配送合理化与否的判断，是配送决策系统的重要内容，目前国内外尚无一定的技术经济指标体系和判断方法，按一般认识，以下若干标志是应当纳入的。

6.3.2.1 库存标志

库存是判断配送合理与否的重要标志。具体指标有以下两方面。

①库存总量。库存总量在一个配送系统中，从分散于各个用户转移给配送中心，配送中心库存数量加上各用户在实行配送后库存量之和应低于实行配送前各用户库存量之和。此外，从各个用户角度判断，各用户在实行配送前后的库存量比较，也是判断合理与否的标准，某个用户的库存量上升而总量下降，也属于一种不

合理。库存总量是一个动态的量，上述比较应当是在一定经营量的前提下。在用户生产有发展之后，库存总量的上升则反映了经营的发展，必须扣除这一因素，才能对总量是否下降做出正确判断。

②库存周转。由于配送企业的调剂作用，以低库存保持高的供应能力，库存周转一般总是快于原来各企业库存周转。此外，从各个用户角度进行判断，各用户在实行配送前后的库存周转比较，也是判断合理与否的标志。为取得共同比较基准，以上库存标志，都以库存储备资金计算，而不以实际物资数量计算。

6.3.2.2 资金标志

总的来讲，实行配送应有利于资金占用降低及资金运用的科学化。具体判断标志如下。

①资金总量。用于资源筹措所占用流动资金总量，随储备总量的下降及供应方式的改变必然有一个较大的降低。

②资金周转。从资金运用来讲，由于整个节奏加快，资金充分发挥作用，同样数量资金，过去需要较长时期才能满足一定供应要求，配送之后，在较短时期内就能达此目的。所以资金周转是否加快，是衡量配送合理与否的标志。

③资金投向的改变。资金分散投入还是集中投入，是资金调控能力的重要反映。实行配送后，资金必然应当从分散投入改为集中投入，以能增加调控作用。

6.3.2.3 成本和效益标志

总效益、宏观效益、微观效益、资源筹措成本都是判断配送合理化的重要标志。对于不同的配送方式，可以有不同的判断侧重点。例如，配送企业、用户都是各自独立的以利润为中心的企业，则不但要看配送的总效益，而且还要看对社会的宏观效益及两个企业的微观效益，不顾及任何一方，都必然出现不合理。又如，如果配送是由用户集团自己组织的，配送主要强调保证能力和服务性，那么，效益主要从总效益、宏观效益和用户集团企业的微观效益来判断，不必过多顾及配送企业的微观效益。

由于总效益及宏观效益难以计量，在实际判断时，常以按国家政策进行经营，完成国家税收及配送企业及用户的微观效益来判断。对于配送企业而言（投入确定了的情况下），则企业利润反映配送合理化程度。对于用户企业而言，在保证供应水平或提高供应水平（产出一定）前提下，供应成本的降低，反映了配送的合理化程度。成本及效益对合理化的衡量，还可以具体到储存、运输等具体的配送环节，使判断更为精细。

6.3.2.4 供应保证标志

实行配送，各用户的最大担心是害怕供应保证程度降低，这是个心态问题，也是承担风险的实际问题。

配送的重要一点是必须提高而不是降低对用户的供应保证能力，才算做到了合理。供应保证能力可以从以下几方面判断。

①缺货次数。实行配送后，对各用户来讲，该到货而未到货以致影响用户生产及经营的次数，这个数据必须下降才算合理。

②配送企业集中库存量。对每一个用户来讲，其数量所形成的保证供应能力高于配送前单个企业保证程度，从供应保证来看才算合理。

③即时配送的能力及速度。这是用户出现特殊情况的特殊供应保障方式，这一能力必须高于未实行配送前用户紧急进货能力及速度才算合理。

特别需要强调一点，配送企业的供应保障能力是一个科学的合理的概念，而不是无限的概念。具体来讲，如果供应保障能力过高，超过了实际需要，则属于不合理。所以追求供应保障能力的合理化也是有限度的。

6.3.2.5 社会运力节约标志

末端运输是目前运能、运力使用不合理，浪费较大的领域，因而人们希望通过配送的方式来解决这个问题。这也成了配送合理化的重要标志。

运力使用的合理化是依靠送货运力的规划和整个配送系统的合理流程及与社会运输系统合理衔接实现的。送货运力的规划是任何配送中心都需要花力气解决的问题，而其他问题有赖于配送及物流系统的合理化，判断起来比较复杂。可以简化判断如下。

①社会车辆总数减少，而承运量增加为合理。

②社会车辆空驶减少为合理。

③一家一户自提自运减少，社会化运输增加为合理。

6.3.2.6 用户企业仓库、供应、进货人力物力节约标志

配送的重要观念是以配送代劳用户，因此，实行配送后，各用户库存量、仓库面积、仓库管理人员减少为合理；用于订货、接货、搞供应的人应减少才为合理。真正解除了用户的后顾之忧，则配送的合理化程度才可以说是达到了一个高水平了。

6.3.2.7 物流合理化标志

配送必须有利于物流合理。这可以从以下几方面判断。

①是否降低了物流费用。

②是否减少了物流损失。

③是否加快了物流速度。

④是否发挥了各种物流方式的最优效果。

⑤是否有效衔接了干线运输和末端运输。

⑥是否不增加实际的物流中转次数。

⑦是否采用了先进的技术手段。

物流合理化的问题是配送要解决的大问题，也是衡量配送本身的重要标志。

6.3.3　配送合理化可采取的措施

国内外推行配送合理化，有一些可以供借鉴的办法，简介如下。

6.3.3.1 推行一定综合程度的专业化配送

通过采用专业设备、设施及操作程序，取得较好的配送效果并降低配送过分综合化的复杂程度及难度，从而追求配送合理化。

6.3.3.2 推行加工配送

通过加工和配送结合，充分利用本来应有的这次中转，而不增加新的中转求得配送合理化。同时，加工借助于配送，加工目的更明确，与用户联系更紧密，更能避免盲目性。这两者有机结合，投入不增加太多却可追求两个优势、两个效益，是配送合理化的重要经验。

6.3.3.3 推行共同配送

通过共同配送，可以以最近的路程、最低的配送成本完成配送，从而追求合理化。

6.3.3.4 实行送取结合

配送企业与用户建立稳定、密切的协作关系，配送企业不仅成了用户的供应代理人，而且成为用户的储存据点，甚至成为产品代销人。在配送时，将用户所需的物资送到，再将该用户生产的产品用同一车运回。这种产品也成了配送中心的配送产品之一，或者作为代存代储，免去了生产企业的库存包袱。这种送取结合，使运力充分利用，也使配送企业功能有更大的发挥，从而追求合理化。

6.3.3.5 推行准时配送系统

准时配送是配送合理化的重要内容。配送做到了准时，用户才有资源把握，可以放心地实施低库存或零库存，可以有效地安排接货的人力、物力，以追求最高效率的生产活动。另外，保证供应能力，也取决于准时供应。从国外的经验看，准时供应配送系统是现在许多配送企业追求配送合理化的重要手段。

6.3.3.6 推行即时配送

即时配送是最终解决用户企业担心断供之忧和大幅度提高供应保证能力的重要手段。即时配送是配送企业快速反应能力的具体体现，也是配送企业能力的体现。

即时配送成本较高，但它是整个配送合理化的重要保证手段。此外，即时配送也是保证用户实行零库存的重要手段。

【本章小结】

配送是在经济合理区域范围内，根据客户要求，对物品进行拣选、加工、包装、分割、组配等作业，并按时送达指定地点的物流活动。从物流来讲，配送几乎包括了所有的物流功能要素，是物流的一个缩影或在某小范围内物流全部活动的体现。配送作业是按照用户的要求，把货物分拣出来，按时按量发送到指定地点的过程。从总体上讲，配送是由备货、理货和送货三个基本环节组成的。其中每个环节又包含若干项具体的、枝节性的活动。对于存在的不合理配送，可以采取综合程度的专业化配送、加工配送、共同配送、送取结合、准时配送系统、即时配送等方式加以解决。

【课后思考】

(1)什么是电子商务物流配送？

(2)配送中心和物流中心有何区别与联系？

(3)配送中心有哪些类型？

(4)简述电子商务物流配送流程。

(5)电子商务物流配送有哪些模式？

(6)电子商务物流配送有哪些不合理的表现形式？

(7)如何使电子商务物流配送合理化？

【案例讨论】

电子商务物流的社区配送

对很多宅男宅女来说，出门逛超市可能要算一件既奢侈又浪费时间的事情。可是，像生鲜果蔬、米面粮油之类的东西，又是日常非用不可的。怎么办？当然，网购是一种解决方案，但就算是"次日达"，也解不了燃眉之急。于是，一种名为"社区配送"的服务开始流行起来，用户下单后一两个小时内就能送货上门，甚至还有"满 10 元包邮"这种快捷省钱的服务。

在杭州，一些电商企业已开始试水"社区配送"，还有一些互联网创业团队也把目光投向了社区化电商服务上。

5km 商圈内，1 小时送货到家

在杭州北部软件园工作的 COCO 每天工作都很繁忙，难得周末休息，就喜欢宅在家里，但家里经常碰到餐巾纸、零食、洗发水"断档"的事情。

"以前我也尝试过在天猫超市里买这些日用品，但基本上要隔一两天才能到货。"后来，COCO 发现有一家北京起家的社区电商在杭州开始试水，最大的卖点就是下单后 1 小时就可以送货上门。

"女孩子去超市拎大包小包太吃力，有人直接送货上门，肯定最省心了。最关键的是，平时逛个超市也要花一两个小时，现在这类网站居然承诺一个小时送到家，省了我不少时间。"

根据 COCO 的"指点"，记者找到了这家名为"社区 001"的网站，其已在北上广深 4 个城市成熟运作，现在也已在杭州 4 个商圈进行配送服务了，分别是西城广场商圈、和平广场商圈、运河广场商圈和江城商圈。

从网站提供的商品来看，主要以日用品为主。确实如 COCO 所介绍的那样，5km 商圈内 1 小时送货到家，如果消费满 100 元则免配送费，低于 100 元则收取 6 元配送费。

"为什么现在各类外卖 APP 软件这么火爆？就是把目标瞄准了'懒人'。社区配送就是类似超市外送服务的模式，或者说是便利店外送服务，它们的目标人群是一样的，只是前者为餐饮需求，后者为日用品需求。"一位从事互联网营销工作的人士如此认为。

样本一：500mi

把夫妻便利店也纳入网中，专做 500m 生意。

"500mi"是杭州本土的一家社区电商平台，自称其模式是帮便利店开网店，创始人曾是阿里系员工。

正如其名字一样，"500mi"的定位是提供小区方圆 500m 范围内的便利店服务，参与配送的，包括小区夫妻便利店，也包括像快客这样的品牌店。

杭州五发网络科技有限公司运营部总监严德江负责"500mi"日常的运营。他告诉记者，目前他们主要在微信上推广。

记者用微信加"500mi"官方号之后，通过定位找到了周边的"500mi 生活圈"商家，很多"躲"在小区内、巷子里的小便利店都冒了出来；点击进去，可以购买油盐酱醋等各类生活用品。

"我们从今年 5 月份开始上线，到目前每天的订单量达数百个。目前我们承诺的是两个小时内送货到户，由便利店商家自行配送。"严德江说。

样本二：唯快生活

联合商超、菜场，做平民产品买手。

有 3 个"85 后"年轻人，毕业后一心想创业，都非常看好移动互联网的未来。2015 年 5 月，他们一拍即合，准备做一个商超 O2O 模式的移动客户端，来解决消费者买菜、去超市采购生活用品的时间问题，于是有了杭州唯快科技有限公司。

高斌毅是这家公司的负责人。他告诉记者，做这款 APP，最初的想法很简单，就是提供更多的生活便利。

"现在大城市里的人们，尤其是白领，每天工作压力都很重，时间不够用，好不容易下班了，可能还要去菜场或者超市买生鲜蔬菜。买菜，加路上的时间，就超过一个小时，那么为什么不能通过移动互联网省下这一小时呢？"

传统网购不能快速送达，去超市没时间，交通拥堵，车位又紧张，选购商品费时间……高斌毅觉得现在大部分 25 ~ 40 岁的人都希望通过移动互联网让生活变得更有效率和质量。于是，他把该软件的受众群定在了这个年龄段，同时把服务内容放在配送生鲜蔬果上。

可是，这样的一对一送货上门服务，会不会让萝卜青菜的价格翻几番呢？

"不会，我们承诺超市什么价格，顾客买单时就是什么价格。"高斌毅介绍说，"我们先会和商超做些合作，接下去，农贸市场、便利店都是我们要合作的伙伴。"

社区电商配送成为一种趋势

记者留意到，目前在杭州提供社区服务的电商还有不少，如"爱鲜蜂"、"59store"等。

事实上，提供这样社区外送的不只有这些新生企业。

随着社区电商的人气积累，电商巨头必然不肯放过这块市场。就在半个月前，电商大佬京东也开始花很大力气推出"京东快点"项目。它同样是主攻日用品配送服务，目前还只是在北京试水，但模式很清楚：如果用户在9点至晚上8点半之间下单，商品将在两小时内送达，且免运费的门槛是每单10元。

这些社区电商有着两个非常明显的特点：与小区周边的商超合作，由商超供应货品，然后由平台方进行运营，配送非常及时。

"对于平台方来说，这是一种轻资产运营，没有囤货、备货的压力；对于消费者来说，这是对购物方式的减压。综合起来说，这种新的消费习惯可能会成为一种趋势。"中国电子商务研究中心分析师莫岱青对记者说，"此前传统商超也在尝试电子商务，但目前没有听说哪家做得特别好的。从某种程度来说，传统企业可能并没有把重点放在电商上面，远不如那些做社区电商的互联网企业更具备互联网思维。"

（资料来源：网易财经 http://money.163.com/）

思考：

(1)什么是电商物流的社区配送？

(2)电商物流的社区配送有何特点？

Chapter 7

第 7 章

电子商务物流供应链

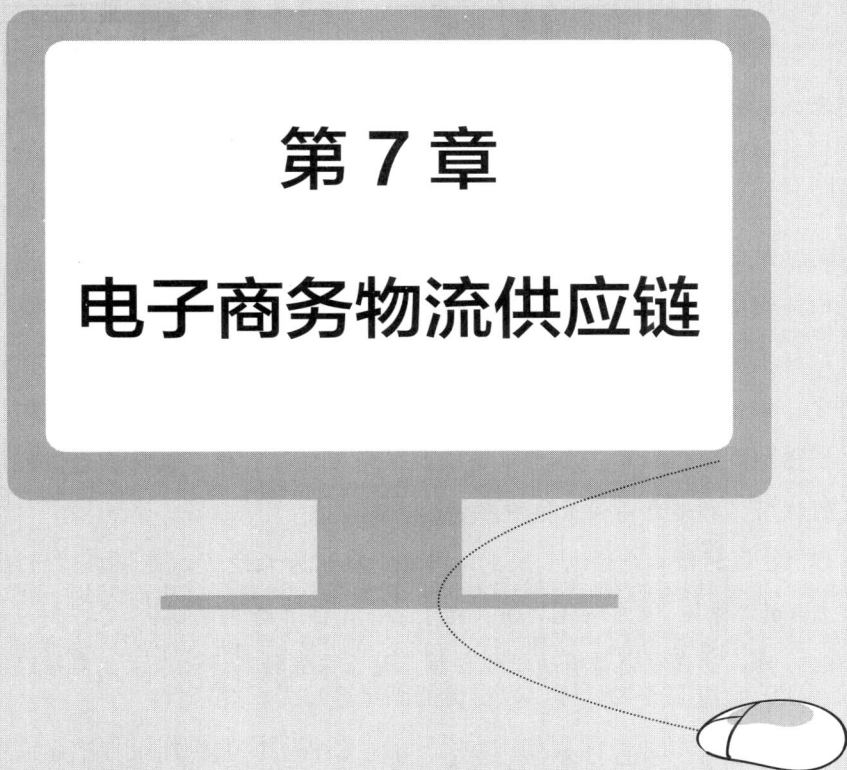

【导入案例】

京东的电商供应链

真正的竞争不是企业之间的竞争，而是供应链的竞争。2014年10月17日，iPhone6零点首发，京东完成3小时极速达；2015年4月17日，三星GALAXYS6京东首发，利用移动仓技术完成1小时送达；2015年7月7日，华为荣耀7京东首发，最快的订单10分钟就到达了客户手中……这就是电商供应链的极致体验。

电商供应链的战略思路概括为"4321"：①"四流合一"，即商流、物流、信息流、资金流；②"三业联动"，即制造业、零售业、物流业；③"两线驱动"，即线上线下，未来的零售渠道不再区分线上线下，而是全渠道；④"一键服务"，即以用户价值为核心，只要用户触摸一下APP，点一下鼠标，供应链在后台将以最佳速度和效果完成。供应链竞争的核心竞争力仍然聚焦于三点：用户体验、成本、效率。

1.电商供应链之"形"、"神"、"道"

供应链有传统的"链"形和"网"形之分。为此，京东正在探索将创意、设计、研发、制造、定价、营销、交易、仓储、配送、售后10个环节环环相扣，致力于描绘出整个网络结构，补全市场软肋，充分发挥营销、交易、仓储、配送、售后服务的作用，打造电商供应链中独特的"形"。

电商供应链的核心是预测、采购、库存、物流和系统，这是供应链的精髓所在，也是供应链的"神"。京东物流之快，源于京东背后强大的供应链。京东供应链采销一体、仓配一体，这是电商特有的组织安排，是京东保持高速增长与高品质服务的关键所在。

供应链既需要前瞻性规划，又要精细化运营，还要实现"正和性"，这是供应链的"道"。精细化运营，即在B2C的服务中，聚焦客户，持续改善，简化管理。早在3年前，京东就启动了全国的物流改善项目。京东物流之所以高效和低成本，正是来自于一线源源不断的物流改善。

库存是企业经营和供应链的核心。通过企业与供应商间建立起的库存共享等管理策略，让电子商务海量的商品更贴近用户。在仓储生产环节，京东实行 JIT 生产模式，即所有用户的订单在合适的时间才被释放，并被包装、分拣、配送，按照承诺给客户的时间发货。京东的研发队伍超过 4000 人，遍布在世界各地，充分体现了系统在京东供应链中的重要性。朱政经表示，除了部分职能系统，业务层面的系统都是由京东自主研发完成的。京东电商 12 年，在系统上投入了大量的人力和财力，使得京东系统能够支撑销售的高速增长，保障每年"618"和"双 11"等促销季的平稳运营。

2. 互联网＋供应链创新实现共赢

规范运营，实现共赢，是京东始终的目标。朱政经认为，供应链一定是要实现"正和性"的，"零和"会牺牲合作伙伴的利益，"我们做的每一个决定都以此为准则。"

创新是实现规范运营的手段。对京东而言，"互联网＋供应链"就是创新。以京东的协同发货项目为例，京东把每个厂家都看作是合作伙伴，致力于解决他们的痛点，包括环节多、投入人力物力多等。为了减少厂家不必要的转运，京东大量地就近使用厂家存放商品的仓库，在当地完成生产并发货，最后投放到京东最近的分拣中心，确保"最后一公里"物流服务的一致性。

类似于这样的创新，京东供应链每天都在进行，创新是京东的文化。京东要发展成为一家国民企业，不仅服务城市消费者，更要造福农村消费者。当前，农村的大家电消费仍存在不公平现象，农村零售市场的电视机的价格比电商高 500~800 元。为此，京东创新了"京东帮"项目，以京东帮服务店的形式，把大家电的销售下沉到农村市场，让农村消费者得到实惠。

3. 全球化与全球供应链

2014 年，京东开始向国际化发展。未来京东将在更多的国家开拓业务，把中国制造的产品卖到世界的各个角落。京东强大的物流网络决定了京东全球购的与众不同：京东把优质产品放到国内各个口岸和保税仓库，京东全权负责采购，同样的品质，更低的价格，更好的体验，充分体现了京东全球购的强大优势和创新思路。

全球购具有一定的挑战性，本质上仍然脱离不开供应链。快递和物流存在本质的区别：快递是以包裹的形式去运送，而物流必将以商品为核心，包括预测、采购等，需要解决时差、语言、支付等问题。

4. 京东物流，让交付更便捷

当前，京东的基础设施已经遍布 40 余个城市。在满足销量高速发展的前提下，京东实现了业界耳熟能详的关于"京东速度"的承诺，其关键在于库存的部署。目前，京东仓库架构分 RDC（Regional Distribution Center）和 FDC（Forward Distribution Center），并逐步向三四线城市下沉，即将畅销品类下沉到 FDC，既避免了巨大的库存压力，又能确保当地订单高满足率，提升当地服务时效，实现全流程可控。

未来，京东物流将服务于传统制造与传统零售往线上转型的公司，利用京东庞大的基础设施和全面的服务——仓储、运输、配送、大件物流、增值服务，给企业发展带来实实在在的帮助。京东物流正在走向开放，并致力于成为互联网时代专业的供应链解决方案专家。

（资料来源：万联网资讯中心 http：//info.10000link.com/）

7.1 供应链与供应链管理

7.1.1 供应链的起源

供应链的思想起源于 20 世纪 80 年代，是美国政府为了重新夺得制造业领域的竞争优势而提出的一种新型管理模式。供应链的早期研究从物流领域开始，但很快扩展到其他行业多种领域。

当时，许多传统企业在内部采取"纵向一体化"的模式来解决原材料供给、产品生产和销售等问题。然而，随着 IT 技术的不断发展，经济环境快速变化，个性化需求不断增加，使得企业在快速、复杂变化的市场中难以做出快速响应，单个企业不能以有限的资源应付庞大的业务领域形成自身的竞争优势，因此，原材料供应商、制造商、分销商、零售商和运输商等一系列企业开始形成战略联盟，组成价值增值链，通过优势互补获得集体竞争的优势，达到双赢甚至多赢的目的。就这样，供应链理念应运而生。从商品的价值在业务连锁中逐渐增值的角度看，可称为"价值链"；从满足消费者需求的业务连锁角度看，也可称为"需求链"。

7.1.2 供应链的定义

供应链（Supply Chain）的概念，最早源于哈佛大学商学院教授迈克尔·波特（Michael Porter）在 20 世纪 80 年代初期发表的《竞争优势》一书第二章中关于"价值链"（Value Chain）的概念。但是目前，供应链还没有形成统一的定义。早期观点认为，供应链是制造企业中的一个内部过程，是指把从企业外部采购的原材料和零部件，通过生产转换和销售等活动，再传递到零售商和用户的一个过程。这种观点局限于企业内部操作层次，注重企业自身资源的利用，并没有注意与之相关的企业。后来供应链的概念注意了与其他企业的联系，注意了供应链的外部环境，认为它是一个"通过链中不同企业的制造、组装、分销、零售等过程将原材料转化为产品，再到最终用户的转换过程"。这是更大范围、更为系统的概念。例如，美国的 Stevens 认为，"通过增值过程和分销渠道控制从供应商的供应商到用户的用户的流就是供应链，它开始于供应的源点，结束于消费的终点。"这个定义体现了供应链的完整性，考虑了供应链中所有成员的一致性。

而近年来，供应链的概念更加注重围绕核心企业的网链关系，如核心企业与供应商、供应商的供应商乃至与一切前向的关系，如与用户、用户的用户及一切后向的关系。此时，对供应链的认识形成了一个网链的概念。Harrison 进而将供应链定义为："供应链是执行采购原材料，将它们转化为中间产品或成品，并且将成品销售到用户的功能网。"这个定义强调了供应链的战略伙伴关系。通过建立战略伙伴关系，可以更有效地开展工作。

综合上述定义，可以得出一个较为完整的供应链的定义：供应链是围绕核心企业，通过对信息流、物流、资金流的控制，从采购原材料开始，制成中间产品以及最终产品，最后由销售网络把产品送到消费者手中的将供应商、制造商、分销商、零售商直到最终用户连成一个整体的功能网络结构模式。它是一个范围更广的企业结构模式，包含所有加盟的节点企业，从原材料的供应开始，经过链中不同企业的制造加工、组装、分销等过程直到最终用户。它不仅是一条物料链、信息链、资金链，更是一条增值链。

我国国家标准（GB/T18354—2006）《物流术语》对供应链的定义是："生产及流通过程中，涉及将产品或服务提供给最终用户所形成的网链结构。"

7.1.3　供应链的基本结构模型

根据供应链的实际运行情况可知，供应链由所有加盟的节点企业组成。在一个供应链系统中，一般有一个企业处于核心地位（可以是产品制造企业，也可以是大型零售企业，如美国的沃尔玛），节点企业在需求信息的驱动下，通过供应链的职能分工与合作（生产、分销、零售等），以资金流、物流或/和服务流为媒介实现整个供应链的不断增值。供应链的基本结构模型如图7-1所示。

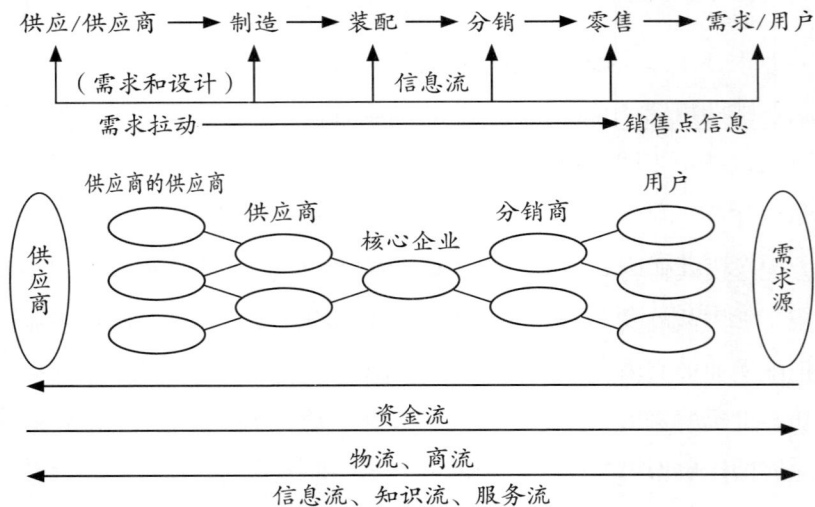

图7-1 供应链网络结构示意图

7.1.4 供应链的特征

由供应链的基本结构模型可以看出，供应链是一个网链结构，由围绕核心企业的供应商、供应商的供应商和用户、用户的用户组成。一个企业是一个节点，节点企业和节点企业之间是一种需求与供应的关系，供应链主要具有以下特征。

（1）复杂性

因为供应链节点企业组成的跨度（层次）不同，供应链往往由多个、多类型、多地域的企业构成，所以供应链结构模式比一般单个企业的结构模式更为复杂。

（2）动态性

随着供应链目标、服务方式以及企业核心竞争力的不断变化，节点企业及其地位也会发生变化，因而供应链会不断变更和重组节点企业以适应市场需求。

（3）面向用户需求

供应链的形成、存在和重构，都是基于一定的市场需求而发生的，并且在供应链的运作过程中，用户的需求拉动是供应链中的信息流、产品/服务流、资金流运作的驱动源。

（4）交叉性

节点企业可以同时是多个供应链的成员，众多的供应链形成交叉结构，增加了协调管理的难度。

（5）合作性

供应链是企业适应国际经济一体化的表现形式，合理调整企业间存在的目标和利益冲突，以供应链目标为共同目标，以合作为主，竞争为辅，完成对市场变化的快速反应，实现供应链企业的双赢。

7.1.5　供应链的类型

供应链是一个复杂的系统，根据不同的划分标准可以将供应链划分为不同的类型。笔者主要考虑以下 3 种划分标准。

7.1.5.1 按供应链的网状结构的不同划分

按供应链的网状结构可以将供应链划分为发散型（V 型）、会聚型（A 型）以及介于这两种模式之间的 T 型供应链。

（1）发散型（V 型）供应链

V 型供应链是最基础的供应链结构。在这种供应链结构中，物料是以大批量的方式存在，经过企业加工转换为中间产品，提供给其他企业作为他们的原材料。而生产中间产品的企业往往客户比供应商多，故而呈发散状。相关的行业主要有石油、化工、造纸及纺织企业。这种类型的供应链在产品生产过程中的每个阶段都有控制问题。在这些发散网络上的企业，因为是生产多品种产品，因而使其业务非常复杂。为了保证客户需求，需要库存作为缓冲来满足不确定需求和确保企业有能力生产，但这样做则会占用大量的资金和资源。

V 型供应链的成功计划和调度主要依赖于对关键性的内部能力瓶颈的合理安排，它需要供应链上的所有成员制订统一、详细的高层计划。

（2）A 型供应链

当核心企业为供应链网络上的最终用户服务时，为了满足相对较少的客户需求和客户订单，需要从大量的供应商手中采购大量的物料，这是一种典型的 A 型供应链，也即会聚型供应链。相关的行业主要有航空工业、汽车工业和重工业等。这些企业受服务驱动，精力集中放在重要装配点的物流同步上，企业资源计划（ERP）成为这些企业进一步发展的阶梯。

这种结构的供应链在接受订单时考虑供应链提前期，并且能保证按期完成的能力，其关键之处在于精确地计划和分配满足该订单生产所需的物料的能力，考虑工厂真实可用的能力、所有未分配的零件和半成品、原材料和库中短缺的关键性物料及供应时间。另外还要辨别关键性的路径。所有供应链节点都必须在供应链系统中有同样的详细考虑，这就需要关键路径的供应链成员紧密地联系和合作。

（3）T型供应链

介于上述两种结构之间的供应链是T型供应链，如医药保健品、汽车配件、电子产品、食品及饮料等行业。

T型企业的供应链根据现存的订单确定通用件，并通过对通用件的制造标准化来减少复杂程度。由于T型供应链是最复杂的结构，企业往往投入大量的资金用于供应的解决方案，需要尽可能限制提前期来稳定生产而无须持有大量库存，预测和需求管理是T型供应链成员重点要考虑的问题。处理这种结构的最好办法是减少产品品种和运用先进方法或计划工具维护和加强供应链的控制水平。

7.1.5.2 按供应链的驱动模式划分

顾客需求的满足可能是主动的，也可能是被动的。对供应链而言，对市场上顾客需求的把握方式可能存在不同，据此可以将供应链分为生产推动型供应链和需求拉动型供应链。前者主要根据长期预测或销售订单进行生产决策，其主要形式是面向产品库存生产（make to stock）。一般地，制造商利用从零售商处接收的订单来进行需求预测。后者中的生产则根据实际消费者的需求来开展计划和组织协调生产，其主要形式为面向订单生产（make to order）。在这种生产方式中，供应链通过使用快速的信息流机制将客户需求信息向上传播。这两种类型的供应链的优缺点比较如表7-1所示。

表7-1　生产推动型与需求拉动型供应链优缺点比较

优缺点	生产推动型	需求拉动型
优点	能够稳定供应链的生产负荷，提高机器设备利用率，缩短交货周期，增加交货可靠性	大大降低各类库存和流动资金的占用，减少库存变质和失效的风险
缺点	需要备有较多的原材料、在制品和制成品库存，库存占用的流动资金较大。当市场需求发生变化时，企业应变能力较弱	将面临能否及时获取资源和及时交货以满足市场需求的风险

7.1.5.3 按供应链的主要功能划分

根据供应链的功能模式，即物理功能和市场中介功能，可以将供应链分为有效型供应链（ESC）和反应型供应链（RSC）。

有效型供应链以实现供应链的物理性能，为顾客提供功能型商品为主要目标，即以最低的成本将原材料转化为零部件、在制品和成品，并最终运送至消费者手中。有效型供应链面对市场的需求，其所提供的产品和技术具有相对稳定性。因此，供应链上的各类企业关注与获取规模经济效益，以提高设备的利用率，从而有效降低产品的成本。

反应型供应链以实现供应链的市场中介功能为主要目标，即对市场需求变化作出快速反应。这类供应链所提供产品的主要特性是创新性，其市场需求有很大的不确定性，或产品本身技术发展很快，产品生命周期较短，或产品价格随着季节的不同而有很大变化。对于这类供应链，需要保持较高的市场应变能力，实现柔性生产，从而降低产品过时和失效的风险。这两种类型的供应链比较如表 7-2 所示。

表 7-2　有效型供应链和反应型供应链的比较

比较内容	有效型供应链	反应型供应链
产品特征	功能型产品 产品技术和市场需求相对平稳	创新型产品 产品技术和市场需求变化很大
基本目标	以最低的成本供应可预测的需求、提高服务水平、减少缺货等	尽可能对不可预测的需求做出快速反应，使缺货、降价、废弃库存达到最小
产品设计战略	标准化设计以获取规模经济和效益最大化	模块化设计，尽可能扩大产品差异
提前期	在不增加成本的前提下缩短提前期	大量投资以缩短提前期
制造策略	保持较高的设备利用率	配置缓冲库存，柔性制造
比较内容	有效型供应链	反应型供应链
库存策略	保持最佳经济库存	部署好原材料、中间件和成品的缓冲库存
供应商的选择	以速度、质量和柔性为核心	以成本、效率和质量为核心

7.1.6 供应链管理产生的背景

20 世纪 90 年代，生产制造商和服务提供商都在寻求与供应商的合作机遇，将采购和供应管理职能从事务性的角色提升为企业战略决策中的一个部分。在供应链管理发展过程中，产生了采购和供应观以及运输和物流观。在知识经济时代，全球化竞争日益激烈，个体企业之间的竞争逐步转变为供应链之间的竞争，企业也逐步意识到它的成功取决于管理供应链的能力。这样就推动现代企业进入了全球化竞争的新纪元。

全球经济一体化是近几年国际经济发展的一个主要趋势，这给企业带来了难得的机遇和严峻的挑战，企业面临着不断急剧变化的市场需求及缩短交货期、提高质量、降低成本和改进服务的压力。企业经营环境的变化，使得原来各个分散的企业逐渐意识到，要在竞争激烈的市场中生存下来，必须与其他企业建立一种战略上的伙伴关系，实行优势互补，发挥各企业的核心能力，并且在一种跨企业的集成管理模式下，使各个企业能够统一协调起来。

7.1.7 供应链管理的定义

目前，国际上对供应链管理的定义还没有统一的认识。现有的供应链定义主要有：

美国供应链协会认为：供应链管理是对供应链中的信息流、物流和资金流进行设计、规划和控制，从而保证在正确的时间把正确的产品和服务送到正确的地方。

美国的 David Simidv Levi 教授等将其定义为"供应链管理是在满足服务水平需要的同时，为了使得系统成本最小而采用的把供应商、制造商、仓库和商店有效地结合成一体来生产商品，并把正确数量的商品在正确的时间配送到正确地点的一套方法。"

哈兰德（Harland）将供应链管理描述成对商业活动与组织内部关系，与直接采购者的关系，与第一级或第二级供应商的关系，与客户的关系等整个供应链关系的管理。

也有学者把供应链管理看成是一种基础的管理思想和方法，执行供应链中从供应商到最终用户的物流的计划和控制等职能。例如，伊文斯（Evens）认为：供应链管理是通过前馈的信息流和反馈的物料流及信息流，将供应商、制造商、分销商、零售商，直到最终用户连成一个整体的管理模式。菲利浦（Phillip）则认为供应链管理不是供应商管理的别称，而是一种新的管理策略，它把不同企业集成起来以增加整个供应链的效率，注重企业之间的合作。

我国国家标准《物流术语》对供应链管理的定义是：利用计算机网络技术全面规划供应链中的商流、物流、信息流和资金流等，并进行计划、组织、协调和控制。

根据上述定义，可以将供应链管理的概念表述为：人们在认识和掌握供应链各环节内在规律和相互联系的基础上，利用管理的计划、组织、指挥、协调、控制和激励职能，对产品生产和流通过程中各个环节所涉及的物流、信息流、资金流、价值流以及业务流进行的合理调控，以期达到最佳组合，发挥最大效率，以最小成本为客户提供最大价值的过程即为供应链管理。

7.1.8　供应链管理的特点

（1）管理的复杂度高，难度大

供应链可能涉及多个国家的多个企业，内部包括物流、商流、资金流、信息流的流动。这些导致了其管理的难度较大，复杂度比较高。为了管理好供应链，管理者必须对供应链中所有过程充分掌握，在系统的高度上进行统一规划，统一实施。

（2）面向用户需求

在供应链管理的过程中，用户的需求是驱动供应链运作的动力。在供应链内部，作为客户的下游企业的需求是上游企业工作的出发点，也是双方企业协调合作的基础。从供应链角度来看，最终客户的需求是供应链运作的触发条件，是供应链收益的最终影响因素。供应链的管理应该以面向用户的需求、努力提高用户满意度为管理的目标。掌握用户真实的需求，减少不必要的冗余，实现快速响应用户需求的变化。

客户需求是变化的，而且可能随机性较大，所受约束较小，这就使供应链管理在面向用户需求时强调快速和有效。当供应链达到快速时，就能在最终用户产生需求时以最短时间调动供应链中的各种资源满足用户需求。当供应链达到有效时，就能够更准确地捕捉用户需求，甚至能够提供超过用户期望的产品。

（3）动态的管理过程

供应链是动态运行的，当供应链内外环境发生变化时，要求供应链能够产生与之对应的变化，否则，就可能被市场淘汰。因此供应链的管理者必须始终监视整个供应链的运转，不时地对当前的供应链管理方法和运作过程作出调整，从而保持供应链的竞争优势和活力。动态的管理应该关注的是供应链的运作过程而不仅仅是运作结果。

（4）关注整体

供应链管理的重点不仅是供应链上各企业的运转状况，而是供应链的整体。供应链管理是建立在供应链竞争的基础上的，但链上某一企业的得失对供应链竞争的成败不是绝对的。因此，供应链管理关心整条供应链是否进入最佳的运行状态，每个企业的运作以及企业间的协作是否对供应链最有利，而不会追求所有企业的运行处于最佳状态，单个企业的最佳状态可能对供应链的整体效益不利。例如，在一条供应链中上游制造商为了追求自身利益最大化而不断扩大生产，但下游市场需求有限，就会造成整体供应链库存成本的增加。

（5）集成化管理

由于供应链管理的复杂性以及整体性，使得管理工作十分繁杂，而且各项管理工作之间也相互影响。上游供应商供货的延迟可能导致最终客户因无法按时获得产品而产生不满。因此，在供应链管理过程中，应该将所有的流程作为一个整体来管理，而不是简单地划分为物流管理、采购管理、生产管理等，这样才能保证管理决策的实施是有效的。集成化管理强调的是管理过程的集成，充分考虑各过程间的联系，统筹规划。

7.1.9 供应链管理的目的

供应链管理的基本思想是以市场和客户需求为导向，以核心企业为龙头，以提高竞争力、市场占有率、客户满意度和获取最大利润为目标，以协同商务、协同竞争和双赢原则为运作模式，通过运用现代企业管理思想、方法、信息技术、网络技术和集成技术，达到对整个供应链上的信息流、物流、资金流、价值流和工作流的有效规划和控制，从而将客户、分销商、供应商、制造商和服务商连成一个完整的网络结构，形成一个极具竞争力的战略联盟。

供应链管理的目的是通过对供应链各个环节的活动的协调，实现最佳业务绩效，从而增强整个公司业务的表现。高效的供应链设计、供应链层元之间信息分享、库存的可见性和生产的良好协调会使库存水平降低，使运输作业更为有效，并改善订单满足率及其他一些关键的业务功能。当供应链的各个环节只是单独完善自己，而不是把它的目标和活动与其他部门整合在一起时，整个链条就很难达到最优绩效表现。因此供应链各个环节之间必须进行协作才能够实现供应链的最大优化。

7.2 供应链管理的内容

7.2.1 供应链管理涉及的领域

供应链管理主要涉及 4 个领域：供应、生产计划、物流、需求。

由图 7-2 可知，供应链管理是以同步化、集成化生产计划为指导，以各种技术为支持，尤其以 Internet/Intranet 为依托，围绕供应、生产作业、物流（主要指制造过程）、满足需求来实施。供应链管理主要包括计划、合作和控制从供应商到用户的物料（零部件和成品等）与信息。供应链管理的目标在于提高用户服务水平和降低总的交易成本，并且寻求两个目标之间的平衡（提高服务水平通常会引起交易成本的增加）。

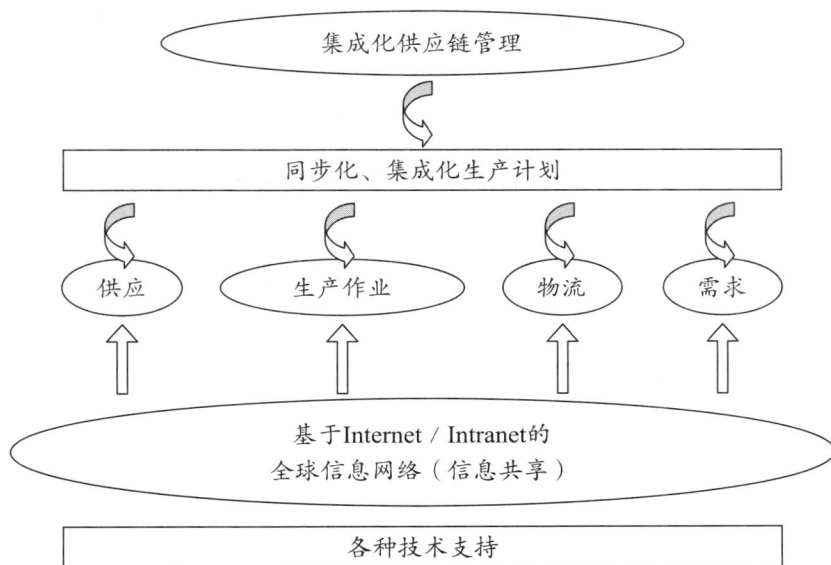

图 7-2　供应链管理涉及的领域

在以上 4 个领域的基础上，又可以将供应链细分为职能领域和辅助领域。职能领域主要包括产品工程、产品技术保证、采购、生产控制、库存控制、仓储管理、分销管理。而辅助领域主要包括客户服务、制造、设计工程、会计核算、人力资源、市场营销。

7.2.2 供应链管理的主要内容

由供应链的 4 个领域可知，供应链管理关心的并不仅仅是物料实体在供应链中的流动，除了企业内部与企业之间的运输问题和实物分销以外，供应链管理还涉及供应、生产、物流、需求方面，即是以市场需求为驱动，以同步化、集成化生产计划为指导，以各种技术为支持，尤其以 Internet/Intranet 为依托，控制和组织选料供应到生产制造、产品销售等一体化过程。供应链管理注重总的物流成本（从原材料到最终产成品的费用）与用户服务水平之间的关系，因此要把供应链各个职能部门有机地结合在一起，从而最大限度地发挥出供应链整体的力量，达到供应链企业群体获益的目的。

除了上述 4 个领域，供应链管理还包括以下主要内容。

（1）竞争环境分析和竞争战略

竞争环境分析主要是为了识别企业供应链所面对的市场特征。在竞争环境分析过程中，需要调查研究供应商、制造商、销售商、顾客与竞争对手的相关资料，据此对自身企业的各产品市场列出一系列特征，识别和寻找潜在的市场机遇。供应链管理十分强调发挥链中企业各自的核心竞争力，通过业务外包等方式，将非核心业务交由供应链节点上的其他企业完成。

（2）供应商和用户战略性合作关系管理

由于供应链本身的动态性以及不同机构和伙伴有着相互冲突的目标，对供应链进行集成是相当困难的。但在竞争激烈的市场中，为了满足顾客和供应链发展的需要，大多数公司要么被迫继承其供应链并忙于战略性结伴，要么主动出击，选择战略伙伴。因此，怎样进行集成才能取得成功；采用何种信息共享方式；信息对供应链的设计和作业有何影响；组织内部和外部合作者之间需要什么层次的集成以及最重视的是哪些类型的伙伴关系等，都是供应链集成和战略伙伴选择决策者所需要解决的问题。

（3）供应链的设计与构造

供应链设计要解决的主要问题是怎样将制造商、供应商和分销商有机地集成起来，使之成为相互关联的整体。与供应链管理联系最密切的是关于生产系统设计的问题。在供应链管理的影响下产品制造过程不仅要考虑企业内部的影响，而且还要考虑供应链对产品成本和服务的影响。供应链管理的出现扩大了原有的企业生产系统设计范畴，把影响生产系统运行的因素延伸到了企业外部，与供应链上的所有企业都联系起来，因此供应链设计就成为构造企业系统的一个重要方面。

（4）供应链信息集成与信息管理

信息共享在集成电子商务供应链管理中起着重要作用。传统的供应链管理方式由于"需求信息非理性扩大"，只能依赖提高库存水平来满足客户需求，而电子商务环境下的信息管理能支持供应链的快速反应，促进其有效预测和协调整个系统。特别是在物流系统中实现物流与信息流的有机结合，将使得供应链管理的效率和水平大大提高。

（5）供应链库存管理

供应链库存管理是站在由供应商、制造商、批发商和零售商等组成的整个供应链的角度考虑库存控制的问题。通过企业间分享信息和协调管理机制，结合先进管理方法和技术的应用，对供应链上的库存进行整体计划、组织、协调和控制，以减弱供应链中的牛鞭效应，降低库存的不确定性，提高供应链的稳定性。

（6）销售网络构造

销售网络构造是考虑几个工厂生产产品以服务一组地理位置分散的零售商的问题。例如，目前的一组仓库被认为是不合适的，希望重新组织和设计销售网络。另外，需求模式的变化可能要求改变工厂的生产水平，选择新的供应商，设计商品在销售网络中新的流动方式。要在使生产、库存、运输成本最小化和满足服务水平的条件下，选择各仓库的地点和容量，确定每一个工厂的生产水平，合理安排各设施之间的运输流量。

（7）产品设计

有效的产品设计在供应链管理中具有关键作用，不合理的产品设计会增加库存保管成本或运输成本。产品重新设计的代价通常非常昂贵，什么时候值得对产品进行重新设计来减少物流成本？通过产品设计的作用来弥补顾客需求的不确定性是否可行？为了利用新产品设计，对供应链应做什么样的修改？研究这些类型的产品设计问题是供应链管理的另一项重要内容。

（8）实现客户价值

客户价值是衡量一个企业对于其客户的贡献大小的指标，这一指标是根据企业提供的全部商品、服务以及无形影响来衡量的。如果一个企业希望满足客户的需要和提供价值，则有效的供应链管理是很关键的。这里需要确定的问题主要有：什么因素决定客户价值？客户价值如何衡量？在供应链中，供应链管理如何作用于客户价值？客户价值中出现的趋势，如客户关系的培养和经验的积累，如何影响供应链管理。

（9）供应链绩效评价

供应链管理不同于单个企业管理，因而其绩效评价和激励系统也有所不同。根据供应链管理的特征，衡量供应链管理效果、促进供应链管理水平不断提高的关键是构建新的绩效评价体系及新的组织与激励系统。

（10）供应链的信息控制和支持

对供应链的有效控制要求集中协调不同企业的关键数据，如订货预测、库存状态、缺货情况、生产计划、运输安排、在途物资等数据。为了便于管理人员迅速、准确地获得各种信息，必须建立有效的信息控制和支撑环境，利用 EDI、Internet 等技术手段实现供应链的分布数据库信息集成，达到共享采购订单的电子接收与发送、多位置库存控制、批量和系列号跟踪、周期盘点等重要信息。

7.3 供应链管理的方法

目前最常用的供应链管理方法主要有 3 种：快速反应（Quick Response，QR）、有效客户反应（Efficient Response，ECR）和协同规划、预测和连续补货（Collaborative Planning Forecasting and Replenishment，CPFR）。

7.3.1 快速反应

7.3.1.1 快速反应（QR）产生的背景

自 20 世纪 70 年代后期开始，美国纺织服装的进口急剧增加，严重威胁到了本地纺织服装企业的生存。在这种状况下，1984 年美国 84 家大型企业结成了"爱国货运动协会"。该协会在积极宣传美国国产纺织品的同时，委托 Kurt Salmon 公司调查、研究提升美国纺织业竞争力的方法。Kurt Salmon 公司在经过大量充分的调查后指出：虽然纺织产业供应链各环节的企业都十分注重提高各自的经营效率，但是整个供应链整体的效率却并不高。为此 Kurt Salmon 公司提出通过信息的共享以及生产商与零售商之间的合作，确立起能对消费者的需求快速反应的 QR 体制。在 Kurt Salmon 公司的倡导下，从 1985 年开始，美国纺织业开始大规模开展 QR 运动，正式掀起了供应链构建的高潮。

沃尔玛是最早推行 QR 的先驱，它在纤维纺织品领域与休闲服生产商塞米诺尔及面料生产商米尼肯公司结成了供应链管理体系。该 QR 体系的形成起到了良好的作用，大大提高了参与各方的经营绩效，有力地提升了相关产品的竞争力，起到了良好的带动和示范作用。

7.3.1.2 快速反应的定义

快速反应是指在供应链中，为了实现共同的目标，零售商和制造商建立战略伙伴关系，利用 EDI 等信息技术，进行销售时点信息交换以及订货补充等其他经营信息的交换，用高频率、小批量配送方式连续补充商品，以实现缩短交货周期、减少库存、提高客户服务水平和企业竞争力的供应链管理方法。

快速反应只有在贸易双方用技术来有效地管理彼此间的商品流和信息流，并在管理中接受这种新的"开放"关系的时候才能真正发挥作用，它的主要作用是在降低供应链总库存和总成本的同时提高销售额。所以成功的"快速反应"伙伴关系将提高供应链上所有伙伴的获利能力。

快速反应要求零售商和供应商一起工作，通过共享销售时点信息以预测商品的未来补货需求，以及不断地监视趋势以探索新产品的机会，以便对消费者的需求更快地作出反应。在运作方面，双方利用 EDI 系统加速信息流，并通过共同组织活动使得前置时间和费用最小。

7.3.1.3 快速反应成功的条件

通过对美国纺织服装业 QR 的研究，Black Bum 总结出以下 QR 成功的条件。

（1）改变传统的经营方式，革新企业的经营意识和组织

企业不能局限于仅依靠本企业的力量来提高经营效率的传统经营意识，要树立与供应链各方建立合作伙伴关系，努力利用各方资源来提高经营效率的现代意识。

零售商在垂直型 QR 系统中起主导作用，零售店铺是垂直型 QR 系统的起始点。

在垂直型 QR 系统内部，通过 POS 数据等销售信息和成本信息的相互公开和交换，提高各个企业的经营效率。

协调垂直型 QR 系统内各个企业之间的分工，消除重复业务和作业，建立有效的分工协作框架。

必须改变传统的事务作业的方式，利用信息技术实现事务作业无纸化和自动化。

（2）应用现代信息技术实现信息共享

开发和应用现代信息处理技术是成功进行 QR 活动的前提条件。这些信息技术有商品条形码技术、物流条形码技术、电子订货系统（EOS）、POS 系统、EDI 系统、预先发货清单技术（ASN）、电子支付系统（EFT）、供应商管理库存（VMI）、连续补充库存计划（CRP）等。

与此同时，与合作伙伴交流分享销售信息、库存信息、生产信息、成本信息等方面的信息，并且各方在一起共同发现问题、分析问题和解决问题。

（3）供应商必须缩短生产周期，降低商品库存

具体来说，供应商应做到以下3点：①缩短商品的生产周期（Cycle Time）；②进行多品种少批量生产和高频率小数量配送，降低零售商的库存水平，提高顾客服务水平；③在商品实际需要将要发生时，采用JIT生产方式组织生产，减少供应商自身的库存水平。

7.3.1.4 实施快速反应的阶段

快速反应的重点是对消费者需求作出快速反应。实施快速反应可以分为以下三个阶段。

第一阶段：对所有的商品单元条码化，即对商品消费单元用EAN/UPC条码标识，对商品储运单元用ITF-14条码标识，而对商品贸易单元则用EAN/UCC-128条码标识。利用EDI传输订购单报文和发票报文。

第二阶段：在第一阶段的基础上增加与内部业务处理有关的策略，如自动补库与商品及时出售等，并采用电子数据系统（EDI）传输更多的报文，如收、发货通知报文等。

第三阶段：与贸易伙伴密切合作，采用更高级的QR策略，以对客户的需求作出快速反应。一般来说，企业内部业务的优化相对较简单，但在贸易伙伴间进行合作时，往往会遇到许多障碍。在QR实施的第三阶段，每个企业必须把自己当成集成化供应链系统的一个组成部分，以保证整个供应链的整体效益。

7.3.1.5 实施快速反应的意义

（1）QR对供应商的意义

更好地服务顾客。快速反应可以为零售商提供更好的服务，最终为顾客提供更好的服务，长期的良好顾客服务会增加市场份额。

降低流通费用。对顾客消费水平的预测和生产规划的集成，可以提高库存周转速度，减少需要处理和盘点的库存量，从而降低流通费用。

降低管理费用。不需要手工输入订单使得采购订单的准确率提高了，减少了额外发货；货物发出之前，仓库对运输标签进行扫描并向零售商发出提前运输通知，这些措施降低了管理费用。

更好的生产计划。可预测的销售以及准确的销售信息的可得性使得供应商可以

准确地安排生产计划。

（2）QR 对零售商的意义

提高销售额。条形码和 POS 扫描使零售商能够跟踪各种商品的销售和库存情况，这使得零售商能够准确地跟踪存货情况，按需订货。

减少降价的损失。有了更准确的顾客需求信息，零售商就能在更多地储存顾客需要的商品的同时减少顾客不需要的商品的库存，这样就能降低滞销商品降价的损失。

降低采购成本。实施 QR 之后大大简化了商品的采购流程，采购成本也随之降低。

降低流通费用。供应商使用物流条形码标签使得零售商可以通过扫描标签减少手工检查到货所发生的成本。

加快库存周转。零售商能够根据顾客的需要频繁小批量订货，降低库存成本和相应的运输成本。

7.3.2　有效客户反应

7.3.2.1 有效客户反应（ECR）产生的背景及定义

20 世纪 80 年代末到 90 年代初，美国食品杂货业面临着与纺织服装行业相似的挑战，增长速度缓慢。行业竞争由 20 世纪六七十年代的生产厂家之间的竞争转向零售商和生产厂家之间的竞争；竞争的重心由品牌、商品、经销渠道及大量的广告和促销，而转向流通中心、商家品牌、供应链效率和 POS 系统。在供应链内部，零售商和生产厂家之间为了取得供应链主导权的控制，同时为商家品牌和厂家品牌占据零售店铺货架空间的份额展开了激烈的竞争。这种竞争使得在供应链的各个环节间的成本不断转移，导致供应链整体的成本上升，而且容易牺牲力量较弱一方的利益。

在此期间，从零售商角度来看，随着新的零售业态，如仓储商店、折扣店的大量涌现，使得它们能以相当低的价格销售商品，从而使日杂百货业的竞争更趋激烈。在这种状况下，许多传统超市业者开始寻找应对这种竞争方式的新的管理方法。从生产厂家角度来看，由于日杂百货商品的技术含量不高，大量无实质性差别的新商品被投入市场，使生产厂家之间的竞争趋同化。生产厂家为了获得销售渠道，通常采用直接或间接的降价方式作为向零售商促销的主要手段。这种方式往往会大量牺牲厂家的自身利益。而从消费者的角度来看，过度的竞争往往使企业在竞争中忽视消费者的需求，消费者不能得到所需要的商品和服务。

在这种背景下，美国食品市场营销协会（Food Marketing Institute，FMI）联合包括可口可乐、宝洁公司等 6 家企业与流通咨询企业 Kurt Salmon 公司一起组成研究小组，于 1993 年 1 月提出了有效客户反应的概念体系。

有效客户反应的最终目标是分销商和供应商组成联盟一起为消费者的最大满意度以及最低成本而努力，建立一个敏捷的消费者驱动系统，实现准确的信息流和高效的实物流在整个供应链内的有序流动，从而降低整个供应链体系的运作成本和库存储备，为客户提供更好的服务。

ECR 是由生产厂家、批发商和零售商等供应链节点企业组成的，更好、更快并以更低的价格满足消费者需要为目的的供应链管理系统。其优点在于供应链各方为了提高消费者满意度这个共同的目标进行合作，分享信息和诀窍。ECR 概念的提出者认为，ECR 活动是一个过程，这个过程主要由贯穿供应链各方的 4 个核心过程组成，因此 ECR 的战略主要集中在高效的店铺空间安排、高效的商品补充、高效的促销活动和高效的新商品开发与市场投入这 4 个领域。

7.3.2.2 有效客户反应实施的原则

要实施 ECR，首先应联合整个供应链所涉及的供应商、分销商以及零售商，改善供应链中的业务流程，使其最合理有效；然后再以较低的成本使这些业务流程自动化，以进一步降低供应链的成本和时间。即实施 ECR 需要将条形码扫描技术、POS 系统和 EDI 集成起来，在供应链之间建立一个无纸系统，以确保产品能不间断地由供应商流向最终客户，以及信息流能够在开放的供应链中循环流动，从而给客户提供最优质的产品和适时准确的信息。

实施 ECR 应遵守以下 5 个基本原则。

①不断致力于以较少的成本向食品杂货供应链客户提供更优的产品、更高的质量、更多的分类、更充足的库存以及更便利的服务。

② ECR 必须有相关的商业巨头的带动，并且该商业巨头必须决心通过互利双赢的经营联盟来代替传统的输赢关系，以达到获利的目的。

③必须通过准确、适时的信息来支持有效的市场、生产及物流决策。这些信息将以 EDI 的方式在贸易伙伴间自由流动，在企业内部通过计算机系统得到最充分、高效的利用。

④为了保证在适当的时候可以得到适当的产品，产品必须在以最大的增值过程中进行流通。

⑤采用共同的工作业绩考核与奖励机制，该机制注重系统整体的效益（即通过减少开支、降低库存以及更好地利用资产来创造更高的价值），明确地确定可能的收益（例如增加收入和利润），并且公平地分配这些收益。

7.3.2.3 ECR 系统的构建

ECR 概念是流通管理思想的革新。ECR 作为一个供应链管理系统，需要把市场营销、物流管理、信息技术和组织革新技术有机地结合起来，以实现 ECR 系统低成本的流通基础关联设施建设，消除组织间的隔阂，协调合作以及满足消费者需要的目标。ECR 的系统要素主要由营销技术、物流技术、信息技术和组织革新技术组成。

（1）营销技术

ECR 系统中采用的营销技术主要是商品类别管理和店铺货架空间管理。

商品类别管理是以商品类别为管理单位，寻求整个商品类别全体收益最大化。具体来说就是，企业对经营的所有商品按类别进行分类，确定或评价每一个类别商品的功能、作用、收益性、成长性等指标，并在此基础上，结合各类商品的库存水平和货架展示等因素，制订商品品种计划，对整个商品类别进行管理，以便在提高消费者服务水平的同时增加企业的销售额和收益。例如，企业把某类商品设定为吸引顾客的商品，把另一类商品设定为增加企业收益的商品，努力做到在满足顾客需要的同时兼顾企业的利益。商品分类的标准应该按顾客的需要和顾客的购买方式来进行分类，而不是按是否方便企业来进行分类。

店铺货架空间管理是指对店铺的空间安排、各类商品的展示比例、商品在货架上的布置等进行最优化管理。在 ECR 系统中，店铺空间管理和商品类别管理同时进行，相互作用。在综合店铺管理中，应对店铺内所有类别的商品、每个类别下的不同品种的商品进行货架展示面积分配和布置，以提高单位营业面积的销售额和单位营业面积的收益率。

（2）物流技术

ECR 系统要求及时配送与顺畅配送。实现这一要求的方法主要有连续库存补货计划（CRP）、自动订货（CAO）、预先发货通知（ASN）、供应商库存管理（VMI）、交叉配送、店铺直送等。

连续库存补货计划是利用及时准确的 POS 数据确定销售出去的商品数量，根据零售商或批发商的库存信息和预先规定的库存补充程序确定发货数量和发送时间。以小批量、高频率的方式进行连续配送，可及时补充零售店铺的库存，提高库存周转率，缩短交货周期等。

自动订货。自动订货（CAO）是基于库存和需求信息利用计算机进行自动订货的系统。

预先发货通知是生产厂商或者批发商在发货时利用电子通信网络提前向零售商传送货物的明细清单，这样可以让零售商事先做好进货的准备工作，同时可以省去货物数据的输入作业，提高商品检验作业效率。

供应商库存管理是生产厂家等上游企业对零售商等下游企业的流通库存进行管理和控制。具体来说就是，生产厂家基于零售商的销售、库存等信息，判断零售商的库存是否需要补充。如果需要补充，自动地向本企业的物流中心发出发货指令，补充零售商的库存。供应商管理库存的方法包括了 POS 技术、CAO 技术、ASN 技术和 CRP 技术等。在采用 VMI 的情况下，虽然零售商的商品库存决策主导权由作为供应商的生产厂家把握，但是，在决定店铺的空间安排、商品货架布置等店铺空间管理决策方面仍然由零售商主导。

交叉配送是指在零售商的流通中心，把来自各个供应商的货物按发送店铺的需求迅速进行分拣装车，向各个店铺发货。在交叉配送的情况下，流通中心仅是一个具有分拣装运功能的通过型中心，这样有利于缩短交货周期，减少库存，提高库存周转率，从而节约成本。

店铺直送方式是指商品不经过流通配送中心，直接由生产厂家运送到店铺的运送方式。采用店铺直送可以保持商品的新鲜度，减少商品的运输破损，缩短交货周期。

（3）信息技术

ECR 系统主要的信息技术有 EDI 技术和 POS 技术。

信息技术最大的作用之一是实现商务作业的无纸化或电子化。一方面，利用 EDI 技术在供应链企业间传送订货单、发货清单、价格变化信息、付款通知单等文书单据。例如，厂家在发货的同时预先把产品清单发送给零售商，零售商在到货时，用扫描仪自动读取商品包装上的物流条形码获得进货的实际数据，并自动地与预先到达的商品清单进行比较以提高作业效率。另一方面，企业也可以利用 EDI 技术在供应链企业间传送销售的时点数据、库存信息、新产品开发信息和市场预测信息等直接与经营有关的信息。例如，生产厂家可以利用销售时点信息把握消费者的动向，安排好生产计划；零售商可以利用新产品开发信息预先做好销售计划。因此，使用 EDI 技术可以提高整个企业乃至整个供应链的效率。

ECR 系统的另一个重要的信息技术是 POS 技术。对零售商来说，通过对在店铺收银台自动读取的 POS 数据进行整理分析，可以掌握消费者的购买动向，找出畅销商品和滞销商品，做好商品类别管理、库存管理、订货管理等工作。对生产厂家来说，利用及时准确的 POS 数据，可以把握消费者需要，制订生产计划，开发新产品。现在许多零售企业把 POS 数据和顾客卡、点数卡等结合起来使用。通过顾客卡，可以知道某位顾客每次在什么时间购买了什么商品、金额多少、到目前为止总共购买了哪些商品、总金额是多少。以此来分析顾客的购买行为，发现顾客不同层次的需要，做好促销等方面的工作。

（4）组织革新技术

ECR 系统需要组成供应链的每一个成员以及每个成员中的各个部门紧密协调合作。成功地应用 ECR 需要对企业的组织体系进行革新。

企业内部革新技术。在企业内部，需要把采购、生产、物流、销售等按职能划分的组织形式改变为以商品流程为基本职能的横断型的组织形式。即把企业经营的所有商品按类别划分，对于每一个商品类别设立一个管理团队，由这些管理团队为核心构成新的组织形式。在这种组织形式中，给每一个商品类别管理团队设定经营目标（如顾客满意度、收益水平、成长率等），同时在采购、品种选择、库存补充、价格设定、促销等方面赋予相应的权限。每一个管理团队由一个商品类别管理的总负责人和 6 ～ 7 个负责各个职能领域的成员组成。由于商品类别管理团队规模小，因而团队内部容易交流，各职能间易于协调。

企业间的革新技术。组成供应链的企业间需要建立双赢型的合作伙伴关系，在企业之间进行信息交换和信息分享。生产厂家和零售商都需要在各自企业内部建立以商品类别为管理单位的组织。这样双方相同商品类别的管理团队就可以聚集在一起，讨论从原材料采购、生产计划的安排到销售状况、消费者动向等有关该商品类别的全盘问题。另外，这种合作伙伴关系的建立有赖于企业最高决策层的支持。

7.3.3 协同规划、预测及连续补货（CPFR）

7.3.3.1 CPFR 产生的背景及定义

近几年来，随着经济环境的变迁和信息技术的进一步发展以及供应链管理逐渐为全球所认同和推广，供应链管理开始更进一步向无缝连接转化，促使供应链的整合程度进一步提高。这种高度整合的项目就是沃尔玛所推动的 CFAR 和 CPFR。这种新型的系统不仅是对企业本身或合作企业的经营管理情况给予指导，更通过信息共享实现企业联动。

CFAR 是利用 Internet 通过零售企业与生产企业的合作，共同进行商品需求预测，并在此基础上实行连续补货的系统。在原来的信息共享机制下，沃尔玛通过与其他企业共享 POS 数据以实现滞销商品的削减及迅速进行补货等功能，合作企业也能有效地控制本企业产品的销售。但是，在销售预测方面，供应链各企业是独自进行的，企业间销售预测就会出现不一致的情况。也就是说，尽管供应链各环节的企业都能通过 POS 数据的共享进行合理市场预测和经营管理计划的制定，但是由于各经济主体利益和地位的不一致，加上经验积累不同（如生产商更了解商品的技术特点、性能等；物流企业更了解商品运输、库存管理的特性；零售商更了解市场发展的动向和销售技巧等），各企业的预测往往会有一些差异，而这种差异可能导致某些企业的经营损失和无效管理。反之，如果供应链各企业在能力集成的基础上共同作出预测，则可以大大降低预测的偏差和由此产生的风险。

以沃尔玛为例。数据采集是从沃尔玛的数据库开始，通过 Retail Link 将沃尔玛与合作企业之间的交易记录、销售数据、各种相关信息等存储在 CFAR 服务器上，采用标准化的格式加以分类整理。沃尔玛 CFAR 工作组主要是对各种数据和经营指令进行分析整理，用 Excel 表格形式进行计算，然后将分析结果以标准化的格式存入 CFAR 服务器。合作企业也设置有 CFAR 服务器，并与沃尔玛的系统服务器连接，合作企业的计划者根据沃尔玛的预测情况，加上本企业的分析研究，作出新的预测，并将新的商品预测存入 CFAR 服务器，再通过网络传输给沃尔玛的 CFAR 服务器。这样，在双方预测的基础上综合形成一致的预测结果。显然，这种一致的预测，使得企业之间的各种活动和流程形成了紧密的结合。

在沃尔玛的不断推动下，基于信息共享的 CFAR 系统又正在向 CPFR 发展。CPFR 是在 CFAR 共同预测和补货的基础上，进一步推动共同计划的制定，即不仅合作企业实行共同预测和补货，同时将原来属于各企业内部事务的计划工作（如生产技术、库存计划、配送计划、销售规划等）也由供应链各企业共同参与。1995年，由沃尔玛与其供应商 Warner-lambert、管理信息系统供应商 SAP、供应链软件商 Manugisties、美国咨询公司 Benehmarking Partners 五家公司联合成立了工作小组，进行 CPFR 的研究和探索。1998 年美国召开零售系统大会时又加以倡导。美国商业部资料表明，1997 年美国零售商品供应链中的库存约为 1 万亿美元，CPFR 理事会估计，通过全面成功实施 CPFR 可以减少这些库存的 15% ~ 25%，即 1500亿 ~ 2500 亿美元。

7.3.3.2 CPFR 的特点

（1）协同

由 CPFR 的基本思想可知，供应链上下游企业只有确立起共同的目标，才能使双方的绩效都得到提升，取得综合性的效益。CPFR 这种新型的合作关系要求双方长期承诺公开沟通和信息分享，从而确立协同性的经营战略。尽管这种战略的实施必须建立在信任和承诺的基础上，但这是买卖双方取得长远发展和良好绩效的唯一途径。正是因为如此，协同的第一步就是保密协议的签署、纠纷处理机制的建立、供应链计分卡的确立以及共同激励目标的形成（如不仅包括销量，也同时确立双方的盈利率）。应当注意的是，在确立这种协同性目标时，不仅要建立起双方的效益目标，更要确立协同的盈利驱动性目标，只有这样才能使协同性体现在流程控制和价值创造的基础之上。

（2）规划

1995 年沃尔玛与 Warner-lambert 的 CFAR 为消费品行业推动双赢的供应链管理奠定了基础，此后当 VICS 定义项目公共标准时，认为需要在已有的结构上增加合作规划（品类、品牌、分类、关键品种等）和合作财务（销量、订单满足率、定价、库存、安全库存、毛利等）。此外，为了实现共同的目标，还需要双方协调制订促销计划、库存政策变化计划、产品导入和中止计划以及仓储分类计划。

（3）预测

任何一个企业都能作出预测，但是 CPFR 强调买卖双方必须有最终的协调预测，像季节和潮流等因素，无论是对服装或类似商品的供应方还是销售方都十分重要，基于这类信息的共同预测能大大减少整个价值链体系的低效率、死库存，促进更好地销售产品，节约整个供应链的资源。与此同时，最终实现协同促销计划是预测精度提高的关键。CPFR 所推动的协同预测还有一个特点是它不仅关注供应链双方共同作出最终预测，同时也强调双方都应参与预测反馈信息的处理、预测模型的制定和修正，特别是如何处理预测数据的波动等问题，只有把数据集成及预测和处理的所有方面都考虑清楚，才有可能真正实现共同的目标，使协调预测落在实处。

（4）补货

销售预测必须利用时间序列预测和需求规划系统将其转化为订单预测，并且给供应方约束条件，如订单处理周期、前置时间、订单最小量以及销售方长期形成的购买习惯等，都需要供应链双方加以协商解决。根据 VICS 的 CPFR 指导原则，协同运输计划也被认为是补货的主要因素。此外，需要对例外状况出现的概率、转化为存货的百分比、预测精度、安全库存水平、订单实现的比例、前置时间以及订单批准的比例等定期协同审核。潜在的分歧，如基本供应量、过度承诺等，双方应及时解决。

7.3.3.3 CPFR 供应链的实施

在沃尔玛等优秀企业的倡导下，特别是美国 VICS 在 1998 年发布了 CPFR 指导准则以后，越来越多的优秀企业开始采用 CPFR 来推动企业业绩的大幅提高，尤其是许多世界 500 强的企业大多已开始实施、建立或研究 CPFR。从 CPFR 全球实施和进展的情况可以看出，CPFR 不同于以往的管理实践，它关注的是企业间业务合作关系的建立，而不是单一企业内管理框架的建立。而且它不是简单地挖掘单一的相关数据，而是从多个组织中发现可比较的数据，进而对这些数据进行整合、组织，并以此确立组织间的商业规则。这既是 CPFR 取得巨大成效的关键，也是CPFR 实施推广的难点。

以下是 CPFR 的 4 个框架和步骤。

（1）识别可比较的机遇

CPFR 有赖于数据间的比较，这既包括企业间计划的比较，又包括一个组织内部新计划与旧计划以及计划与实际之间的比较。CPFR 的潜在收益随着这种比较的详细程度的增大而增大。因此 CPFR 实施的第一步就是识别可比较的机遇。零售商与制造商的计划千差万别，使得企业间的计划进行比较非常富有挑战性。一般而言，零售商更关注预测消费者对促销、竞争者和产品类别变化的反应，而制造商通常对管理分销中心内的库存较为关心；零售商的目标是保持店铺和仓储中的商品，在排除滞销品的同时使畅销品不断货，而供应商的目标是建立更有效的生产和补货流程。因此，如何有效地消除买卖双方计划的差异对于贸易伙伴数据的取得和保持其精确性非常重要。应当意识到识别可比较的机遇的关键在于下面两个方面。

一方面是订单预测的整合。通常零售商根本不作订单预测，这其中有很多商业和技术的原因。例如，有些企业认为订单预测限制了企业调整库存或获取产品资源的柔性，而没有充分看到它产生的效益以及对恰当的补货方式产生的正效应。即使有些零售商作了订单预测，也只是对基本需求作出预测，而且这种预测完全没有与促销计划统一起来。CPFR 则不同，它为补货订单预测和促销订单提供了整合、比较的平台。CPFR 参与者应该收集所有的数据资源和拥有者的计划，寻求一对一的比较，即便不能马上整合促销计划最起码零售商的基本订单预测应当同供应商预测相比较。

另一方面是销售预测的协同。CPFR 要求企业在周计划的基础上再作出客户销售预测，便于将这种预测与零售商的销售预测相对照，就可以有效地避免销售预测中由于没有考虑促销、季节等因素产生的差错。

基于上述两个方面的考虑，CPFR 的实施要求 CPFR 与其他供应和需求系统相整合，这样通过综合运作，识别可比较的机遇。具体而言，对于零售商，CPFR 要求整合比较的资源有商品销售规划（产生促销、销售预测的计划系统）、分销系统（包括订货、仓储管理或补货计划，这些计划都能产生订单预测、货物追踪以及配送中心时点状态信息等）、店铺运作系统（报告店铺销售、店铺订单以及时点信息）；对于供应商，CPFR 需要整合比较的资源有 CRM（帮助销售队伍制定促销和销售预测）、APS（建立最优的补货计划）以及 ERP（基于企业需求生产和分销产品）。应当看到的是，CPFR 的这种资源整合和比较，不一定都是表明 CPFR 系统与其他应用系统直接相连，但是这种比较的基础至少是形成共同的企业数据库，如果企业之间对产品品类的界定、季节段的界定、促销计划的界定等不一致，就不可能形成精确的预测，顺利实施 CPFR。因而在识别可比较的机遇阶段，定期数据的输入和协同数据处理与比较是 CPFR 运作的关键。在实施过程中，例外情况的识别也是参与方需要关注的问题。任何在数据输入、计划对比过程中发生的例外都需要事先考虑，并且一旦发生就需要人工介入，加以调整，所有这些弥补手段也需要供应链的参与方细致地规划。

（2）数据资源的整合运用

CPFR 实施的第二个阶段就是数据资源的整合运用。这种整合运用不仅是集合、调整数据，而且也需要供应链参与方调整相应的业务政策，使 CPFR 可以实施。数据资源的整合运用主要反映在如下方面。

一是不同层面的预测比较。不同类型的企业受利益驱使，计划的关注点各不相同。一般在业务计划方面，零售商更倾向于基于地点的信息，如店铺层面的预测等；供应商更倾向于产品层面的具体信息（如品类、品种、规格等），并且越具体越好。这样两类不同来源的信息常常产生不一致。CPFR 要求协同团队寻求到不同层面的信息，并确定可比较的层次。

二是商品展示与促销包装的计划。商品展示管理对于提高企业经营绩效至关重要，因为它通过将特定的产品放置在特定的位置来吸引客户的关注。CPFR 系统在数据的整合和运作方面一个最大的突破在于它对每一个产品进行追踪，直到店铺，并且销售报告以包含展示信息的形式反映出来。这样预测和订单不单是需要多少产品，而且还包含了不同品类、颜色及形状等特定的展示信息。这样数据之间的比较不再是预测与实际绩效之间的比较，而是建立在商品单品基础上，包含商品展示信息的比较。CPFR 实施过程中还有一个很重要的因素是建立在预测、追踪及协同计划上的促销商品的管理。以前促销时对特殊包装商品的管理非常困难，是因为交易伙伴有时可能没有对特殊包装商品进行标识，因此，当交易伙伴做销售预测时，特殊包装商品的信息就没有体现出来。而在 CPFR 中，由于交易双方在事前就已经商定了协同促销，所以对促销商品的预测、追踪和管理相对来说比较容易。

三是时间段的规定。CPFR 在整合利用数据资源时，非常强调时间段的统一。由于预测、计划等行为都是建立在一定的时间段的基础上，因而如果交易双方对时间段的规定不统一，交易双方的计划和预测就很难协调。所以供应链参与者需要就管理时间段的规定进行协商统一，如预测周期、计划起始时间、补货周期等。

（3）组织评判

通常，一个企业可以有多种组织框架，如企业可以按照配送中心确立分销体系，也可以按照销售区域确立分销体系。企业在现实中往往采用多种组织管理方法，CPFR 能在企业清楚界定组织管理框架后支持多体系的并存，体现不同框架的映射关系。

（4）商业规则界定

当所有业务规范和支持资源的整合以及组织框架确立后，最后在实施 CPFR 的过程中需要决定的是供应链参与方的商业行为规则，这种规则主要体现在例外情况的界定和判断上。

7.3.3.4 实施 CPFR 的风险和障碍

必须意识到成功实施 CPFR 是有风险和障碍的。

实施 CPFR 的风险主要有：

①由于大规模进行信息共享，因此存在信息滥用的风险。通常 CPFR 合作伙伴的一方或双方与合作伙伴的竞争者也有合作关系。

②如果合作双方的一方改变它的规模或技术，另一方也要被迫改变以适应，否则就会失去合作关系。

实施 CPFR 的障碍主要有：

① CPFR 的实施和例外情况的解决要求双方密切交流，但是双方的企业文化可能存在巨大的差异。因此，不能在合作伙伴的组织内培育协作文化是 CPFR 成功的主要障碍。

②实施 CPFR 的另一个障碍是合作伙伴企图实现商店层的协作，这需要更多的组织和技术投资。最好从合作协作和配送中心协作开始，这更聚焦，也更容易操作。为了最大化与伙伴 CPFR 的利益，在组织内部整合需求计划、供应计划、物流计划和公司计划则显得非常重要。

7.4 供应链的规划与设计

7.4.1 供应链的设计策略

供应链设计实质上是合理、有效配置企业内外部制造资源的问题。设计和运行一个有效的供应链对于每一个制造企业都是至关重要的。因为它可以获得提高客户服务水平，达到成本与服务之间的有效平衡，提高企业竞争力，提高柔性，渗透入新的市场，并通过降低库存提高工作效率。有效的供应链设计是供应链管理功效发挥的前提。在供应链管理的影响下，对产品制造过程的影响不仅要考虑企业内部因素的影响，而且还要考虑供应链对产品成本和服务的影响。供应链管理的出现，扩大了原有的企业生产系统设计范畴，把影响生产系统运行的因素延伸到企业外部，与供应链上的所有企业都联系起来，因而供应链管理系统设计就成为构建企业系统的一个重要方面。但是供应链也可能因为设计不当而导致浪费或失败。供应链的设计首先要明白客户对企业产品的需求是什么，产品生命周期、需求预测、产品多样性、提前期和服务的市场标准等都是影响供应链设计的重要因素。

目前常见的供应链设计策略主要有：在产品开发初期设计供应链的思想，基于产品的供应链设计策略，基于成本核算的供应链设计策略，基于多代理的集成供应链设计策略。

7.4.1.1 在产品开发初期设计供应链的思想

在一些高科技型企业，产品设计被认为是供应链管理的一个重要因素。众多学者也提出了为供应链管理设计产品（Design for Supply Chain Management，简称 DESCM）的概念。DFSCM 的目的在于设计产品和工艺，以使供应链相关的成本和业务能得到有效的管理。人们越来越清楚地意识到供应链中生产和产品流通的总成本最终决定于产品的设计。在产品开发的生命周期中，早期开发阶段所决定的成本约占总成本的 70%。因此，必须在产品开发设计的早期就开始同时考虑供应链的设计问题，以获得最大的潜在利益。

7.4.1.2 基于产品的供应链设计策略

欧洲商业管理学院 Marshall L.Fisher 提出认为供应链的设计要以产品为核心，即供应链的设计首先要明白客户对企业产品的需求是什么，是创新型产品还是功能型产品；然后要明白不同供应链的特性；最后设计出与产品特性相一致的供应链。因此就产生了基于产品的供应链设计策略（Product-Based Supply Chain Design，简称 PBSCD）。

不同的产品类型对供应链设计有不同的要求，两种不同类型产品的比较如表7-3 所示。

表 7-3　两种不同类型产品的比较

比较类型	功能型产品	创新型产品
产品生命周期	超过 2 年	1～3 年
边际贡献率	5%～20%	20%～60%
产品多样性	低	高
需求预测误差程度	10%（需求稳定，较易预测）	40%～100%（需求不稳定，难预测）
平均缺货率	1%～2%	10%～40%
季末降价率	0%	10%～25%
按订单生产的提前期	6～12 个月	1 天～2 周
竞争程度	竞争激烈	具有竞争优势，不易被模仿

从表 7-3 可以看出，用于满足客户的基本需求的功能型产品变化很少，具有稳定的、可预测的需求和较长的生命周期，但它们的边际利润较低。为了避免低边际利润，许多企业在式样或技术上革新以寻求客户的购买，从而获得高的边际利润。这种创新型产品的需求一般不可预测，生命周期也较短。因为这两种产品的不同，需要有不同类型的供应链去满足不同的管理需要。

了解了产品和供应链的特性后，就可以设计出与产品需求一致的供应链。设计策略如表 7-4 所示。

表 7–4　供应链设计与产品类型的策略组合

	功能型产品	创新型产品
有效型供应链	匹配	不匹配
反应型供应链	不匹配	匹配

由表 7-4 可知，与功能型产品相匹配的是有效型供应链，与创新型产品相匹配的是反应型供应链。用反应型供应链生产功能型产品或用有效型供应链生产创新型产品都是不合理的供应链设计策略。

7.4.1.3 基于成本核算的供应链设计策略

如何设计供应链，如何选择节点，是供应链管理的基础。基于成本核算的供应链设计策略包括供应链成本结构及其函数定义和供应链设计的优化成本算法等，涉及大量的计算。

7.4.1.4 基于多代理的集成供应链设计策略

代理思想源自于 20 世纪 70 年代对于分布式人工智能的研究，它是一个能够根据特定的目标进行独立决策和自身行为控制的软件、硬件或软硬件集成的职能系统，能够通过感知外界环境和相互协同的方式获得信息，从而实现知识的积累和演进。多代理技术是一种对协调过程和互动机制进行建模、模拟的有效方式，是实现供应链集成与协调的重要手段。

随着信息技术的发展，供应链不再是由人、组织简单组成的实体，而是以信息处理为核心，以计算机网络为工具的人—信息—组织集成的超智能体。基于多代理集成的供应链模式是涵盖两个世界三维集成模式，即实体世界的人—人、组织—组织集成和软体世界信息集成（横向集成），以及实体与软体世界的人—机集成（纵向集成）。

基于多代理的集成供应链设计策略采用了动态建模的思想，动态建模需要多种理论方法的支持，其基本流程为：多维系统分析—业务流程重构—精简 / 集成—协调 / 控制，在建模中并行工程思想贯穿于整个过程。

基于多代理集成供应链建模常用到的方法主要有基于信息流的建模方法，基于过程优化的建模方法，基于案例分析的建模方法，以及基于商业规则的建模方法等。过程优化思想在 BPR 建模中得到应用，并且 BPR 支持工具被列为 BPR 研究的一个重要内容。过程优化最关键的是过程诊断，即过程存在问题的识别，可采用基于神经网络的企业过程诊断法，基于物元理论系统诊断法，以及变化矩阵法。

从决策角度看，多代理供应链模型是集中决策与分布式决策相组合的混合式决策系统。

7.4.2 供应链的设计原则

供应链设计决定了供应链的结构体系，直接决定着供应链的反应能力和盈利水平，也决定了供应链本身的价值。优良的供应链系统能够在加速产品流通，满足顾客需求的同时实现供应链的增值。供应链设计是一个复杂的过程，因此在供应链的设计过程中，必须遵循一定的原则以减少供应链系统设计中的失误，并保证供应链的设计和重建能够满足供应链管理的战略目标。这些原则主要有以下几个。

7.4.2.1 自顶向下和自底向上相结合原则

在系统建模设计方法中，有两种设计方法，即自顶向下的方法和自底向上的方法。自顶向下的方法是从全局走向局部的方法，自底向上的方法是从局部走向全局的方法；自顶向下是系统分解的过程，而自底向上则是一种集成的过程。在设计一个供应链系统时，往往是先由主管高层作出战略规划与决策，规划与决策的依据来自市场需求和企业发展规划；然后由下层部门实施决策，下层部门在实施过程中将发现的问题及时反馈给高层部门。因此供应链的设计是自顶向下和自底向上的综合。

7.4.2.2 简洁性原则

简洁性是供应链系统设计的一个重要原则。为了能使供应链具有灵活、快速响应市场的能力，供应链的每个节点都应该是简洁的，具有活力的，能实现业务流程的快速组合。比如，供应商的选择就应遵循少而精的原则，通过与少数的供应商建立战略伙伴关系，以减少采购成本，推动实施 JIT 采购法和准时生产。

7.4.2.3 互补性原则（集优原则）

供应链的各个节点的选择应遵循优势互补、强强联合的原则，达到实现资源外用的目的，各个企业只集中精力致力于其自身的核心业务流程，就像一个独立的制造单元，这些所谓单元化企业具有自我组织、自我优化、面向目标、动态运行和充满活力的特点，能实现供应链业务的快速重组。

7.4.2.4 协调性原则

供应链合作伙伴之间的协调程度将直接影响到供应链业绩的好坏，因此与合作企业建立战略伙伴关系是实现供应链最佳效能的保证。在组织机制和管理程序上，应从供应链整体角度考虑，避免各个节点企业狭隘的、利己的本位主义影响各个节点企业之间的关系，确保供应链整体始终保持协调。

7.4.2.5 动态性原则

不确定性在市场中随处可见，供应链运作效率也会受到不确定性的影响。不确定性的存在导致需求信息的扭曲。因此，要预见各种不确定因素对供应链运作的影响，减少信息传递过程中的信息延迟与失真，加强成员企业间信息的透明度，减少不必要的中间环节，提高预测的精度和时效性。这些对降低不确定性的影响都是极为重要的。

7.4.2.6 创新性原则

没有创新性思维，就不可能有创新的管理模式，因此在供应链的设计过程中，创新性是一个很重要的原则。要产生一个创新的系统，就要敢于打破各种陈旧的思维框架，用新的角度、新的视野审视原有的管理模式和体系，大胆地进行创新设计。进行创新设计必须注意以下几点：一是创新必须在企业总体目标和战略的指导下进行，并与战略目标保持一致；二是要从市场需求的角度出发，综合运用企业的能力和优势；三是发挥企业各类人员的创造性，集思广益，并与其他企业共同协作，发挥供应链的整体优势；四是建立科学的供应链和项目评价体系及组织管理系统，在经济分析和可行性论证的基础上进行创新。

7.4.3 基于产品的供应链设计步骤

基于产品的供应链设计步骤如图 7-3 所示。

```
┌─────────────────────────────────────┐
│    分析市场竞争环境（产品需求）        │
└─────────────────────────────────────┘
              ↓
┌─────────────────────────────────────┐
│  总结、分析企业现状（现有供应链分析）  │
└─────────────────────────────────────┘
              ↓
┌─────────────────────────────────────┐
│     提出供应链设计（分析必要性）       │
└─────────────────────────────────────┘
              ↓
┌──────────────────┐        ┌──────────────┐
│  建立供应链设计目标 │ ←───── │  比较新旧供应链 │ ←──┐
└──────────────────┘        └──────────────┘    │
         ↓                                        │
┌──────────────────┐                              │
│   分析供应链的组成  │                             │
└──────────────────┘                              │
         ↓                    ◇ 决策点             │
┌──────────────────┐      ╱         ╲            反馈
│  分析和评价供应链   │ ──────────────────────────┘
│   设计的技术可能性  │          ╲
└──────────────────┘            ╲
         ↓                       ╲
┌──────────────────┐             ↘
│  设计和产生新的供应链│ ───────→ ┌──────────┐
└──────────────────┘           │ 工具和技术 │
         ↓              ↗       └──────────┘
┌──────────────────┐
│    检验新供应链    │
└──────────────────┘
         ↓
┌──────────────────┐
│   完成供应链设计   │
└──────────────────┘
         ↓
```

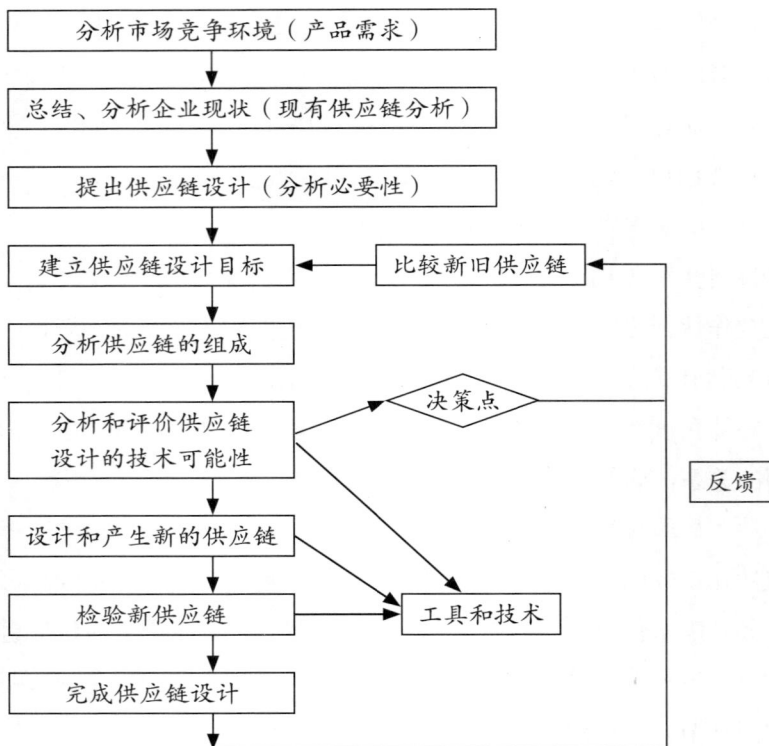

图 7-3　基于产品的供应链设计步骤模型

7.4.3.1 分析市场竞争环境（产品需求）

其目的在于找到针对哪些产品市场开发供应链才有效，为此，必须知道现在的产品需求是什么，产品的类型和特征是什么。分析市场特征的过程要向卖方、用户和竞争者进行调查，提出诸如"用户想要什么"、"他们在市场中的分量有多大"这一类的问题，以确认用户的需求以及因卖方、用户、竞争者产生的压力。这一步骤输出的结果是每一产品由按重要性排列的市场特征，以及对市场的不确定性的分析和评价。

7.4.3.2 总结、分析企业现状（现有供应链分析）

这里主要分析的是企业供需管理的现状（如果企业已经有供应链管理，则分析供应链的现状）。这个步骤的目的不在于评价供应链设计策略的重要性和合适性，而是着重于研究供应链开发的方向，分析、总结企业存在的问题以及影响供应链设计的阻力因素等。

7.4.3.3 提出供应链设计项目（分析必要性）

针对存在的问题提出供应链设计项目，并分析其必要性。

7.4.3.4 建立供应链设计目标

根据基于产品的供应链设计策略提出供应链设计的目标。其主要目标在于获得高客户服务水平和低库存投资、低单位成本两个目标之间的平衡（这两个目标往往有冲突），同时，还包括以下目标：进入新市场、开发新产品、开发新分销渠道、改善售后服务水平、提高客户满意度、降低成本、通过降低库存提高工作效率等。

7.4.3.5 分析供应链的组成

提出组成供应链的基本框架。供应链中的成员组成分析，主要包括制造工厂、设备、工艺和供应商、制造商、分销商、零售商及用户的选择及其定位，以及确定选择和评价的标准。

7.4.3.6 分析和评价供应链设计的技术可能性

这不仅仅是某种策略或改善技术的推荐清单，而且是开发和实现供应链管理的第一步。它在可行性分析的基础上，结合企业自身的实际情况为开发供应链提出技术选择建议和支持。这也是一个决策的过程。如果认为方案可行，就可以进行下面的设计；反之，就要重新进行设计。

7.4.3.7 设计和产生新的供应链

①供应链的成员组成。供应商、设备、工厂、分销中心的选择与定位、计划与控制等。

②原材料的来源问题，包括供应商、流量、价格、运输等问题。

③生产设计。需求预测、生产什么产品、生产能力、供应给哪些分销中心、价格、生产计划、生产作业计划和跟踪控制、库存管理等问题。

④分销任务与能力设计。产品服务于哪些市场、运输、价格等问题。

⑤信息管理系统设计。

⑥物流管理系统设计等。

在供应链设计中，要应用到许多工具与技术，包括归纳法、流程图、模拟和设计软件等。

7.4.3.8 检验新供应链

供应链设计完成以后，应通过一定的方法、技术进行测试检验或试运行。如果不可行，返回第四步"建立供应链设计目标"重新进行设计；如果没有问题，就可以具体实施供应链管理。

【本章小结】

本章首先从供应链的起源、定义、基本结构模型、特征、类型等方面进行供应链与供应链管理的概述；其次论述了供应链管理的内容；接下来论述了供应链管理方法中的快速反应、有效客户反应和协同规划、预测及连续补货（CPFR）；最后论述了供应链的设计策略、设计原则和设计步骤。

【课后思考】

（1）电子商务物流供应链的构成是怎样的？

（2）电子商务物流供应链的管理内容有哪些？

（3）电子商务物流供应链的管理方法有哪些？

（4）如何设计电子商务物流供应链？

【案例讨论】

1号店的供应链管理

2013年1号店已经成为国内领先的B2C网购平台，无论是从业务规模还是从经营品类（SKU）总数来看均位居行业前列。目前，1号店已拥有数千个供应商，线上销售的商品涉及食品饮料、美容护理、厨卫清洁、母婴玩具、电器家居、营养保健、服装鞋帽等10大类，超过12万种。

如此高速的成长固然离不开近年来电子商务大环境的快速发展。而1号店在供应链管理等方面做的内功修炼也成为其取得成绩的关键所在。

众所周知，供应链管理是一项复杂的工程，快速消费品自身的特点决定了供应链管理的难点。保质期短、运输过程中易破损、包裹体积大，占用仓储空间、装卸搬运费时费力等。库存很难控制：多了，成本就会提高，网上超市的优势也就没有了；少了，则会造成缺货，客户满意度降低，信任度丧失，减少了利润。不同保质期、包装形态的商品在经历入库、上架后，以各种小同组介集介在每一个订单中，再经历拣货，分拣，包装，出库，配送，最后到达消费者手中，接下来还存在退换货物在内的售后服务，想要做好这些是很难的。

1. 供应商的管理方法

（1）对供应商的选择

1号店有着书面文件上的规定，将选择条件和认证过程制度化。供应商违约金缴纳及申诉流程等与其合作的条款都以合同的方式签订。

（2）采用平衡积分卡（BSC）管理供应商

对供应商货品的价格（付款条款和其他附加的成本，比如物流和订购成本等各方面的加权测度），质量（到货次品率，顾客返修率，顾客满意率），及时交货率，服务进行 1 ～ 10 分的打分。

供应商的得分每月由相关的机构：采购，运营，客服，财务，管理部门来给出。最新的分数将被通告给供应商，每月有明确说明供应商在哪些方面有改进及存在的不足；每年，1 号店将在 BSC 的基础上奖励在每个主要产品类的最优供应商。

2. 与供应商之间的协调

（1）业务流程标准化

1 号店与供应商是业务的上下游关系，之间的业务对接关系到整个供应链的敏捷与高效性。在与供应商的合作中实行战略伙伴关系管理，其管理的重点是要以面向供应商取代面向产品，增加与主要供应商的联系，增进相互之间的了解（产品、工艺、组织、企业文化等），相互之间保持一定的一致性。

1 号店在与供应商的业务对接中，也在不断地谋求共赢的机制与方法。

1 号店实现运输货物的送货模式的兼容。1 号店物流中心运营团队在对现有供应链模式调研中发现，绝大部分上游供应商都采用原始的散箱送货模式，这与其后端高效的托盘化仓储作业和自动化订单拣货作业形成了巨大的反差。散箱产品到达 1 号店物流中心后，都要经过人工码放在物流中心准备的标准化托盘上，这无疑增加了产品的破损几率，散箱的卸货效率低。对于追求"快进快出"的快消品物流中心来说，收货码头是稀缺资源，而物流中心的收货效率往往取决于收货码头的利用率。如果能够增加现有供应商托盘化送货的比例，无疑会提高物流中心的收货效率，并降低产品的损耗。为此，1 号店物流团队与托盘租赁服务商招商路凯成立了专项小组共同推动上游供应商带板运输。

雀巢食品公司是 1 号店快消品类中重要的供应商之一，其中雀巢罐装咖啡更是网上热销的产品之一。雀巢产品通过其代理商天成公司销售到 1 号店。

在原先的供应链模式中，天成接到 1 号店的订单后，在 DC 拣货并散箱装车送货到 1 号店物流中心，为了保证订单满足率（Order Fill Rate），天成的配送中心需要存放一定的安全库存（Safety Stock）。同样，作为天成的上游供货商全盛物流也需要存放一定的安全库存，以满足天成的订单需求。由于信息流在整个供应链中处于"分割"的状态，容易出现"牛鞭效应"即造成库存水平在供应链上游逐级增加。另外，由于供应链模式中运输环节和搬运次数较多，造成了较高的产品的损耗率和人工装卸成本，产品的新鲜度更因为供应链的响应周期长而受到影响。

由于天成和全盛物流都是租赁招商路凯的标准 ECR 托盘（1.2m×1.0m），具备了带板运输的前提基础。在 1 号店主导下，供应链各方以及招商路凯之间成立了带板运输专项工作组，并开展多轮的圆桌会议针对带板运输模式进行磋商，最终确定了以下方案。

1 号店下单给天成后，天成随即将订单信息传送给全盛（雀巢 RDC），全盛根据库存情况安排备货并代表天成完成送货预约，ASN（电子装箱单 Advance Shipping Notice）的发送以及送货单（Consignment Note）的打印并直接带板运输到 1 号店 DC。与此同时，天成与全盛之间也完成账面上的货物交接。这样在不改变资金流的情况下，产品从上游制造商 DC 直接发送给零售商 DC。

1 号店为配合该带板运输项目也在订单模式上进行了调整。根据双方事先约定好的托盘堆码标准，按整层、整拍甚至整车托盘数量的倍数下单。堆码标准的统一减少了雀巢产品在供应链流通中不必要的翻板，拆板或加高作业。

1 号店物流中心还为带板运输货物提供了绿色卸货通道，送货车辆到达 1 号店 DC 后优先安排卸货码头，同时在验货流程上，对大部分品项采用了信任收货的方式，少量品项采取抽检方式收货。

带板运输采用了上下游托盘转移模式，路凯发板给全盛，全盛带板到 1 号店 DC 后，托盘的租金和责任随货物一起转移给 1 号店，使用后返回招商路凯，空托盘无须在交货当日返回全盛。

第一公里上门取货。"第一公里上门取货"，是由电商平台把供应商的货取过来，目的是减少库存，处理好供应商的货品供应。因为如果依赖供应商配送，就必须遵从供应商的配送时间，而且通常情况下，供应商要集中到一定数量后才配送，这就导致了"增大电商的库存"和"经常缺货"两个不利结果的出现。

第一公里上门取货服务指商家可以通过网上预约 1 号店供应商平台，通过 1 号店的 TMS 系统安排上门取货的车辆。优势是：第一，商家无需承担送货物流；第二，网上预约，无需等待，轻松便捷；第三，安排一辆车循环取货，化整为零，经济环保；第四，通过 TMS 的线路优化系统，可以规划最短路径完成各站取货。

（2）建立信息的共享机制，实现信息的实时交互

供应链的实时控制是指供应链的信息透明化，而信息透明就意味着建立信息共享的机制，促进信息的利用率。

1号店自主开发供应商管理系统、产品管理系统、价格管理系统等，各供应商的系统与1号店的系统对接，利用先进的计算机技术与通信技术进行信息的实时交互。

1号店开放了供应链数据，公布品牌商们的销售、库存情况，协助他们管理库存与物流。1号店将顾客对商品的评价，包括图物相符度、使用感受、建议等，进行归档处理，结合反馈信息，传输给供应商。为他们的产品设计创新，生产和营销提供数据依据。

3. 与优质企业合作

（1）与沃尔玛合作

沃尔玛增持1号店股份达到51%的交易通过了中国商务部的审批，沃尔玛从原本的投资者成为1号店的控股股东。而沃尔玛的自有品牌也进入1号店的网站进行销售。

1号店具有能同沃尔玛开展深度合作的基础：一是快速消费品占据了将近1号店销售额的70%，这与沃尔玛有许多异曲同工之处，1号店可以学习借鉴沃尔玛仓储运营管理经验，提高供应链效率；二是沃尔玛可以借助1号店强大的线上运营系统来弥补自身在中国本土线上渠道的不足，实现线上与线下的资源整合和优势互补，实现更大的利润价值。

合作内容：目前1号店和沃尔玛的合作范围主要在自有品牌、供应商、采购、仓储物流以及配送物流几个方面。

第一，在自有品牌方面。沃尔玛已就部分自有品牌实行线上销售与1号店达成协议，平均价格略低于线下3～5个百分点，在保证扩大销量提高效益的同时，也不会对线下渠道造成实质性影响。

第二，在仓储和物流方面。1号店与沃尔玛实行部分仓库共享和第三方城际运输资源共享。仓储管理系统借鉴沃尔玛的管理经验，实现自动化、及时化、专业化的流水线运作，在持续降低成本的情况下，平均出单时间控制在较小范围。1号店对"最后一公里"的重视决定了物流方面只会利用沃尔玛的城际之间运输，其城际间运输发展成熟，次数频繁、运输量比较大，1号店借助这个优势可以实现五地仓

库之间的调拨，资源合理配置，降低成本，提高效率。

第三，与强者联手，利用其各方面的优势资源，加强供应链管理和成本控制、风险控制，提高企业的知名度和顾客满意度。

第四，对于一些供应商，1号店与沃尔玛可以实现联合采购，可以在合同中享受到沃尔玛的条款和优惠合作条件。

（2）与百度合作

1号店与百度宣布达成战略合作协议。2013年双方将在资源共享、大数据应用、广告投放、无线电子商务、营销模式创新等多方面进行深度合作，还将与百度在产品体系、图片、贴吧、移动端等用户平台展开合作。

4.1 号店的客户管理

现代客户关系管理集合了当今最新的信息技术，它们包括电子商务、多媒体技术、数据仓库和数据挖掘、专家系统和人工智能、呼叫中心等。

（1）利用大数据预测顾客需求，个性化营销

1号店拥有500万个会员，每个会员的关联信息为1号店形成了巨大的数据库，1号店利用这些数据挖掘顾客需求，快速响应需求。

以客户甲欲购买产品A为例。当客户甲在1号店的搜索栏中输入A产品时，他的需求类型、购买习惯将及时反馈到1号店的信息系统。这样，在他下次再登录1号店时，1号店将自动为他推送A产品，方便他的购买行为。现在的电子商务已经致力于追求更准确地使用这些信息，例如，对客户挑选产品时的价格档次、颜色偏好、材质要求等进行记录。推送也不仅仅是该产品，还包括该产品的互补品和替代品，甚至可以在他购买后，停止推送该产品，同时精确地预测客户的下一步需求。

大量的顾客数据可以反映出很多规律性的东西。1号店利用这些规律进行数据挖掘，把顾客过去的购买信息进行搜索和收藏，甚至将顾客的商品浏览路径信息全部记录下来。把这样的记录作为顾客行为模型，用顾客行为模型去预测顾客会有什么样的需求，为顾客开展个性化的服务，提醒顾客购买自己喜欢的商品，并按照顾客兴趣标签推荐上市新品。

（2）顾客行为分析

对于顾客搜索的货品若缺货，为顾客提供预售登记，到货自动通知顾客；若无此产品，根据顾客反馈，评估需求引进货源。

电商营销都会做搜索引擎管理（SEM），以确定投放哪些搜索广告词可以有更

好的投资回报。1号店将这个系统与后台对接，发现产品库存不够了，即刻下架搜索词，免得引发缺货，浪费营销费用。同时，将这些热门关键词与1号店的销售数据、浏览数据对比，会明确：是否有出色的新产品上市，但1号店还没有售卖？其他同行玩家，什么东西卖得最好，我们是否需要尝试？相关信息被即时汇报，交予商品部，由他们对商品策略做进一步调整。

商品陈列具体摆放位置是根据顾客购买行为分析，然后将其数据化，利用数据来确定的；在网站设计上，按照顾客在实体超市购买习惯进行布局，将在实体超市销量最大的食品饮料类放在商品分类的第一位，以方便顾客选购。

精细化管理市场营销，对每条渠道能带来多大的客户量，重复购买率是多少，投入产出比和长期的贡献率等进行统计作为其历史数据，为将来的策略提供依据；通过监测的销售数据报告，广告主得以及时了解客户关注点动态和促销信息反馈。从而更好地把控市场环境及消费者行为习惯和喜好需求，不断地改变促销方式及销售策略。

利用RFM客户关系管理模型（消费者的消费时间、购买频率和订单金额）搭建会员成长体系，培育忠实客户。

根据客户购买行为统计展示"本店最受欢迎的产品组合"，"区域消费者购买习惯"等高附加值信息，指导产品销售策划。

（资料来源：中国物流与采购网 http：//www.chinawuliu.com.cn/）

思考：

(1)1号店的电子商务物流供应链有哪些构成要素？

(2)1号店是如何进行电子商务物流供应链管理的？

Chapter 8

第 8 章

电子商务物流安全

【导入案例】

圆通的客户信息泄露

圆通速递创建于 2000 年 5 月 28 日，经过近 14 年的发展，已成为一家集速递、航空、电子商务等业务为一体的大型企业集团，形成了集团化、网络化、规模化、品牌化经营的新格局，为客户提供一站式服务。公司在网络覆盖、运营能力、业务总量、公众满意度及服务质量、信息化水平、标准化等方面均走在了行业前列，品牌价值和综合实力名列中国快递行业前三甲。

2013 年 10 月 23 日，一篇题为《亲，2 分钟前你"圆通"过！圆通快递百万客户信息被实时兜售》在网上广为传播。圆通百万客户信息遭泄露，客户的地址、姓名、手机号码等信息一览无余，其近百万条信息，购买者可随意挑选。只要快递单信息进入电脑，他们就可以获取。

同时，记者通过淘宝一家销售圆通快递单号的店铺，进入到指定的圆通快递单在线销售网站"单号 7"。在完成注册和充值后，记者以每个 0.8 元的价格购买了两个圆通快递订单信息。经记者查询，在该系统中，从杭州寄往北京的可选择单号共 1360 个，快递的寄出时间从 10 月 15 日至 23 日。报道验证了所购"单号"中，姓名、电话、住址等信息均属实。

圆通速递 22 日晚发布声明称，已依法向公安部门报案，并已采取多种自查和进一步防范措施。圆通速递声明就"快件面单信息倒卖"事件向消费者致歉，并表示已迅速开展公司内部全面排查，寻找信息泄露的源头；同时，已启动信息系统全线预警，提升快件信息安全管理等级，排除隐患。此外，还迅速联合业务合作伙伴，展开信息系统接口互查。

如此大规模的买卖快递单信息是否构成违法？按照法律规定，非法提供和获取个人信息属于违法行为，应追究信息泄露者的法律责任。"出于需要，客户将个人信息提供给快递公司，快递公司就有义务保护好顾客的个人信息，快递单上记载有收发货人的联系电话、住址、姓名等个人信息，倒卖快递单与直接倒卖公民个人信息的性质是一样的。"快递单上有姓名、具体地址、联系方式等完整的个人信息，这些详细的个人信息在被泄露出去后，就可能产生"谋财害命"的后果，如不法分子冒充快递员实施入室抢劫、强奸、谋杀、敲诈勒索等犯罪行为。

即便如此，诸如圆通快递泄密和雅虎信息泄密事件还是屡次发生。

（资料来源：中国物流与采购网 http://www.chinawuliu.com.cn）

8.1　电子商务物流安全的含义

8.1.1　安全的含义及重要性

安全，是人类生存和发展的最基本需求，是人们生命与健康的基本保障，是自古以来人们都非常重视的问题。不管是人身安全，社会安全、财产安全，都与人类息息相关；随着经济的发展，社会的不断进步，人类社会面临的各方面的威胁也越来越多，如来自生态安全、环境安全、交通安全的威胁等。从安全的科学概念上看，"安全"通常是指免受人员伤害、疾病或死亡，引起设备、财产破坏或损失的状态。安全是在人类生产过程中，将系统的运行状态对人类的生命、财产、环境可能产生的损害控制在人类能接受水平以下的状态。广义的安全包括社会性安全和技术性安全；侠义的安全只指技术性安全。社会性安全主要是由社会活动（人际交往）引起的安全，如国家安全、国际安全、政治安全、军事安全、国防安全、人才安全、文化安全等；技术性安全主要是由应用技术引起的安全，指广义的生产安全，即在生产经营活动中保护生产力诸要素，不发生人员伤亡、中毒、职业病和财产损失，使劳动者健康、舒适的工作，是生产经营活动正常、顺利进行的状态及保障条件，如生产经营安全、劳动（职业）安全，包括人身安全、财产安全、设备安全、工艺安全等。因此，由安全的定义可以看出，它既涉及人，又涉及物，而且还涉及各种情况下的局部损失或整体损失。

从管理学的角度看，根据亚伯拉罕·马斯洛于 1943 年在《人类激励理论》论文中所提出的需要层次理论，将人类的基本需求划分为五个层次的需要，其中最基本的一个就是安全需要（Safety needs）。马斯洛认为，整个有机体是一个追求安全的机制，人的感受器官、效应器官、智能和其他能量主要是寻求安全的工具，甚至可以把科学和人生观都看成是满足安全需要的一部分。人是社会人，其根本属性是社会性，人在与周围的事物和人发生关系时，表现出来的特性就是目的意识性，如利他性、服从性、依赖性等社会属性。但自然属性是人的基本属性，尤其是安全属性，是人顺利实现社会属性的基本保障。但人在社会的相互交往中，往往会因为客观条件不足或利益的驱动，对他人的安全造成威胁。如，有些不法分子为了获取更多的金钱利益，实施抢劫、盗窃等行为，严重危害了人身安全及财产安全。因此，不断寻求实现自身安全是人的基本的利益驱动因素，而一旦这种安全得不到保障，则社会属性就难以保证。

因此，安全问题不只是技术问题，究其根本，安全问题是人与人、人与组织围绕着利益的对抗行为。安全问题具有诸多的不确定因素，如，攻击技术的不确定性、攻击途径的不确定性等。安全说到底是要解决人（包括攻击者、被攻击者）的问题，而不是解决技术本身的问题，这使得安全防御工作、安全体系构建工作必须综合考虑各方面的因素，才能实施有效的防御措施。

8.1.2 物流安全的内涵

8.1.2.1 物流安全的含义

在物流活动中，安全也同样贯穿始终。运输过程中可能发生交通事故，装卸搬运过程中可能产生物体撞击事故，储存过程中可能发生火灾等。在物流活动的每一个环节，安全都是保证物流活动能够正常进行、发挥固有功能的重要因素。在我国的物流发展过程中，物流安全也越来越受到重视，但系统化的物流安全理论和技术基本没有形成。大部分的物流安全还只停留在各个物流因素的各自领域内，没有形成物流安全的系统化理论。

根据现代物流发展情况和物流对安全的需求，可以认为物流安全就是指物品从供应地向接收地的实体流动过程中的运输、储存、装卸搬运、包装流通加工、配送、信息处理等基本运作过程中发生的因人为失误或技术缺陷造成的货物损坏或失效，物流实施损坏及物流信息失真等安全问题。

8.1.2.2 物流安全的特征

要把物流安全做好，确保物流功能的正常发挥，就必须深刻认识物流安全的基本特征，以实现最佳的经济效益和安全效益。物流安全有以下几个特征。

（1）物流安全具有必要性和普遍性

安全作为人和物的基本保障条件，是绝对必要的。在人类活动的一切领域，人类必须尽力减少失误，降低风险，尽力使事物趋向本质安全化，维护人与物、人与人、物与物相互间的协调运转。安全是普遍存在的。而在物流活动中，由于自然条件的局限性和一些人为因素，产生损坏也是很常见的，因而具有普遍性。但是，我们不能因为一些客观因素的存在就忽视它，为了保障安全效益，提高经济效益，保障物流安全是必要的。

（2）物流安全具有随机性

在物流活动中，影响物流安全的因素有很多，如自然环境、运输工具等。由于时间、地点和动态环境的随机变化，影响物流安全的因素也是随机动态变化的，我们不能确定什么时候危害会产生，什么时候是安全的。因此，实现物流安全要尽量使影响不安全的各种因素降到最低，使不安全的概率降到最低。

（3）物流安全具有相对性

安全，是相对于不安全而言的，其衡量标准是相对的。安全标准在每个行业对于人们来说，取决于这个行业状态下，人们的生理和心理所能承受的程度、科技发展的水平和政治经济状况等条件。对于物流安全来说，公众接受的安全标准和物流行业的安全标准是不一样的，如公众所认为的物流安全标准一般为人身不受伤害及财产不受损失。但是，作为物流行业来说，其物流安全标准更为精细，涉及每个运作流程的操作标准和施行标准等。因此，现实的安全是有条件的，绝对安全是不可能的，安全标准是随着社会科技的进步而提高的。

（4）物流安全具有局部稳定性

物流安全是处于复杂的物流系统中的一个子系统，其本身也是一个复杂的系统；而物流系统安全就是为物流活动提供安全保障，使物流事故发生的可能性降到最低程度，达到最佳的安全状态。因此，利用物流系统的原理调节、控制安全的要素，就可以实现局部稳定的安全。

（5）物流安全具有经济性

物流安全与经济效益紧密相关。物流安全的保障需要一定的经济投入，如对物流基础设施建设的投入，包括铁路、公路的建设、防护设施建设等，它们能有效地减少客观条件带来的安全威胁；再如对人员的培训，包括职业教育培训、安全教育培训等，这可以减少一些人为因素产生的影响。而物流安全保障所减少的危险伤害和损坏，相对地也减少了维护的费用，如赔偿损失的费用、设施设备的维修费用等，这就等于创造了经济效益。

（6）物流安全具有复杂性

物流安全取决于人与人、物与物和人与物之间的协调关系。由于人的经济性和社会性属性，在物流活动中，心理、思维等因素的作用以及在人际交往过程中利益的驱动，使人与物、人与人的相互关系极为复杂，因而物流安全具有极大的复杂性。

（7）物流安全具有社会性

物流安全关系到人员的安定、社会的稳定，甚至国家的稳定。在物流活动中，无论是自然灾害还是人为因素，如物流运输配送中的交通事故，仓储场所发生的火灾，包装过程中的有毒物质泄漏等，都将给个人、家庭、企事业单位带来心灵和物质上的伤害，成为影响社会安定、稳定的重要因素，而社会的动荡将会影响国家的稳定。物流安全的社会性还在于物流安全影响到政府决策和政策制定等。

8.1.2.3 物流安全的重要性

物流安全是保障物流活动顺利进行的前提，物流安全作业应贯穿和覆盖物流的全过程，哪一个环节出现问题都会带来不同程度的财产损失或人员伤亡。因此，无论是生产企业还是物流企业，做好物流安全，都具有重大的意义。

（1）物流安全是企业进行生产的前提

物流安全能够保证商品所有者（生产、基建、运营、医疗、教学和科研等部门）生产活动的不间断进行，能够保证物流功能的顺利实现。物流是生产的延伸和继续，又是生产的准备和先导。用公式表示，物流（原材料）—生产—物流（产品），就这样无限不循环地运行着。因此，物流安全保证物流功能活动的连续性和衔接性，使企业的生产得到支持。

（2）减少商品在物流过程中的损失，降低企业成本

商品如果在物流过程中遭遇损失，致使商品所有权受到侵害（如丢失或被偷盗）或商品的使用价值遭到破坏（如撞坏损坏或火灾烧毁），使商品拥有者造成经济上的损失，侵害了商品所有者的经济利益，影响企业物流效益的提高。因此，通过采用相关物流安全手段，可以将物流安全的风险降低，从而保证企业的经济利益。

（3）保证物流作业人员的生命安全和物流设备设施的安全

由于物流作业不安全，会使作业上的工作人员的生命和健康受到威胁，如剧毒品保管不善或操作不合理引起中毒，由仓库火灾引起的人员伤亡等；同时，由于物

流人员操作不当，不仅使商品遭到损坏，连物流设备和设施也会遭到破坏，造成不应有的损失。因此，保障物流安全，可以减少企业的人员伤害和设施设备损坏，保障了员工的利益，有利于增加企业的凝聚力，创造和谐的企业氛围。

通过上述分析可以看出，物流安全对于维护商品拥有权的用户的经济利益，自身的经济效益，从业人员的人身安全和设施设备都有直接的影响。物流安全还能起到保证生产的作用，没有物流安全，物流这一功能就得不到应有的发挥。所以物流安全是整个物流的生命线，将安全工作始终贯彻物流的全过程，覆盖物流的各个领域、各个方面，是物流工作者的光荣使命，也是一种不可推卸的责任。

8.1.3　电子商务物流安全的内涵

8.1.3.1 电子商务物流安全的含义

电子商务物流安全，是指消费者（买家）和商品或服务提供商（卖家）在互联网上从事商品交易活动过程中，关于物流活动中的商品交易信息、资金流动、物流配送等方面的安全，即在从事电子商务物流活动中的个人信息、商品交易信息和物流信息都要保密，不能被竞争对手所熟知；往来资金支付账号、密码不能被黑客等不法分子所窃取；关于商品的属性要熟悉，以保证物流配送过程中商品不受损害。

电子商务物流安全从整体上可以分为两大部分：计算机网络安全和电子商务物流交易安全。计算机网络安全是针对计算机网络本身可能存在的安全问题，如网络软件漏洞、操作系统安全等，实施网络安全增强方案，以保障计算机网络自身的安全性为目标；电子商务物流交易安全则是指电子商务在物流应用中产生的各种安全问题，如物流交易信息安全、物流支付安全、物流运输配送安全等。上述这两部分是密不可分、缺一不可的。没有计算机网络的安全，电子商务物流交易安全就如空中楼阁，无从谈起；而如果没有电子商务交易的安全，即使计算机网络再安全，也无法满足电子商务物流交易的需求。因此，电子商务物流安全其中任意一个部分（环节）出现问题，都会影响电子商务交易的实现。

8.1.3.2 电子商务物流安全的重要性

随着信息技术的快速发展，人类社会正逐步步入以信息网络时代，基于 Internet 的电子商务模式已经成为人们进行商务活动的新模式。据统计，截至 2013 年底，中国网民从事电子商务交易的人群已经达到 3.02 亿人，较上年增加 5987 万人，增长率为 24.7%，使用率由 42.9% 提升至 48.9%。根据中国互联网信息中心 CNNIC

发布的《2013 年中国网络购物市场研究报告》显示，2013 年网购交易金额达到了1.85 万亿元，相较于 2012 年增长了 40.9%。

电子商务中的任何一笔交易，都包含商流、信息流、资金流和物流这 4 个方面。商流、信息流和资金流在电子商务活动中都是电子化的，卖家和买家只需在互联网上进行交流，而无须面对面交流，就可以有效地实现商流、信息和资金的流通。但是物流作为电子商务活动的最后一个环节，却是无法通过网络直接实现的。虽然在电子商务商品流通、服务效率日益发达的今天，交通运输已经不受地域条件的限制，人们可以根据自己的需求将某种物品、商品运送至某地。但在物流运输过程中，由于人为失误或技术缺陷造成的货物损坏或失效、物流设施损坏及物流信息失真等都会造成安全问题。

尽管我国的电子商务物流安全技术研究与产业规模在过去几年中获得了飞跃发展，但由于发展时间短、需求变化大、响应要求快等原因，导致我国的电子商务物流安全产业整体布局缺乏顶层设计，没有形成布局合理的、体系化的信息安全产业链。目前，我国电子商务网络安全面临的主要威胁有：缺乏自主的计算机网络核心技术和软件、信息安全意识淡薄，网络运行单位没有建立相应的网络安全防范机制，电子商务安全法律法规不健全，缺乏电子商务安全管理专业技术人才等。同时，由于我国的电子商务安全相关的法律法规不完善，导致电子商务安全成为制约我国电子商务快速发展的主要因素，如信用卡信息安全、数据传输安全、个人隐私保护等问题逐渐凸显。

中国互联网络信息中心《关于 2013 年中国网民信息安全状况研究报告》显示，整体上，我国的信息安全环境不容乐观，有 74.1% 的网民在过去半年内遇到过信息安全问题，总人数达 4.38 亿人；在遭遇安全事件的人群中，50.4% 的人认为"花费时间和精力"，有 28.2% 的人学习和工作受到了影响，13.1% 的人重要资料或联系人信息丢失，还有 8.8% 的人经济受到了损失，只有 39.9% 的网民认为没有损失；而在遭受经济损失的人群中，平均每人损失了 509.2 元，在刚刚过去的半年间，全国因信息安全遭受的经济损失达到了 196.3 亿元。如图 8-1 所示。

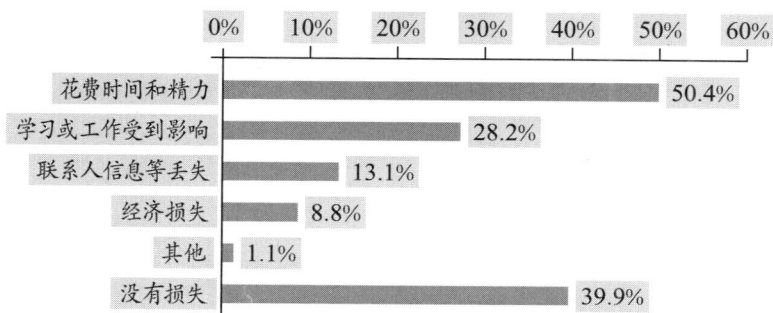

图 8-1　因安全事件造成的各种损失

推算过程：全国因信息安全问题遭受的经济损失＝网民数（5.91 亿人）× 遇到过安全问题的网民比例（74.1%）× 因安全问题遭受到经济损失的比例（8.8%）× 因安全问题遭受的平均经济损失（509.25 元）=196.3 亿元。此损失仅计算了个人损失，未包括企业等非个人主体因安全问题产生的损失。

由此可见，电子商务物流安全问题不容忽视。

8.2　电子商务物流安全的威胁

与传统的商务流程相比，电子商务表现出了很多的优越性，如以电子流代替了实物流，可以大量减少人力、物力，降低了成本；同时，突破了时间和空间的限制，使得交易活动可以在任何时间、任何地点进行，从而大大提高了效率。但是，由于网络的开放性及交易过程的复杂性，电子商务物流安全面临的威胁也大大增加。根据电子商务物流安全的内涵分类，电子商务物流安全面临的威胁主要包括计算机网络安全和交易安全这两个方面，而任何一项电子商务交易过程都涉及信息流、资金流和物流。电子商务物流安全面临的威胁的具体分类如图 8-2 所示。

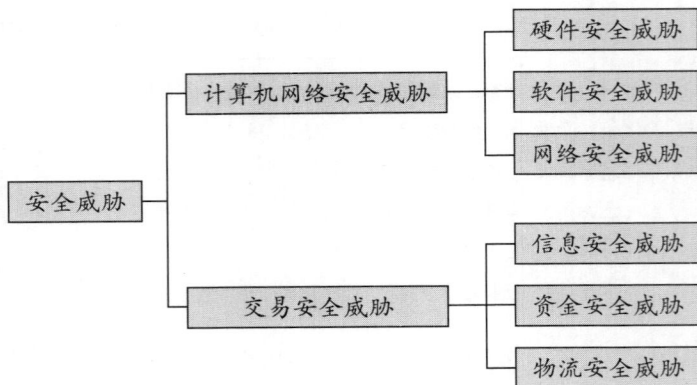

图 8-2　电子商务物流安全面临的威胁

8.2.1 计算机网络安全的威胁

电子商务物流活动是在 Internet 上进行的商务活动。在开放的 Internet 网络环境下，必然会涉及计算机本身和网络系统普遍面临的一些安全问题，主要表现在以下 3 个方面。

8.2.1.1 计算机硬件方面

任何一种设备都不是万无一失的，在其运行过程中，总会出现这样那样的缺陷，甚至故障。如果能在故障发生前对缺陷进行维修，则可以大大减少损失，而一旦出现故障，则会带来巨大的损失，如数据的丢失、信息的混乱，特别是那些周期性的故障往往比那些大的故障更难以查找与修复，它们就像定时炸弹，随时会爆发，但是又无法确定爆发时间；而有些故障是当它们已经破坏了系统数据或其他设备时才被发现，这时往往为时已晚，后果也是相当严重的。而且，计算机设备对环境的要求也很高，如温度、湿度、各种污染物的浓度等，因此要特别注意火灾、水灾和空气污染等对计算机网络系统所构成的威胁。

8.2.1.2 计算机软件方面

计算机系统无论采用何种系统，在安装的时候都会存在安全问题，只有专门针对操作系统安全性进行相关的认证和严格的安全配置，才能达到一定的安全程度。由于软件程序的复杂性和编程的多样性，在电子商务系统的软件中很容易有意或无意地留下一些安全漏洞，这些网络软件的漏洞就是被攻击的首要对象。一些不法分子通过这些漏洞来盗窃电子商务用户的账号密码，从中获取非法利益，如转账资金，网络购物等。同时，一些网络协议的安全性也是计算机网络安全的一个重要方面，特别是 TCP/IP 通信协议，在设计初期没有考虑到安全性问题，因而连接到 Internet 的计算机系统就可能受到外界的恶意攻击和窃取。如果网络通信协议存在安全上的缺陷，那么攻击者就有可能不必攻破密码体制即可获得所需要的信息或服务。实践证明，目前 Internet 提供的一些常用服务所使用的协议，如 Telnet、FTP 和 HTTP 协议在安全方面都存在一定的缺陷。尤其对于电子商务物流用户来说，面临的风险更大。

8.2.1.3 计算机网络方面

电子商务与传统商务的最重要的区别就是利用计算机网络来传递信息，促进信息流的完成。计算机网络的安全必然会影响电子商务的开展。计算机网络存在的安全威胁如下。

（1）黑客攻击

黑客攻击是指黑客非法进入网络，非法使用网络资源。黑客一般利用信息系统的漏洞或黑客程序来侵入系统，达到窃取别人的账号进行消费、获取对手商业机密、攻击对手商业网站等非法目的。随着互联网的发展，黑客攻击经常发生，防不胜防。黑客利用网上的任何漏洞和缺陷修改主页，非法进入主机，窃取信息等进行相关危害活动。黑客攻击一直是行业性的问题，互联网发展至今从未间断过。据调查，在 2009—2011 年电子商务行业爆发的初期阶段，国内很多大型电子商务企业都曾不同程度地被黑客攻陷过，而且带来了不同程度的损失，具体如表 8-1 所示。

表 8-1　大型电子商务企业遭黑客攻击情况

电子商务企业	被攻击时间	造成损失
京东商城	2010 年被大规模攻击	数据外泄，损失金额未知
当当网	2011 年被 11 月被大规模攻击	200 万会员个人数据（电话、姓名、地址、邮箱等）泄露
凡客诚品	2011 年被大规模攻击	数据外泄，损失金额未知
淘宝网	2010 年 10 月被大规模攻击	淘宝用户支付宝邮箱 2400 多万个人账号泄露
1 号店	2009 年、2010 年、2011 年陆续被攻击	90 万用户数据泄露，2011 年 7 月份整月购物数据泄露

黑客攻击能力有档次之分，攻击的目的也不尽相同：有盗号窃取用户余额的，也有盗取网站数据库的；有求财的，也有泄愤的。但从表 8-1 中可以看出，黑客攻

击电子商务企业大部分都导致了数据库信息的泄露，从而给电子商务企业带来了不同程度的损失。

（2）计算机病毒的攻击

病毒是一种具有繁殖力、破坏力和传染性的一段程序。它能够破坏计算机系统的正常进行。计算机病毒主要通过电子邮件、网络下载或浏览、移动存储介质（U盘、移动播放器、智能手机等）等途径传播。由于用户对于免费资源的危害程度认识不足，导致大量挂马网站成为病毒传播的主要根源之一。目前，互联网上出现一种新型蠕虫病毒变种 Worm.Vobfus。该变种病毒利用社会工程学的原理，通过社交网站进行传播，能够诱骗计算机用户点击下载从而感染操作系统，造成系统瘫痪。近些年来，计算机病毒主要对密码、账号进行窃取，或使数据受到远程控制，导致系统（网络）无法使用，浏览器配置被修改等等，而用户密码、账号是病毒瞄准的主要资源，例如近年出现的支付大盗、网购木马等病毒，会在窃取用户信息后，分类打包或对窃取信息进行深度挖掘，之后出售谋取经济利益。而经济利益的驱动是病毒制造者编制病毒的主要因素，并且这一态势还会持续。随着互联网的发展，使得计算机病毒的传播速度大大加快，成为电子商务中计算机网络的又一重要安全威胁。

（3）拒绝服务攻击

这是一种破坏性的攻击，是一个用户采用某种手段故意占用大量的网络资源，使系统没有剩余资源为其他用户提供服务的攻击。这些资源包括磁盘空间、内存、进程，甚至网络宽带。目前具有代表性的拒绝服务攻击手段包括 SYN flood、ICMP flood、UDP flood 等。SYN flood 是当前最流行的拒绝服务攻击与分布式拒绝服务攻击的方式之一。这是一种利用 TCP 协议缺陷，发出大量伪造的 TCP 连接请求，使被攻击方的服务器忙于处理攻击者伪造的 TCP 连接请求而无暇理睬客户的正常请求，导致被攻击方的资源耗尽（CPU 满负荷或内存不足），服务器失去响应的攻击方式。如"电子邮件炸弹"，它的表现形式是用户在很短的时间内收到大量无用的电子邮件，从而影响正常业务的运行。随着互联网的发展，拒绝服务攻击成为了网络安全中的重要威胁。

8.2.2 交易安全的威胁

根据一般的 B2C 电子商务物流实体的相互关系模式（图 8-3），我们主要从信息流、资金流和物流这三个方面来分析电子商务物流安全面临的威胁。

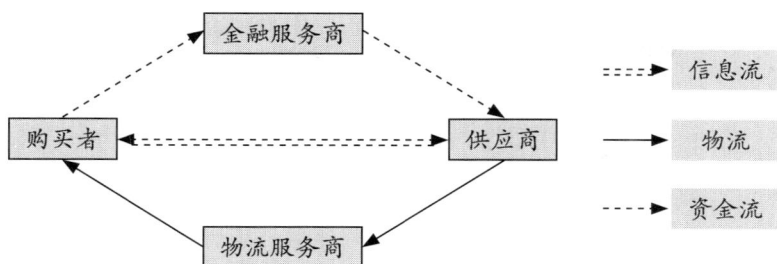

图 8-3　一般的 B2C 电子商务物流实体关系模式

8.2.2.1 电子商务物流信息安全

信息是卖家和买家进行交易的主要沟通依据。买家将他所需要的商品订单信息通过 Internet 平台（淘宝网主要是通过阿里旺旺聊天平台）发送给卖家。卖家登录自己的企业信息平台，根据商品的库存情况来选择接受或拒绝订单，或选择发送新的商品信息给买家。在商品发出后，卖家又会根据商品流转动态及时跟进物流信息，直至商品到达最终顾客的手中，来促进交易的达成。而网络信息具有分布性广、流动性大、便于访问、可控性低等特点，这使得买家和卖家的信息系统十分脆弱，运行中容易诱发各种风险，或受到各种威胁。从技术方面来讲，风险可以由传输方式、IP 地址、路由选择引起，也可以由鉴别、序号引起。具体的威胁形式，如人为错误、硬设备故障、程序错误或缺陷、病毒、搭线窃听、传输指向错误、访问假冒、盗用资源、恶意破坏、伪造文件或记录、偷窃等。因此，在电子商务环境下，买家和卖家的相关信息极易被不法分子通过某种手段篡改、偷窃等，导致信息的泄露，给电子商务物流信息安全带来各种风险，甚至导致交易的失败。

（1）信息的完整性

信息的完整性面临的威胁主要指信息在输入、传输过程中被篡改、删除等行为。电子商务高效的交易过程减少了人为的干预，但也产生了交易各方信息完整性的问题。交易双方数据输入时的意外差错或欺诈行为，可能会导致贸易各方信息的差异；数据在传输过程中可能由于信息丢失、信息重复或网络环境不稳定带来的信息传送的次序差异也会导致双方信息的不同；有不少不法分子通过恶意修改客户的收获地址而非法获得商品，尤其是那些价值较大、比较珍贵的商品。而这些信息的不完整性将影响到贸易各方的交易和经营策略。

（2）信息的有效性

电子商务以电子形式取代了纸质形式，如何保障这种电子形式的贸易信息的有效性是成功开展电子商务活动的前提。电子商务作为现今比较流行的贸易方式，受到了广泛的关注，不仅涉及个人、企业甚至国家，而信息的有效性则直接关系到这些群体的经济利益和声誉。由于网络故障、操作错误、应用程序错误或计算机病毒所产生的潜在威胁严重影响了数据的有效性，因此，对这些潜在的威胁加以控制和预防，以保证贸易数据在确定的时刻、确定的地点和正确的交易双方之间是切实有效的，才能保障电子商务交易的完成。

（3）信息的机密性

电子商务物流信息直接代表着个人、企业，甚至国家的商业机密。机密性就是使信息在传送者和接收者之间传递时，信息没有被窃听、被篡改的风险，非交易方不能获取其交易的信息。与传统的纸质贸易不同，电子商务贸易是在一个较为开放的网络环境中进行的，其中所涉及的个人、企业或者国家的一些重要的商业信息很容易在网络环境下被公开、被窃取，而导致用户的商业机密信息的泄露，从而给交易各方带来损失。

（4）交易双方身份的真实性

交易双方身份真实性面临的威胁主要是指攻击者假冒交易者的身份进行交易。电子商务交易双方由于不需要面对面地进行交易，因此双方很可能素昧平生、相隔千里。当攻击者掌握了网络信息数据规律或解密了商务信息以后，可以假冒合法用户或发送假信息来欺骗其他客户。例如，通过伪造电子邮件，虚假开通网站和商店，给用户发电子邮件，收订货单；伪造用户，发大量的电子邮件，窃取商家的商品信息和用户信用等；假冒他人消费、栽赃；假冒主机欺骗合法主机及合法用户；假冒网络控制程序，套取或修改使用权限、通行证等信息。

8.2.2.2 电子商务物流资金安全

在电子商务中，资金的流动是非常重要的，它反映了商品所有权的转移。资金流的简便快捷有利于实现电子商务物流信息的高速运转，降低电子商务物流的运营成本。在电子商务物流中，资金的流动主要有在线支付和货到付款两种形式。

（1）在线支付

在线支付是指进行电子交易的当事人，包括消费者、商家和金融机构，使用安全的网上支付或手机支付手段通过网络进行的货币支付或资金流转。作为电子商务中连接生产企业、商业企业和消费者的纽带，银行能否有效地实现电子支付已成为电子商务成败的关键。在常见的 B2C 交易中，持卡顾客向商家发出购物请求，商家将持卡人的支付指令通过支付网关发送给银行的电子支付系统；银行接着通过银行卡网络从发卡行获得批准，并将确认信息再从支付网关返回商家；商家取得支付确认后，向持卡人发出购物完成信息，接下来的工作就是银行系统内部的资金拨付和行间结算。以淘宝网为例，在线支付其资金流动大多是在客户确认购买商品的订单之后，将自己的资金转到商家账户上的过程。其中，在买家收到商品之前，钱保留在支付宝中介平台账户中，并没有实际打到商家账户上，只有买家在确认收到货之后，钱才会打到商家账户上，这样可以避免卖家在收到资金后而不予发货的问题。

顾客支付的款项能否安全、及时、方便地到达商家，关系到交易的最后成败，在线支付不论对于顾客还是商家，都具有非常重要的意义。但并非每一笔交易都能那么顺利地完成，近期频繁出现的在线支付事故，使电子商务资金流面临着巨大的风险，导致电子商务物流安全存在巨大的隐患。最典型的例子就是近几年频繁出现的"钓鱼"网站，不法分子伪造出与网银交易时相同的界面，诱骗客户按照提示操作，造成经济损失及个人信息的泄漏。这主要表现为以下两个方面。

第一，个人方面。由于电子商务物流活动主要是通过网络支付完成资金的流通，网络支付当前的主要方式是通过银行卡（包括信用卡、借记卡和支付卡等）支付工具。消费者在进行在线支付的过程中，首先要通过浏览器输入支付认证信息，然后由发卡行对信息进行认证授权，最后完成支付。因此，如果不法分子通过窃听方式获得了用户的密码，就可以通过网络进入到持卡人的账户进行转账或消费，给持卡人带来损失；同时，网络传递的数据信息极易被截取并修改，通过修改支付金额和修改收款人账号等方式，将修改的信息重新发送，从而达到牟利的目的。目前，我国电子商务物流企业管理者和电子商务物流客户普遍缺乏较强的电子商务物流安全意识，如用户对杀毒软件、防火墙、木马查杀和清除流氓插件等辅助安全工具软件的认识不够清晰，对数字签名缺乏正确的理解，使用数字证书的概率很低。

第二，企业商家方面。企业对客户的订单的接受或拒绝状况均反映了企业的生产实力、市场动态以及资金走向；电子商务企业为了提高竞争实力，提高知名度及企业信誉，会将企业的商品库存信息、资金流向等信息在网页上动态显示，以提高消费者对企业的认知度及信任度。这给了不法竞争对手极易获悉企业的订货、资金和付款信息，从事非法活动，从而使企业丧失商机的机会。

（2）货到付款

对于货到付款的订单，其资金流动是在商家发货后，由快递公司将货物送到顾客手中，然后顾客在签单之后，由快递公司代为收取货款。在这个过程中，要特别注意快递公司的可靠性，返款的速度以及货款清单的及时核对，不要留下不清楚的环节。对于商家来说要对自己的派送清单清楚掌握，主动地与快递公司及时沟通货款返还事宜，这样就可以尽量减少货款在快递环节留存的时间，时间越短，则货款安全度越高；货款账目越清晰，货款就越安全；快递公司越可靠，货款越安全。有些不法分子利用某些网站公开买家购物信息的漏洞，竟然乔装成快递员，赶在真快递员之前，跑来给客户送"货"骗钱。家住南京市雨花台区的一位消费者就遇到这样的事情，被冒充的快递员拿着装有砖头的"货"骗走了 300 元。尽管这个案例有一定的偶然性，但也警示网购一族，多留个心眼，注意保护个人信息，快递员上门及时验货，别给骗子可乘之机。对于商家来说，为了保障自己和消费者的合法权益，不建议选择开通代收货款业务的低价服务的公司，如果一个公司没有足够的利润，很难确保货款安全。

8.2.2.3 电子商务物流安全

在传统的购物方式中，买家是"一手交钱，一手交货"的购物状态。但电子商务打破了时间和空间的限制，在电子在线支付的情况下，导致了资金流和物流的不同步，因此这种"付了钱，但没有拿到商品"的状态使买家对物流配送环节赋予了更高的期望值。目前的大多数电子商务网站都是只能靠网上订货、靠物流体系送货，完成交易活动。消费者在网上浏览到自己喜欢的货物之后，轻松单击"购物"按钮即可完成购买过程，但所购之物却有时会因为各种原因迟迟不能送到自己手中。如果商品在配送途中遭到了损坏，最终等到的网购货物，不是货物包装破损，就是货物本身已经在物流过程中给损坏了，而此时的用户还必须支付相应的快递费用。客户在收到商品时由于没有达到期望，就会对的服务质量不满意，即使商家提供退换货的途径，但这也在很大程度上影响了消费者的满意度，进而影响用户的重复购买欲望。当消费者经历了这样的网络购物之后，便会对电子商务物流的安全性产生严重的质疑，直接影响到该消费者之后参与电子商务活动的兴趣。因此，电子商务物流配送的安全对电子商务的发展有着重要作用，电子商务物流配送体系的建设与完善直接影响着电子商务的发展速度。

下面主要从人为角度与技术设备角度分析物流内部的配送安全问题。

（1）人为角度

随着物流行业逐渐成长为我国第三产业中的支柱行业，快递配送业务呈现出了快速增长的态势，近年来，顺丰快递、宅急送、申通快递、圆通快递、中通快递、EMS 等大型第三方物流快递公司的出现，以及淘宝、苏宁、京东、凡客、亚马逊等大型电子商务企业构建自己的电子商务物流体系，促使我国电子商务物流配送体系不断完善，使得不同地区的电子商务用户在确认网上购物订单之后 3 天左右的时间便可顺利收到自己网购的商品或服务。但是目前的物流体系无论从服务态度还是质量上都不能满足市场需要。纵观淘宝网店商品的评价中，我们也不难发现，很多问题都集中在物流配送的服务上。主要表现在以下几个方面。

一是配送服务质量。电子商务物流配送服务是电子商务活动中唯一能与网络购物消费者面对面直接接触的一个环节。电子商务物流配送服务水平的高低直接影响网络购物消费者对网络购物的满意程度。热情、周到的电子商务货到上门服务能给网络购物消费者留下深刻、良好的印象，大大提高消费者的满意度。然而，在这与消费者直接接触的环节中，抛开时间因素外，出现了很多引起消费者不满的问题，如服务人员服务态度差，言语不当，对客户采取不理不睬的态度；有的快递承诺送货上门，实际只送到楼下甚至是小区门口；有的快递临时改变送货地点，服务人员拒绝送货，打电话通知客户自己去某个地点拿；当出现货损、货差等情况时，更不能积极配合处理等。面对一些较为个性化的配送服务要求，电子商务物流配送服务更是难以满足。

二是配送员的可靠性。快递的发送人，无论是商家还是个人，都应选择正规的快递公司合作，对上门取件的快递人员进行身份核实。对于贵重物品，应谨慎选择传递方式，如确需采用快递形式，可以利用保价、留存快递发出凭证、随时凭单号在快递公司门户网站查询快递流程等方式加强安全保障。在快递发出后，应将快递公司的名称、快递单号、快递内容、物品数量等信息及时告知快递接收者，以便在发现有问题时与快递公司客服进行沟通。由于现在的快递行业不规范，有很多快递员没有经过职业的培训就上岗，接受物流知识系统教育的程度偏低，职业素质比较低，无论从年龄结构还是专业知识结构上都不符合电子商务物流发展的要求，常常出现一些快递员将顾客的商品私自拆开来看，如果发现是价值较高的商品，就会私自吞掉，等到顾客追问起来的时候，称意外遗失，因为意外遗失所赔偿给客户的金额远远低于商品本身的价值，这样就导致顾客利益的损失。

三是配送信息的安全性。当电子商务企业作为快递的发送者时，应通过有效的内部管理机制保护消费者私人信息的安全性。安全后顾无忧，消费者的网购热情才可能持续高涨。快递公司的快递单号的信息被泄露，不法分子便会利用真实的快递单号和底单伪造包裹并诈骗消费者。消费者个人信息不慎泄露，也很容易招致诈骗行为。

（2）技术设备角度

①电子商务物流设施设备。指企业在进行电子商务物流作业活动、实现物流功能过程中所使用的各种设施与装备的总称。主要包括储存设备、装卸搬运设备、运输设备、包装设备、信息传输设备等。电子商务物流活动的完成，最终都需要靠这些设备来实现。电子商务企业首先会依据储存设备设施来确认其仓库库存的商品状况，以保证商品的完整性；然后根据客户的要求和商品的属性特征，来进行包装，以保障商品在运输途中或装卸搬运的时候，不会被损坏；最后再选择合理的物流运输设施，以保证商品安全有效地运送至最终客户的手中。对于大部分的电子商务企业来说，他们不会直接参与物流活动，都是委托给第三方的物流企业来帮助其完成电子商务交易活动的。因此，对于第三方物流企业来说，根据物流需求者提供的物流量，其物流装卸搬运设备、包装设备、运输设备、信息传输设备等的好坏就直接影响到最终物流服务质量及作业效率，而且影响到物流企业的物流成本、物流速度、安全生产及物流作业的生产秩序。因此，物流设施与设备状况的好坏，对现代物流企业的生存和发展都有着重大影响。搞好现代物流企业的设施与设备管理，对提高现代物流企业的管理水平和经济效益也有着十分重要的意义。

经过多年的发展，我国在交通运输、仓储设施、信息通信、货物包装和搬运等物流基础设施装备方面有了一定的发展。但从总体上来看，我国的物流基础设施还比较落后，各项基本配套设施还不完全，缺乏兼容性及整体性。如涉及跨区域配送时，由于地方运输系统之间、不同运输系统之间相互衔接的枢纽设施和有关服务设施建设方面缺乏投入，导致物流的周转次数过多，物流配送时间过长，严重影响了电子商务顾客的满意度，同时也浪费了大量的人力和物力。

②电子商务物流技术。指与电子商务物流要素活动有关的所有专业技术的总称。主要包括实物作业技术，即与物流设施设备相关的技术，如包装技术、运输技术、储存保管技术、装卸搬运技术等和电子商务技术，如 GIS（地理信息技术）、GPS（全球卫星定位系统）、EDI（电子数据交换）、BAR CODE（条形码）技术等。这些电子商务物流技术的应用不仅可以提高电子商务物流效率、降低电子商务物流费用，而且也可以保障电子商务物流运作的安全，提高电子商务物流的运作质量和

客户的满意度等。

　　但是，我国物流业起步较晚，对先进的物流技术设备，如包装技术、运输技术和物流商务技术，如全球卫星定位系统、地理信息系统、射频识别技术等应用得比较少，使得物流成本较高、物流运作效率较低。同时，由于电子商务物流企业集成化管理程度不高，导致运输网络不够合理，物流信息的速效性不高，从而使电子商务物流企业的配送效率大打折扣。例如，运输技术可以用于运输货物装载、运输线路的规划等，但是对于大多数快递企业来说，其物流人员在配送时往往根据自己的经验选择配送路径，较少利用技术设备，导致配送路径重复迂回，浪费了大量的时间，大大降低了物流配送的服务效率。还有的快递企业在送货前较少进行送货前的确认，导致快递员将货物送到后，往往因为接货环节问题，如接货人员临时有事外出接不了货，造成配送人员白跑一趟，以致带来配送成本的上升。

8.3　电子商务物流安全的策略

　　电子商务物流的安全问题对信息流、资金流和物流方面均产生了威胁，严重制约了电子商务物流的发展，因此，构建电子商务物流安全体系迫在眉睫。从上述分析来看，解决电子商务物流安全问题需要从技术、管理和法律等方面综合考虑。虽然解决安全问题的手段、方法和制度还没有形成完整的体系，但其随着电子商务物流的发展正在日益成熟起来。

　　下面从安全技术、安全管理和法律制度 3 个方面来介绍电子商务物流的安全策略。

8.3.1　电子商务物流安全技术

　　针对电子商务物流安全所面临的各种威胁以及电子商务物流持续快速发展的安全需求，电子商务物流必须利用相关安全技术为电子商务物流活动参与者提供安全可靠的电子商务物流服务。主要表现在以下方面。

8.3.1.1　计算机网络技术

　　由于网络系统的开放性，以及现有网络协议和软件系统固有的安全缺陷，特别是 Internet 使用和管理上的无政府状态，使任何一种网络系统都不可避免地、或多或少地存在一定的安全隐患和风险，使人们在享受网络带来的方便和效益的同时，也面临着网络安全方面的巨大挑战，如数据信息的更改、泄露等。为了保证这些方面的安全，通常会使用一些网络安全产品或技术，如防火墙技术和入侵检测系统等。

（1）防火墙技术

防火墙是指隔离在本地网络与外界之间的一道防御设施，由软件和硬件设备（一般是计算机或路由器）组合而成的，处于企业内网和外网之间，用于加强内外之间安全防范的一个或一组系统。它能够限制他人进入内部网络，过滤掉不安全服务和非法用户；允许内部网的一部分主机被外部网访问，另一部分则被保护起来；限定内部网的用户对互联网上特殊站点的访问；为监视互联网提供方便。防火墙采用滤波技术，滤波通常使网络的性能降低50%以上，如果为了改善网络性能而购置高速路由器，又会大大提高经济预算。作为一种网络安全技术，防火墙具有简单实用的特点，并且透明度高，可以在不修改原有网络应用系统的情况下达到一定的安全要求。防火墙技术是目前解决企业网络安全问题的流行技术，即把公共数据和服务置于防火墙外，使其对防火墙内部资源的访问受到限制。

防火墙一般由服务访问规则、验证工具、包过滤和应用网关4个部分组成。防火墙技术在网络中的应用如图8-4所示。

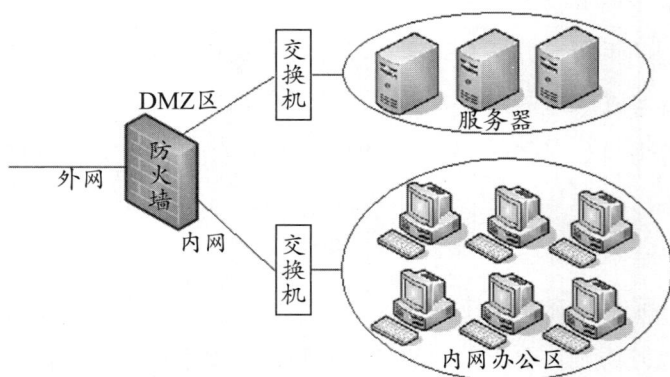

图8-4 防火墙应用示意图

一般来说，防火墙技术具有如下功能。

①过滤控制，通过设定一个安全点来防止非法用户进入企业的内部网络，过滤掉不安全的服务。

②即时监控，可以有效地监视网络上出现的各种不安全因素，并即时报警。

③网络审计，记录所有的访问并作出日志记录，提供网络连接费用的统计数据，查出潜在的宽带瓶颈位置。

④地址转换，将有限的 IP 地址与内部的 IP 地址对应起来，使用 NAT 的网络，使外部网络的连接只能由内部网络发起，缓解地址空间短缺的问题。

但是，一般来说，防火墙是不能防病毒的，不能保证数据的秘密性，尽管有不少防火墙产品声称其具有这个功能；它无法防范通过防火墙以外的其他途径的攻击，不能防止来自企业内部非法使用者带来的威胁；同时数据在防火墙之间的更新也是一个难题，如果延迟太久将无法支持实时服务请求。如果防火墙系统被攻破，则被保护的网络处于无保护状态。如果一个企业希望在 Internet 上开展商业活动，与众多客户进行通信，则防火墙不能满足要求。

（2）入侵检测系统

防火墙虽然很好，但是防火墙也有很多不足，比如防火墙不能经由防火墙的攻击，防火墙不能防范新的网络安全问题等。为了弥补防火墙的不足，可利用入侵检测系统来保证计算机网络的安全。它被认为是藏在防火墙身后的第二道安全屏障。入侵检测是通过对计算机网络或计算机系统中的若干关键点收集信息并对其进行分析操作，检测网络或系统中是否有违反安全策略的行为和对系统的闯入或闯入企图的迹象。它是对网络传输进行即时监视，在发现可疑传输时发出报警或者采取主动反应措施的网络安全设备。它与其他网络安全设备的不同之处在于，它是一种积极主动的安全防护技术。

入侵检测系统应用示意图如图 8-5 所示。

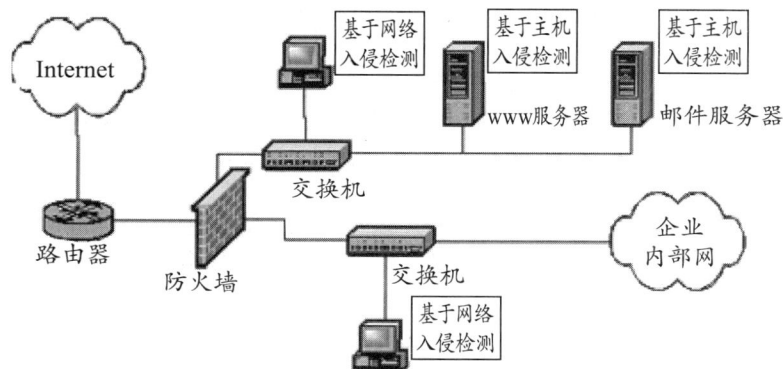

图 8-5　入侵检测系统应用示意图

入侵检测系统具有如下功能。

①完善网络安全管理。通过对攻击或入侵的即时反应，可以有效地发现和防止大部分的非法访问；使用入侵检测系统的监视、统计分析、报表功能，可以进一步完善网络管理。

②监控网络异常通信。通过对网络中不正常的通信连接做出即时反应，包括切断网络连接、记录事件及报警等，以保证网络通信的合法性。

③识别黑客常用入侵与攻击手段。通过分析各种攻击的特征，可以全面快速地识别拒绝服务攻击、电子邮件攻击、浏览器攻击等各种常用攻击手段，并做出相应的防范。一般来说，黑客在进行入侵的第一步探测、收集网络及系统信息时，就会被入侵检测系统捕获，并即刻向管理员发出警告。

但是，入侵检测系统也有其缺点，如防入侵欺骗的能力较差，在交换式网络环境中较难配置，其检测性能受硬件条件的限制，不能处理加密后的数据等。

各种计算机网络安全技术虽然在一定程度上保障了计算机网络的安全，但没有任何一种安全技术是绝对可靠的，需要在应用过程中加强人为的监控、防范，这样才能使计算机网络安全技术更好地发挥其作用，以保障安全。

8.3.1.2 信息技术

电子商务物流的基础是信息化和网络化，由于其所依赖的 Internet 具有虚拟性、动态性、高度开放性等特点，使电子商务物流信息的安全在很大程度上依赖于信息技术的完善，这些技术包括加密技术（防止被动攻击）、认证技术（防止主动攻击）等。

（1）加密技术

数据加密是指采用某种算法把原始数据进行再组织，然后在网络的公共信道上进行传输，非法接收者因没有密钥，无法得到原始数据，而合法的接收者可以根据密钥进行解密，得到原始数据。加密的目的就是为了保护信息的保密性、完整性和安全性，防止信息被伪造、被窃取。加密技术可实现数据的保密，但非法接收者可能通过泄漏、窃取或破译等方法获取正确密钥。为了降低被破译的危险，需要建立严密的密钥管理机制，提高工作人员的素质，增加密钥数位长度。密钥数位越长，越安全，但加密和解密的时间也越长，数据传输效率越低。所以，要根据电子商务对安全要求的不同级别来选择密钥的长度。

而密钥的分配、存储过程是最难处理的，随着网络变得越来越复杂，对密钥管理的要求也变得更加严格。首先，要注意密钥的使用期限。为了防止有人长期不懈地解密，每把密钥都必须设定一个失效期，在过了失效期后该密钥将不再有效；同时，对于一份长期认定有效的签名文件，需要加上一个数字时间戳。数字时间戳是在加密后形成的凭证文档，包括需要盖戳的文件摘要、DTS 机构收到文件的时间、DTS 机构的数字签名等。

除了密钥加密技术外，还有数据加密技术：一是链路加密技术，是指对通信线路加密；二是节点加密技术，是指对存储在节点内的文件和数据库信息进行加密保护。

（2）认证技术

认证技术是为保证参加电子商务的交易双方都拥有合法的身份，并且在网上能够有效无误地进行被认证的技术。它对于开放环境中的各种信息系统的安全性有重要作用。认证的过程主要是进行信息认证，其目的有两个：一是确认信息发送者的身份；二是验证信息的完整性，即确认信息在传送或存储过程中未被篡改过。

认证技术主要分为身份认证和报文认证。身份认证用于认证用户身份，或通信方的身份；报文认证用于保证通信双方的不可抵赖性和信息的完整性。

国际通行的解决电子商务信息安全问题的做法是采用授权认证（CA）安全认证系统。CA 认证中心并不是安全机构，而是一个受大家信任的第三方机构，是电子商务中的仲裁机构。在电子商务系统中，所有实体的数字证书都是由 CA 证书授权中心颁发并签名的。一个完整、安全的电子商务系统必须建立起一套完整合理的 CA 体系。CA 体系借助数字签名、身份识别等技术手段，解决网络身份的认证，以保证交易各方身份是真实的；解决数据传输的安全性，以保证在网络中流动的数据没有受到破坏或篡改；解决交易的不可抵赖性，以保证对方说的话是真实的。

8.3.1.3 支付技术

电子商务的特征是在线交易，保证网络支付安全是电子商务发展必须解决的重大问题。随着技术的不断进步，网络支付会更加安全简便，现有的网络安全技术基本上能满足电子商务在线支付安全的需要。因此，在研究网络支付安全问题的同时，提高用户的安全防范意识，普及网络支付的安全防范手段、工具等知识，就显得尤为重要。

用户在进行网络支付时，必须提高网络安全防范意识，掌握必要的网络安全防范措施，这样才能防止自己的支付账号及密码不被泄露，最大限度地减少不必要的损失。常见的网络支付安全防范措施有：

①防范并识别假冒网站。持卡人在使用网上银行业务时，一定要识别网站域名的真伪。有些不法分子，通过给用户发送虚拟的网址，这个网址的界面与真实的界面没差别，从而引导用户进行操作，进而套取账号、密码，导致用户的损失。因此，持卡人要熟悉商业银行或支付平台的域名，在登录时认真核对，并在支付时细心操作。

②识别虚假短信（电话、邮件）。目前，电话、短信诈骗时常发生。持卡人在收到任何与银行卡、支付相关的短信、电话后，一定要确认发送者的身份及短信、电话内容的真实性。凡是收到涉及要持卡人提供账号或支付密码的短信、电话或邮件时，持卡人一定要提高警惕，防止被骗。

③密码保护。密码设置不能过于简单，如自己或亲人的生日信息、电话号码，或者类似"123456"这样的简单数字组合。同时，要注意支付终端的安全性，不要在公共网吧、机房进行网上支付，个人电脑要安装反病毒、反木马软件。另外，在输入支付密码时，要防止他人偷窥、摄像等。

④安装网上银行的数字证书。数字证书是用电子手段来证实一个用户的身份和对网络资源的访问权限，属于高安全级别的加密机制，不容易破解。目前，所有商业银行的网上支付系统都提供了数字证书服务，因此，持卡人在使用网上支付时最好安装并使用数字证书，从而大大降低网上支付的风险。

⑤防止支付数据被篡改。数字签名技术的使用可以保障数据的完整性。利用数字签名产生消息摘要，消息摘要能标明支付数据的特征值，即使支付数据有了细微的变化，也会产生内容迥异的消息摘要。因此，一旦支付数据被篡改，通过比对消息摘要，就可以轻易识别数据是否被人篡改。

⑥防止支付否认。数字签名技术可以防止支付否认。在传统的线下支付活动中，银行和客户可以通过支付回单作为交易凭证，双方互相不能否认产生的支付活动。互联网支付，数字签名记录能起到类似支付回单的作用。

8.3.1.4 物流设施技术

目前，我国的电子商务物流基础设施、物流技术均比较落后，物流各项配套设施还不完善，物流的发展严重阻碍了电子商务的发展。电子商务物流设施和技术是否先进、合理，直接影响着电子商务物流活动的安全，因而可以说电子商务物流设施和技术是保证电子商务活动顺利进行的基本条件。因此，可以从物流设施和技术角度提高物流运作的安全水平。

（1）加强电子商务物流基础设施建设和合理布局

国家除了加快对公路、铁路、港口、机场等基础设施建设外，各物流企业应加强物流中心的建设和科学布局。物流中心是集现代通信技术、信息技术、计算机技术和网络技术为一体的物流中心。物流中心的功能相对齐全，不仅包括货物的接收、分拣、整理、保管、装卸和发运等功能，而且也包括货物的订购、组织、物流信息的处理以及货物的加工、包装等功能，它的整体性和系统性都比较强，管理水平也比较高。通过对这些技术在物流中心活动中的应用，不仅有利于降低物流的成本和费用，以较低的成本提供高质量的服务，还有利于缩短物流运作周期，扩大企业的物流规模，增加企业的收益。

但是，物流中心的建设并不是想建在哪就建在哪，想建多大就建多大的，应该合理布局。因此，各地方政府应统筹规划，正确引导物流企业布局和建设物流中心，包括物流仓库、配送中心、通信网络基础等。物流中心的建设，首先要位置合理，要根据不同范围内物流的需求规模、交通运输条件、自然地理条件以及地价的高低来合理地选择物流中心所处的位置，以节约物流中心的投资规模、降低物流费用，并提高物流效益；其次要规模适当，各项功能满足需要，物流中心的规模要与该区域企业的生产能力和物流量相匹配，而且以要满足用户的需要以及提高物流效益和用户的满意度为出发点来设置功能，既考虑到目前的现状，又要考虑到未来的发展趋势。只有科学合理地布局物流中心，才能提高物流速度和物流效率。

（2）国家与企业共同参与，共建电子化物流系统

物流系统是指在一定时间和空间内，由所需唯一的物资与包装设备、装卸机械、运输工具、仓储设备、人员和信息等若干相互制约的动态要素所构成的有机整体。在电子商务环境下，由于全球经济的一体化趋势，使得当前的物流业正向全球化、信息化、一体化发展。物流系统必须要有良好的信息处理和传输系统。良好的信息系统能提供及时的信息服务，帮助了解客户在想什么，需要什么，以赢得客户的信赖。EDI（无纸贸易）与 Internet 的应用，使物流效率的提高更多地取决于信息管理技术；电子计算机的普遍应用提供了更多的需求和库存信息，提高了信息管理的科学化水平，使产品流动更加容易和迅速。物流信息化，包括商品代码和数据库的建立，运输网络合理化、销售网络系统化和物流中心管理电子化建设等。

因此，形成全社会的电子化物流系统，需要政府和企业共同出资，政府要在高

速公路及铁路、航空、信息网络等方面投入大量资金，以保证交通流和信息流的通畅，形成一个覆盖全社会的交通网络和信息网络，为发展电子商务物流提供良好的社会环境。对于物流企业来说，要投资于现代物流技术，要通过信息系统网络和物流网络，为客户提供快捷的服务，提高竞争力。企业的电子商务信息系统一般要包括以下几个方面：第一，即时有效的物流管理系统。它需要提供即时准确的物流信息，充分满足物流系统各项作业要求，并能整合相关的硬件设备和软件系统，提供格式化的表单，对从进货入库到出库运送的各个作业环节，均能做到灵活的管理和控制。第二，运输规划和安排系统。鉴于电子商务跨区域的特点，物流系统的运输规划及安排就显得非常重要，在运输作业及管理需求上，要能提供全面的运输作业信息管理，能够有效地处理运配送时间、运配送路线、相关设备及客户订单等管理事项。第三，订货管理系统。订货管理是一套完整的账务处理系统，它能处理物流中心每项货品的销售过程，控制每项货品的明确资料，该过程包括从电子商务客户下达订单开始到开立账单，直到信息进入仓储管理系统进行配送业务。第四，物流运作决策支持系统。这个系统通过界面连接物流管理系统，成为一个高层管理者实现管理控制的工具，它能协助管理人员在复杂的物流作业决策上，迅速而有效地作出正确的决定。通过对各个物流环节进行系统优化，从整体效益出发，力求在确保实现整体目标的前提下，来实现整个物流系统的优化。

8.3.2 电子商务物流安全管理

在电子商务物流安全方面，人们往往从技术方面考虑，而忽视了安全管理。事实上，安全管理同样重要。制定和实施良好的安全策略往往比安全技术更有效、更持久。技术的发展更新换代非常快，而且实施系统侵害的手段和方法也在不断变化，因而制定良好的安全策略就显得尤其重要。实施电子商务安全管理可以从认识管理和人才管理出发，来提高电子商务物流安全管理的效果。

（1）认识管理

当今的电子商务物流管理理论和实践都已经取得了长足的进步，出现了许多新兴的理论和方法，但是，由于我国的电子商务物流管理研究者对这些认识还不够系统和深化，观念还比较陈旧，缺乏现代电子商务物流管理的先进理念。因此，对电子商务物流安全更没有系统化的认识，仅仅只是在出现安全问题后才采取相应的挽救措施，而没有将安全问题上升到一个新的高度。我国大部分电子商务物流企业对如何提升运输产业的水平、如何减少装卸搬运的次数、如何利用先进的物流信息技术来改善物流安全的状况方面的认识还远远不够。观念的落后导致无论是企业还是物流工作者都没有重视电子商务物流安全，缺乏系统的规划。因此，加强对电子商务物流管理的认识是不可或缺的。

要提高全社会对电子商务物流安全的认识，首先要加强现代电子商务和物流理论的研究，加大对研究的投入，我们可以吸取别国电子商务物流安全管理研究的成果，向电子商务物流发达的国家学习，积极吸收国外的先进思想、理论和技术，将其应用到我国电子商务物流安全的实践中，以加快我国电子商务物流发展的步伐。其次，要加大对电子商务物流安全的宣传力度，将物流安全的意识深入到每个从业人员的心中，把电子商务安全与电子商务物流安全放在一起进行宣传，电子商务是商业领域的一次革命，把物流提升到竞争战略的高度，把发展社会电子物流系统安排到日程上。

（2）人才管理

随着电子商务物流业的快速发展，市场对物流人才的需求与日俱增。自 2002 年 9 月以来，在国内各大城市的人才招聘会上，电子商务物流专业人才都成为企业争夺的焦点，电子商务物流人才短缺的问题已成为大家的共识。据有关的统计资料显示，我国物流人才中的物流规划人员、物流管理人员、物流研究人员、物流师资全面紧缺。到 2010 年，大专以上的物流人才需求达 30 万～ 40 万人。目前最为抢手的物流人才是掌握现代经济贸易、运输与物流理论和技能，有良好的外语水平和国际贸易运输及物流管理经营性的人才。发展中国的电子商务物流，人才是关键。因此，大力培养电子商务物流管理专业人才，才能提高电子商务物流安全的管理水平。

电子商务物流人才的培养是一个系统工程，涉及政府、教育部门、高等院校、职业院校、企业和社会培训机构，是一个包括高校学历教育、物流职业教育、企业岗位教育、社会培训机构继续教育互相结合、多种层次、互为补充的人才培养体系。事实上，我国电子商务物流人才培养经历了比较曲折的发展过程，到目前为止尚未形成比较完整的教育体系，电子商务物流人才培养能力远远不能满足市场对物流人才的需求。政府可以制定相关政策，加大对电子商务物流人才培养的投入，鼓励、支持大专院校、科研机构面向全国培训师资，聘请国内外专家授课和到国外进行实地考察，让更多的人参与到人才管理培训中，以提高专业技能；大专院校可根据其自身实际情况设置电子商务物流专业,培养大专、本科甚至研究生层次的人才,以满足我国中长期对电子商务物流人才的需求;企业可以与各高校合作,让更多的不同层次的人才参与到企业的实践中去,采取理论与实践相结合的方式,全面提高人才素质。电子商务物流企业应经常培训自己的管理人员,以便使他们实时更新管理理论知识,学习新的管理经验,为企业创造更大的效益。同时,也可以与国外具有先进电子商务物流管理经验的企业加强合作和交流,以提高自身的物流管理水平。

8.3.3 电子商务物流安全法律制度

电子商务物流安全的发展涉及基础设施安全、技术设备安全、网络安全、电子商务交易安全等各个方面,分属于不同的部门管理。但各部门对现代电子商务物流安全的认识并不统一,缺乏有机的协调思想,各部门对物流安全的标准也不统一。另外,我国的电子商务物流的发展还处在无法可依的尴尬境地中,电子商务物流发展的制度还有待完善,而电子商务物流安全的相关法律制度、相关法规还远不能适应企业物流安全发展的需要。随着网络应用的日益普及和网络安全事件的不断出现,电子商务物流安全问题日益突出。例如,在电子商务物流交易过程中,当出现网络交易方因为信息披露不全面,当事人责任不清,推卸责任,滥用消费者个人信息,货物以次充好等导致的问题频频出现时,网上交易商和网上交易服务商的责任就很难认定,当然这其中也有消费者的疏忽大意的问题。因此,既需要国家制定相关的安全法律法规,又需要电子商务物流企业制定电子商务物流安全管理的整体框架,这样才能有效地保护电子商务物流的正常运营与发展。

(1)加快完善电子商务物流安全法律法规制度,开放物流业市场

在我国目前电子商务物流安全法律法规制度还不完善的情况下,应当充分利用已经公布的有关交易安全和计算机安全的法律法规制度,来保护电子商务物流的正常进行,并在不断的探索中,逐步建立适合我国国情的电子商务物流安全法律制度。

政府在电子商务物流安全的发展过程中应发挥宏观规划和指导作用,通过宏观规划、协调组织,制定有利于电子商务物流安全发展的优惠政策,引导电子商务物流安全的发展,推动电子商务物流安全的应用。要加强政府有关部门间的相互协调,保持与电子商务物流安全有关的政策、法规和标准的一致性、连续性,调整部

门区域性和部门性的法规，制定通过一部全国性的电子商务物流安全法，并建立与交通、通信、海关等相关部门的协调机制，从而统一全国的电子商务物流市场，使物流企业在法律环境下平等竞争、有序经营、规范管理。

（2）提高科学的电子商务物流安全管理规范

电子商务物流安全涉及计算机信息、资金、配送等不同的行业，而各个行业有不同的安全标准。如何将这些不同的行业标准整合为一个系统的电子商务物流行业标准，需要根据国内电子商务物流企业的实际情况结合国际标准来进行。电子商务物流行业标准的制定并推广将有利于全国物流企业科学管理、快速配送传递、对内和对外合作联运及结算、查询、监测等商务活动的安全进行，有利于加强安全管理规范制度的完善。例如，针对仓库出现人员及货物的安全隐患：仓库应指定现场安全管理负责人，全面负责现场安全隐患的排查；现场安全装卸监督和指导；装卸工安全培训、安检工作异常事故处理等工作，做到装卸工不合格不上岗、杜绝装卸人员不带安全帽、野蛮装卸作业、叉车超速行驶等安全隐患现象，一经发现就要严惩，纳入个人管理考核成绩直接与工资挂钩。

【本章小结】

本章首先通过介绍物流安全的内涵来引申出在电子商务背景下，电子商务物流安全的内容和内涵；然后通过从电子商务网络安全和电子商务交易安全两个方面来分析目前电子商务物流所面临的威胁，而电子商务交易安全主要从信息流、资金流和物流三个方面开展；最后介绍了为保证我国电子商务物流安全的发展应该采取的策略，主要是从安全技术、安全管理和法律制度三个方面来探讨。

【课后思考】

(1)电子商务流物流安全的内涵是什么？

(2)电子商务物流安全的威胁来自于哪些方面？

(3)电子商务物流安全技术有哪些？

(4)如何进行电子商务物流安全管理？

(5)电子商务物流安全法律制度有哪些？

【案例讨论】

支付宝资金蚂蚁搬家事件的思考

支付宝付款小规则：支付宝账户金额变动超过 100 元时，客户会收到支付宝公司发送的免费短信提醒，100 元以下的变动则不发送短信。而购买虚拟产品，一般是由系统自动充值成功，并不需要买家先收货确认再付款。

2012 年 2 月 13 日，北京市民李先生登录自己的支付宝，意外发现账户上多了几笔支出：2012 年 2 月 11 日 18 时 35 分至 42 分，其支付宝在 7 分钟内被转走 6 笔款项共 189 元，用于购买 Q 币。2012 年 2 月 11 日，身在欧洲的吴女士，她的支付宝在 2012 年 2 月 11 日被转走 13 笔款项共 500 元，每次 30 元至 40 元不等，均被用于购买网络游戏充值卡。

事件过程：李文才出生于 1991 年 11 月，初中一年级便辍学在家，终日"泡"在网上消磨时光。一次，他进入一个 QQ 群，听人议论"洗宝"（即盗窃他人支付宝账户资金）这个行当能赚钱。在了解了其中的"窍门"后，李文才决定放开手脚大干一场。2011 年 11 月，李文才在某小区租房成立了"工作室"，开通宽带、装了4 台电脑，然后以每天 100 元、包吃住玩乐的条件找来好友陈临和周游，3 人组成了"洗宝"团队。

首先，李文才花 200 元通过不法卖家购买到 20 万条支付宝用户账号、密码等信息。并筛选出一些账号作为作案目标。考虑到如果直接将他人账号中的资金转移到自己的账户或网银内，很容易被追查到，因此李文才等人大费周折，通过盗用他人支付宝中的钱款购买 Q 币、游戏充值卡等虚拟商品，再将这些虚拟商品出卖变现获得非法收益。李文才等人通过 QQ 找到专门的"收卡人"帮忙，将虚拟商品在网上出售销赃。"收卡人"按比例从中抽取"费用"后，把剩余的钱通过转账汇入李文才指定的账户内。

以上事件的发生引发了人们对支付宝相关安全问题的思考。

1. 支付宝交易流程

➢ 买方在电子商务网站选购好商品并与卖方在网上达成交易意向；

➢ 买方选择支付宝第三方网上支付平台作为交易中介，将货款由银行卡的账户中划拨至第三方网上支付平台所提供的电子账户中；

➢ 第三方网上支付平台会通知卖方货款已付，并要求卖方在一定时间内发货；

➢ 卖方如约进行发货，并且在平台上作相应的记录，买方可以通过平台查看货物的物流状态，如果卖方未如约发货，则买方可以通过第三方网上支付平台选择让卖家退款。

➢ 如果交易失败，待卖方确认后，货款将划回到买方账户中；

➢ 买方收到并检验货物无误后通知第三方网上支付平台将货款支付给卖方，货款即由第三方网上支付平台的账户全额转至卖家账户，交易完成。

2. 身份认证服务问题

身份认证服务是由电子商务平台为注册用户提供的，用于检验并识别交易者的真实身份，对交易双方交易的安全性形成有力保障的服务。电子商务平台所要求的实名认证信息量存在不足的问题，对注册用户难以形成有效的监督和约束，而真实有效的身份认证是交易安全和防止网络交易欺诈的有力保证。

由于电子商务的载体是网络，那么电子商务平台无法面对面地对注册用户进行确认，仅仅通过电子邮件注册、实名注册以及身份证认证等步骤，难以核实注册用户与注册信息所体现的用户是否一致，这就容易导致注册用户以其他人的身份证进行注册，实施欺诈行为，使买方遭受损失，而此类欺诈行为的惩罚措施力度相对较小，难以从根源上制止此类行为的发生。

3. 支付结算服务问题

电子商务平台提供支付结算服务，即作为非金融机构的第三方提供支付平台和信用中介，涉及银行、消费者、企业等主体，加之没有严谨的规范规则可循，所以存在诸多问题。

（1）结算周期长，隐藏风险

大多数第三方电子商务平台并不实行实时结算服务，结算周期比较长，这就引发了交易双方对于资金安全的担忧。例如，淘宝网的支付结算服务是通过支付宝来进行的，买方首先付款给支付宝账户，在收到货物确认无误后，再通知支付宝将款项转给卖方。在此期间，暂存在支付宝账户上的资金，就暂时由支付宝控制，支付宝起到了类似银行的部分功能。由于支付宝缺乏类似银行的一整套严格的规定，所以可能引起资金的吸存，出现资金非法转移以及套现的投机行为，对交易双方形成资金风险，也有形成金融风险的可能。第三方支付平台支付宝手中有大量的沉淀资金，缺乏直接管理和支配资金的经验，潜在的资金安全隐患可能导致第三方支付平台的支付风险，进而影响其信誉，引发信用风险；与此同时，买方缺乏保障的已支付资金，一旦出现问题，若得不到妥善的解决，买方利益受损，容易导致更大的风险。目前，我国电子商务市场上存在着50余家第三方支付平台，规模不一，在推动电子商务产业快速发展的同时，必须对其所行使的银行的存储功能进行有效的监管，保证暂存在其处的资金的安全。

（2）支付平台的法律定位

第三方支付平台在网络交易中以中介方自称，而不是银行或者金融机构，类似于结算业务的服务，这样就可以避免承担在交易中应尽的担保责任。由此而产生的问题是交易所产生的许多法律问题很难界定责任方，缺乏配套的规范及法律规定。那么，资金在途过程中所产生的资金安全问题，就无法及时并且明晰地确定责任，这使得我国法律概念和司法实践在第三方支付平台方面无所适从，久而久之，将制约我国电子商务的发展。

（3）增值服务问题

余额宝，就是第三方电子商务支付平台支付宝为个人用户所提供的一项资金增值服务的平台，相当于一项活期存款，但利息率高于银行。例如，2012年一笔10万元的一年定期储蓄利息为3250元，但放在余额宝中的"利息"为7500元，后者为前者的两倍多。用户只需要把支付宝账户或者储蓄卡快捷支付中的资金转入余额宝中，便可以获得一定的收益，不存在任何手续费。而且，用户可以随时从余额宝中转入或支出款项，非常方便。用户转入余额宝的资金，在转入后第二个工作日就会由基金公司进行确认，并开始计算收益，其实质为货币基金。其风险如下。

第一，来自货币市场的风险。货币基金的风险较大，收益并不固定，这就会导致余额宝同样面临这样的问题。因为余额宝的收益来源于货币基金的收益，无可避免地与货币市场的变幻息息相关。

第二，来自银行的竞争的风险。余额宝的作用类似于银行所从事的储蓄功能，储蓄功能是银行的主营业务，因此余额宝与银行形成了竞争，余额宝在吸收大量资金的同时，危及银行的利益，有可能遭受来自银行方面的反击。

第三，高收益率难以维持。2014年3月2日，天弘基金官网数据显示，与余额宝对接的"天弘增利宝"7日年化收益率为5.9710%，这是自2013年12月26日以来首次跌破6%。截至目前，余额宝所吸纳的资金总规模为3500亿元，用户总量为

8100万人。余额宝目前所维持的高于银行的利率，在很大程度上依赖于2013年下半年银行的"钱荒"背景，而这种情势不会一直持续下去。目前银行的资金政策已较为宽松，不需要再以高利率吸纳储蓄。此外，监管政策呼之欲出，互联网理财产品面临着极大的风险。

第四，用户与余额宝的纠纷风险。余额宝用户转入余额宝的资金是用于货币基金的投资，该投资存在风险，如果一旦出现投资风险，那么纠纷就很难避免，后果也难以估计。

第五，监管的缺位。根据中国人民银行关于第三方支付平台的管理规定，支付宝余额可以购买协议存款，但对于能否购买基金并未作出书面的规定。对于余额宝借助天弘基金，实现余额宝购买货币基金，缺乏对应的监管方，因而存在缺位的问题，一旦出现问题，可能引发诸多潜在的纠纷。监管部门须进一步实施严格的监管措施。

4. 解决办法

（1）强化实名认证体系

2011年以来，各电商陆续推出实名认证要求，这是为了强化第三方电子商务平台注册用户信息的真实性，以保障消费者的权益。网络消费者在选择交易对象时，有一种明显的倾向，即选择那些公布真实身份、营业执照、办公地点以及各种资质认证的商家，以防止自己上当受骗，遭遇欺诈行为。

（2）健全支付结算服务，保证资金安全

支付结算的安全、快捷、方便需要技术的创新，第三方电子商务平台优质的服务，也需要有国家的法律法规作保障。

（3）创新技术

第三方电子商务平台必须保障交易的安全，加强网络漏洞的修补，防范黑客，继续投入人力和财力，使得电子商务平台能够提供一个安全有保障的交易场所。在众多第三方电子商务平台存在的今天，各电商应协商提出一个共同的第三方支付结算平台，以方便客户的使用，而不必注册多次，了解不同的交易规则。

（4）提供优质的服务

第三方电子商务平台应提供优质的服务，创新是企业的活力所在，也是核心竞争力所在。第三方电子商务平台应着力创新支付方式，发展移动终端市场。阿里巴巴马云于2014年2月28日在阿里巴巴内部下达邮件，称移动电商将成为移动互联网时代的兵家必争之地，"云＋端"是2014年阿里巴巴的建设重要任务，即简称阿里巴巴 ALLIN 移动电商。利用云计算和大数据，推动 APP 端电子商务的发展，云和端相辅相成，互相促进。APP 端用户是桌面互联网用户的10倍，有着数万亿美元的价值，因此 APP 端用户将是未来电商的必争之地，APP 也是企业今后营销的新一代武器。

（5）提供更为完善的增值服务

提供完善的增值服务，增值服务是企业的核心竞争力之一。在传统业务之外，第三方电子商务平台应着力为客户提供有价值、客户感兴趣的增值服务。余额宝，为淘宝带来了巨大的收益，各大电商纷纷模仿，紧随其后。众所周知，余额宝遭到各方权威诟病，称其钻法律漏洞，不承担相关责任，应予以取缔等。余额宝是对传统银行体制的挑战，所以会遭到利益相关方的质疑甚至谩骂。所以，第三方电子商务平台在推出增值服务的同时，应明确声明自己的作用机制，以免使大众被误导，阐明自己的合法性，提供更为专业的服务，让客户受益才能吸引更多的用户。

（资料来源：万联网资讯中心 http://info.10000link.com/）

思考：

(1)支付宝的资金支付安全存在哪些威胁?

(2)结合支付宝的案例，谈谈如何解决电子商务资金支付安全问题。

参考文献

[1] 马士华，林勇. 供应链管理 [M]. 北京，机械工业出版社，2000.

[2] 汝宜红. 物流运作管理 [M]. 北京，清华大学出版社，2006.

[3] 李严锋. 物流运作管理 [M]. 北京，机械工业出版社，2008.

[4] 邹辉霞. 供应链物流管理 [M]. 北京，清华大学出版社，2009.

[5] 蔡改成. 仓储与库存管理实务 [M]. 武汉：武汉理工大学出版社，2007. 8.

[6] 孙慧. 仓储运作与管理 [M]. 重庆：重庆大学出版社，2008. 8.

[7] 金汉信等. 仓储与库存管理 [M]. 重庆：重庆大学出版社，2008. 8.

[8] 中国物品编码中心. 物流标准化 [M]. 北京：中国标准出版社，2007. 7.

[9] 张铎. 物流标准化教程 [M]. 北京：清华大学出版社，2011. 3.

[10] 夏文汇. 现代物流管理 [M]. 重庆：重庆大学出版社，2000.

[11] 杨海棠. 现代物流系统与管理》[M]. 北京：北京邮电大学出版社，2003.

[12] 李春田. 标准化概论 [M]. 北京：中国人民大学出版社，2005. 7.

[13] 周在青. 物流管理概论 [M]. 上海：上海交通大学出版社，2008.

[14] 吴忠. 物流信息技术 [M]. 北京：清华大学出版社，2009. 1.

[15] 黄有方. 物流信息系统 [M]. 北京：高等教育出版社，2010. 3.

[16] 谢金龙. 物流信息技术与应用 [M]. 北京：北京大学出版社，2010. 6.

[17] 蓝仁昌. 物流信息技术应用 [M]. 北京：高等教育出版社，2005. 8.

[18] 张铭，张毅，刘凯. 供应链牛鞭效应及其弱化 [J]. 中国商界，2009，(05).

[19] 张树山. 物流信息技术与应用 [M]. 北京：国防工业出版社，2009. 7.

[20] 真虹，张捷姝. 物流企业仓储管理与实务 [M]. 北京：中国物资出版社，2007. 7.

[21] 黄浩. 仓储管理实务 [M]. 北京：北京理工大学出版社，2008. 3.

[22] 潘迎宪. 物流仓储管理 [M]. 成都：四川大学，2006. 9.

[23] 张三省. 仓储与运输物流学 [M]. 广州：中山大学，2007. 3.

[24] 姜超峰. 我国仓储业的现状、问题及发展趋势 [J]. 中国流通经济，2010，(03).

[25] 张瑜. 论我国物流园区的规划与发展 [D]. 对外经济贸易大学，2004. 04：
17—19.

[26] 冯亦项. 物流园区选址综合评价方法及相关研究 [D]. 2008. 05：24-25.

[27] 过江鸿. 物流园区选址与布局规划 [D]. 武汉理工大学，2005. 11：20-22.

[28] 潘文安. 物流园区规划与设计 [M]. 北京：中国物资出版社，2005. 01：149-157.

[29] 高举红. 物流系统规划与设计 [M]. 北京：清华大学出版社，2010.

[30] 方钟民. 物流系统规划与设计 [M]. 北京：机械工业出版社，2007.

[31] 徐贤浩. 配送中心规划与运行管理 [M]. 武汉：华中科技大学出版社，2008.

[32] 张京敏，杨浩雄. 北京绿色物流研究 [M]. 北京：知识产权出版社，2008.

[33] 严伟，宓为建. 绿色反向物流 [M]. 北京：人民交通出版社，2011.

[34] 夏春玉，李健生. 绿色物流 [M]. 北京：中国物资出版社，2005.

[35] 李振. 物流系统规划与设计 [M]. 武汉：武汉理工大学出版社，2008.

[36] 贺东风. 物流系统规划与设计 [M]. 北京：中国物资出版社，2006.

[37] 毛良伟. 物流系统的规划与方法 [M]. 北京：机械工业出版社，2006.

[38] 贾争现. 物流配送中心规划与设计 [M]. 北京：机械工业出版社，2009.

[39] 汝宜红，田源，徐杰. 配送中心规划 [M]. 北京：北京交通大学出版社，2007.